JN090485

編集をひもとく

——書物観察の手引き

田村 裕／編

武蔵野美術大学出版局

はじめに

本書は、画集や写真集などの作品集や、絵本や挿絵本などビジュアル的要素の多い書物を対象に、「編集のされ方」を観察するための手引き書として企画された。「編集」の定義には様々あるが、広く解釈すれば、その漢字が「集めて編む」と書くように、ある一定の方針のもとに、材料となる様々な情報を集め、取捨選択や組み合わせを行なって、まとまりのあるかたちにつくり上げることを指している。文章や絵、写真などの個々の表現もまた、編集方針のもとに関連づけられ、統括された一つの創造物としてかたちづくられているのである。

本書のねらいは大きく二つある。一つは、書名に「編集をひもとく*」とあるように、書物観察によって、上記のような編集方針やコンセプト、編集手法、表現の特徴などを読み取り、理解を深めたり、書物研究に役立てたりしてほしいこと。もう一つは、それと関連して、書物をかたちづくっている活字や印刷、紙や製本方法などの諸要素に注目し、各々の役割と編集との関連性、現代と歴史の深いつながりについて興味をもってほしいことである。したがって、ここでは現代の書物ばかりではなく、絶版になった古い書物も多く取り上げている。

美大生のテキストとして活用することを前提として企画されたため、読者層としてはエディトリアル・デザインなどのデザインを学ぶ人、絵本の制作や本のイラストレーションを描きたいと思っている人、版画を制作する人、あるいはアート関連の書物や挿絵・装丁をテーマに書物研究を行なう人などを念頭において編集されている。とはいえ、一般の読者や書物愛好家、プロの編集者などの幅広い層に興味をもって読んでもらえるように、多彩な例をあげて解説している。

手引書・テキストとしての役割を考え、写真図版を多用してわかりやすく説明するよう努めた。モノクロ印刷のために色彩面は伝わりにくいが、図版が極力鮮明に表示できるよう大きく掲載した。当初の計画よりも欲張って図版点数を多くしたため、予定の総ページ数をだいぶ超過してしまった。

読み進めるうちに、本書で取り上げている書物に興味が湧いたなら、書店や図書館や古書店などで探して、実物をよく観察していただきたい。日頃接することのない和本などは、古書店などで一度手にとって、和紙の重さや手触りや造本の仕組みなどを確かめてみると、洋装本との違いが実感できるだろう。公立図書館で所蔵されていない展覧会図録は、美術図書館連絡会（ALC）の美術図書館横断検索などで、また国内外の絵本は国立国会図書館国際子ども図書館などのサイト検索で調べてみてほしい。歴史のある古典籍や貴重書についても、第２章の註に記載したように、国内外の様々な機関による所蔵書・貴重書のデジタルアーカイブのサイトで閲覧できるものが近年増えている。　昆虫や草花を観察するように、書物も隅々まで注意深く眺めてみると、制作者側も気づかないような発見があるに違いない。様々な書物で小さな発見を積み重ね、考えを深めたり、創作活動に活かしたりするなどして、書物を生きた道具として活用してほしい。

田村　裕

＊「ひもとく」には「本を開く」「本を読む」という意味のほか、近年よく使われるようになった「分析・解明する」というニュアンスの意味があり、本書の場合も後者の意味で用いている。

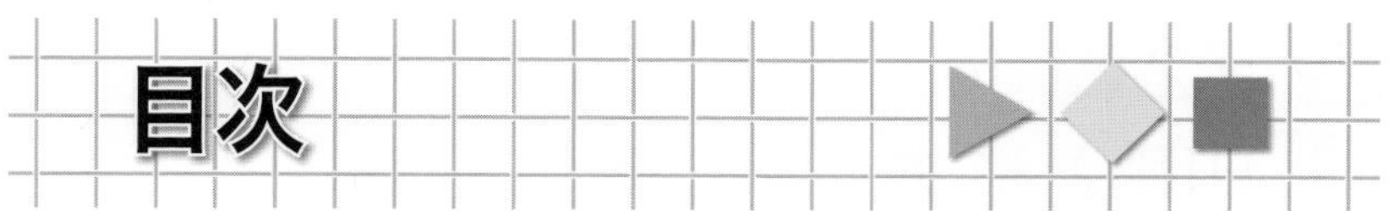

目次

表紙デザイン：白尾デザイン事務所
編集協力：株式会社桂樹社グループ

第1章

編集コンセプトに触れる

横井広海

❶ 書物を観察する

◉ 書物とは

皆さんの目の前に1冊の書物があるとしよう。

今、なにげなく1冊の書物としたが、書物には「書籍」もあれば「雑誌」もある。また、一口に「書籍」といっても、掌サイズの文庫本があれば、函入りで大部の辞書もあり、難解な文章や数字がところ狭しとひしめく学術専門書があれば、色鮮やかな美術書、写真集、図鑑、そして長く読み継がれる児童書や絵本もある。多くの人の手に取られるベストセラーや評判の実用書があれば、ごく限られた人だけが目にする自費出版の私家版もある。今では過去のものとなった仕様のいにしえの書物までも含めれば、その範疇はさらに広がりをみせる。

「書籍」であろうが「雑誌」であろうが、巷にあふれようが非流通であろうが、それぞれの書物ごとに誕生過程があり、それぞれに見合った創意工夫が施された末、世に出ることになる。そのこと自体にさほど大きな違いはない。

この点を踏まえたうえで、本節では一例として、比較的身近な文芸書の単行本*[1]を観察対象として取り上げる。俗にハードカバーと呼ばれる書籍を想像してもらえればよい。

◉ 書籍本体を覆うアイテムを観察する

現在流通している文芸書の単行本を手にした場合、最初に目に留まるのは、おそらく書籍本体に巻かれた「カバー」だろう。多くの場合、オモテ面には書名と作家名、出版社名が記され、イラストや写真などが配されている場合もある。ウラ面に目をやれば、２段のバーコードや価格情報のほか、なにやら意味不明な細かい数字やアルファベットが並んでいる。書棚に並べた際、目に付く背の部分にも、書名・作家名・出版社名が記されている。

その「カバー」下部を覆うように巻かれている紙は「帯」と呼ばれる。触れてみるとわかるが、「カバー」とは厚さや質感の異なる紙が用いられることが多い。「帯」には端的な宣伝惹句であったり、推薦文であったり、概説であったり、作家の顔写真であったりと、「カバー」では触れていない要素が盛り込まれ、読者の購買意欲を高める仕掛けが施されている。

「カバー」と「帯」を外すと、その下には硬い紙とそれを覆う紙が現われる。「表紙」と呼ばれる部分だ。「表紙」のオモテ面や背を見てみると、素っ気ない紙に素っ気なく書名や作家名が印刷されている書籍もあれば、布のような質感のある紙に金色や銀色の文字が少し凹んで印刷されている書籍もある。よく見るとオモテ面やウラ面と背をつなぐ箇所には窪みがあり、背の部分はゆるやかに丸みを帯びたものがあれば、平らなものもある。背の内側を覗くと上下とも色の付いた小さな布のようなものが挟まっている。さらに細かく観察すると、「表紙」自体は文章が綴られている書籍本体部分よりほんのわずかだが寸法が大きく、「表紙」と本体を前後それぞれ１枚の紙（色が付いていることもある）がつないでいるのがわかるだろう。なお、ここでは「本文」が縦書きで組まれる文芸書の単行本を前提としているので、オモテ面に向かって右側が綴じられているが、横書きの場合、向かって左側を綴じることになる。

◉ 書籍本体を観察する

「表紙」と書籍本体をつなぐ紙をめくると、たいてい質感の異なる紙が1枚あり、そのオモテ面には「カバー」とはデザインを少々変えながら、ここにも書名・作家名・出版社名などが印刷されている。ウラ面は無地のこともあれば、印象的な言葉が刻まれていたり、デザイン担当者の名前が記されていたりする。

その先、メインの本体部分は通常均一の質の紙で構成されている。目次で始まる場合もあれば、いきなり導入部の文章が綴られていることもある。本テキストのように章立てで構成している場合は、1ページ分を丸々使って、「第1章　編集コンセプトに触れる」のように記すこともある。

書籍のメインとなる「本文」に入ると、四辺に余白が取られ、左右ページで字詰めと行数を揃えながら、文字が整然と組まれている。時折、文章の途中に小さな見出しや挿絵、写真などが入ることもある。余白部分に目をやると、片隅に章タイトルやページ番号などが記されているのを確認できる。

「本文」がひととおり終わると、書名・作家名・発行日・発行人名・発行所名・印刷所名などをまとめたページが入る。時として、残りのページに、この出版社で当該作家が発表した旧作であったり、他の作家の作品を紹介したページが入る場合もある。そして最後に、書籍本体と「表紙」をつなぐ紙が再び現われる。

◉ 明確な意図を支える見えない糸

ここまで文芸書の単行本を例にあげながら、一つの書物を足早に観察してきたが、こうした書物は偶然誕生したわけではない。目に付きやすい「カバー」から作品の核となる「本文」部分の構成、そして紙の仕様の違いといった細部に至るまで、そのいずれもが編集者による明確な意図によって組み立てられているのである。その際、発信者の狙い、読み手の想定、予算枠、必要な労力、制作期間など、様々な要素を考慮したうえで、明確な意図を導き出さねばならない。

ある書物のコンセプトは、視覚や触覚へ訴える具体性をもって読者へと伝えられるが、書物をかたちづくる個々の素材を「見えない糸」で巧みに紡ぐことで、一つの作品を生み出しているのである。この「見えない糸」を紡ぐ行為が「編集」であり、どのように「見えない糸」を紡ぐかが、編集者の腕の見せどころといっていいだろう。

❷ モノづくりとしての編集

◉ 映画制作との相似

ところで、「本の編集ってどういう仕事？」と尋ねられたことは一度や二度ではない。そう思うのも無理はないだろう。書物、つまり本を手にしたほとんどの読者にとって重要なのは、文章や挿絵の出来、写真のインパクト、デザインの妙、手にした際の重さや触れた印象などであり、そこに編集者の存在は希薄だからだ。

そこで編集の仕事について尋ねられた場合、乱暴なたとえだが、私は映画を例にあげて説明することが多い。「スクリーンに映っているのは俳優だけど、演技指導したりカメラワークを決めたりする監督がいることは知っていると思う。大ざっぱにいえば、本づくりにおける監督が編集者ということかな」と。

もちろん映画と本では表現媒体が異なるので、比較として適切ではない面も多々ある。そもそも映画における俳優と本における作者（著者）を同列に扱うこと自体、無理がある。しかし、方向性を決めてスタッフに指示を出す司令塔であったり、時には全体のバランスを見極める調整役を担うことで一つの作品を創造する点において、映画づくりにおける監督の役割と、本づくりにおける編集者の役割は、相通じるものがある。

また、映画監督や編集者は一人で作品を生み出すわけではない。映画であれば監督と俳優以外に、撮影・照明・録音・美術・衣装・ヘアメイク・プロデュース・脚本など多数のスタッフが作品に関わる。片や本づくりでは編集者と作者（著者）のほか、デザイン・文字組版・校正・イラスト・写真・印刷・製本などに携わるスタッフの存在が欠

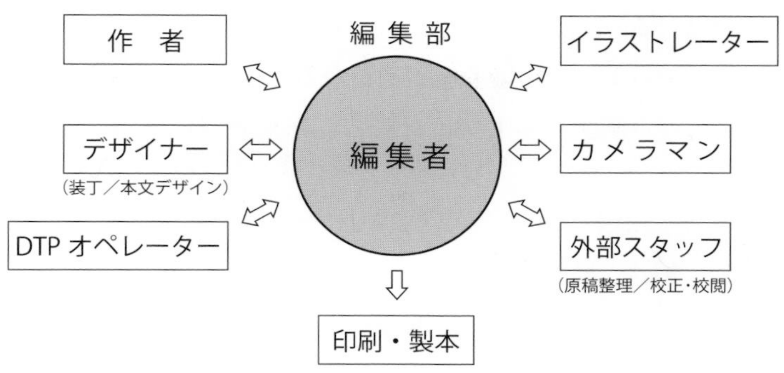

▲図1　本づくりに関わるスタッフ

かせない（図1）。映画と本では、規模や制作プロセスこそ違うものの、専門スタッフとの共同作業を通じて一つの作品をつくり上げていく制作スタイルは、多くの点で重なるものがある。

映画であれ本であれ、他の芸術作品やモノづくりの現場であれ、そもそもの制作の動機（発端）は案外ぼんやりとしたものなのかもしれない。何がしか表現したいテーマ＝企画があり、当初は漠然とした抽象的なイメージだった企画を具象化して徐々にかたちにしていく。具象化の方向性や落としどころは、それぞれの分野や媒体によって異なるが、無から有を生み出すクリエイティブな表現方法の一つに、書籍や雑誌などにおける編集行為を含めてみても、あながち的外れではないだろう。

◉ 書籍の骨格を固める

ではここで、企画を具象化する媒体として、書籍を選択したと仮定しよう。そもそもの企画の発案者は、表現者自身（作家・専門家・研究者・ライター・カメラマン・画家・イラストレーターなどから芸能人や一般人まで多種多様）であったり、編集者であったり、場合によっては故人の関係者であったり、つまり誰でも構わない。要は書籍として表現したい企画（この時点では漠然とした思いつき程度でも OK）があれば、ここから先がいよいよ編集者の出番となる。

ある書籍の企画が持ち上がった場合、編集者は以下の点に思いをめぐらす。

- 書籍化の意図はどこにあるのか
- 想定される読者ターゲットは誰か
- 流通を前提とした出版物か否か
- 出版部数はどの程度の見込みか
- 刊行予定はいつ頃か
- 書籍のサイズ*2はどの程度が妥当か
- 総ページ数はどの程度になるか
- 文字がメインの企画であれば、文字組方向（縦書きか横書きか）をどうするか
- 写真や絵などビジュアルがメインの企画であれば、素材は何点か、素材の見せ方やメリハリをどう工夫するか、紙質はどうするか
- 本体部分の印刷は、モノクロかカラーか、あるいは混在か
- 製本方式は「上製本」か「並製本」か*3
- 右綴じか左綴じか
- 共同作業に関わるスタッフの協力はどの程度得られるか
- 出版に見合う予算が組めるか

個々の書籍ごとに検討事項は異なるが、ざっとここまでが骨格を固める作業になる。書籍の方向性を決める重要なポイントであるため、この時点でしっかりとした見通しを立てなければならない。

◉ 書籍化の意図を探る

まず検討しなければならないのは、「書籍化の意図はどこにあるのか」である。

旬のネタだから、学術的に大事な記録だから、美術展の図録だから、個人的に本にしたいからなど、意図のありようは広範囲に及ぶ。意図が明確になれば、想定される読者ターゲット、流通の程度、部数見込みや刊行予定などが自ずとみえてくるだろう。

その一方、意図を具象化するために、最適な表現方法を探ることになる。数字や化学記号が頻出する内容であれば、左綴じの書籍で本文横組が無難とか、インパクトのある風景写真で読者の興味を惹きたいのであれば、文庫本のような仕様ではサイズも紙質も物足りないなど、落としどころも明らかになってくる。

企画を進めるか断念するかの分岐点となる予算についても、必ずしも売れる売れないだけが判断材料ではない。著名人であっても初のエッセイ集となると手間に見合うだけの売上見込みが立たずに出版を見合わせる企画もあれば、ごく少部数の学術書や企業の記念誌であっても出版助成や費用負担が確約されることで、出版に結び付く場合もある。

編集者の役割は、企画の中身だけでなく、様々な要素を多角的に検討し、時には営業部門や管理部門との折衝を繰り返しながら、出版の可否を決定することにある。その点で、現場のディレクターとしてだけでなく、制作プロセス全体を俯瞰するプロデューサーとしての力量も問われる仕事であるといえよう。

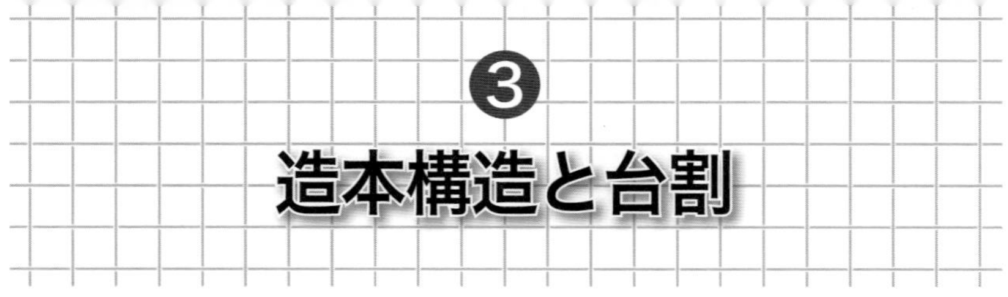

③ 造本構造と台割

◉ 台割とは

建物をつくる際、間取りを考えずに作業を始めることはない。事前に各部屋の配置や寸法を決め、必要な建材や職人を集め、納期に間に合うよう仕事を進めていくことで、ようやく一つの建物が完成する。

本づくり（造本）の基本的な流れも大きくは変わらない。建物の間取り図に相当するものを、出版では「台割」と呼んでいる。一般には聞き慣れない専門用語だが、通常、印刷機が1回転すると1枚の用紙の片面に8ページ分、もう片面に8ページ分、両面で合計16ページ分印刷され、これを「台」という単位で呼ぶことに由来する。両面印刷された用紙を決まった向きに3回折り畳むことで、「折丁（おりちょう）」と呼ばれる小冊子となる。この「折丁」をベースに雑誌や書籍をかたちづくることで、例えば15台（あるいは同じ意味合いで15折とも）であれば16ページ× 15 = 240ページという計算になる[*4]。なお、「台割」と密接に関連する造本の基本単位となる「折丁」については、第2章で詳しく扱う。

この240ページをどのように割り振るかを決めたものが「台割」である。ただし、何をどのように割り振ってもよいわけでなく、そこには大まかな決まりごとがある。先ほどの間取り図を再び例にあげれば、玄関を開けるといきなり風呂になっていて、風呂を通り抜けないとリビングにたどり着けないような間取りはまずありえない。

本も同様で、例えば月刊誌の1ページ目に次号予告が入ることはない。巻頭記事、目次、第1特集、第2特集、定期連載、特別企画、時節のインフォメーション、編集後記、次号予告、ところどころに広告を挿入、というのがよくみられる一連の流れだろう。

また、中綴じではない雑誌にみられる例として、前半部分がカラー印刷、続いて紙質の異なるモノクロ印刷部分が挟まって、終わり近くになって再びカラー印刷に戻ることがある。もしも関心があれば、各々のページ数を数えてみるとよい。前半のカラー印刷部分が128ページ、途中のモノクロ印刷部分が48ページ、残りのカラー印刷部分が64ページだとする。これを先ほどの「台」の単位である16ページで割ると、前半が8「台」、途中が3「台」、残りが4「台」となり、カラー印刷、モノクロ印刷が「台」を基準に効率よく割り振られていることに気づくだろう。

同様の構成は美術書などでもみられるが、さらに一歩進み、まずカラーの「見開き」（2ページ分）で大きく作品を取り上げ、続く「見開き」ではモノクロで解説が入る構成が繰り返される例も見受けられる。この場合、さすがに紙質はカラー部分とモノクロ部分で変えられないが、1枚の用紙の、作品を取り上げる面をカラーで印刷し、もう片面の解説部分をモノクロで印刷することにより書籍としてのメリハリをつけるとともに、印刷コストを抑えることを狙っている。こうした特殊な書籍の「台割」を作成する際には、まるでパズルのピースを埋めていくかのような、より緻密な計算が編集者には求められる。その際も「折丁」を意識しなければパズルは完成しない。

◉ 本テキストの台割例

ではここで、実際に本テキストの「台割」を考察してみよう（**図2**）。参考までに企画時点の基本仕様はA5判*5縦、並製本、本文横組、文字色スミ（モノクロ）、全216ページ、本文紙質均一、である。勘のよい方であれば、ここで気づくことがあるかもしれない。「216ページを16ページで割ると13.5になり、整数ではないのでは？」と。指摘のと

武蔵野美術大学出版局刊『編集をひもとく−−書物観察の手引き』台割

折	ページ	内容	
1（モノクロ）	1	［本扉］	
	2	無地	
	3	はじめに	
	4		
	5	目次	
	6		
	7		
	8		
	9	［章扉］第1章　編集コンセプトに触れる	
	10		第1節　書物を観察する
	11		
	12		
	13		
	14		第2節　モノづくりとしての編集
	15		
	16		
2（モノクロ）	17		
	18		第3節　造本構造と台割
	19		
	20		
	21		
	22		
	23		第4節　本づくりを司る
	24		
	25		
	26		
	27		
	28		
	29		第5節　デジタル時代の出版の位相
	30		
	31		
	32		
3（モノクロ）	33		第6節　見えない糸に触れる
	34		
	35		
	36		
	37		
	38		
	39		
	40		
	41		◎コラム「編集後記」という不思議
	42		
	43	［章扉］第2章　印刷と造本	
	44		第1節　冊子体の本の歴史と基本単位としての折丁
	45		
	46		
	47		
	48		
4（モノクロ）	49		
	50		第2節　印刷と折と絵の密な関係
	51		〜中世から近代まで
	52		
	53		
	54		
	55		
	56		
	57		

図2　本テキストの台割

おりで、16ページで1「台」というのはあくまで効率性を重視した基本にすぎず、4ページ、8ページ、32ページを1「台」とすることもある。これを先の216ページに当てはめてみると、16ページの「折丁」が13「台」、8ページの「折丁」が1「台」となる。仮に220ページであれば、計算上16ページの「折丁」が13「台」、8ページの「折丁」が1「台」、4ページの「折丁」が1「台」となるが、これでは効率が悪く、その分コストアップにつながる。よほどの事情がなければ、「台割」作成の段階で編集者が巧みにページを割り振り、読み手にとって違和感のないよう配慮しながら、全224ページ（16ページの「折丁」が14「台」）で組み直したしたほうがよい。

横道に逸れてしまったが、本テキストの考察に話を戻そう。

冒頭、1ページ目にあるのが本書のタイトルであり、その裏側（2ページ目）はあえて何もない無地になっている。これにより、1～2ページ目が本論とは独立した印象を読者に示す狙いがある。建物に置き換えれば玄関のような位置づけであり、この部分は「本扉」と呼ばれる。

引き続き、執筆代表者による序文にあたる「はじめに」を挟んで「目次」が入り、その後、本論である第1章が始まる。本テキストのように章の見出し名だけで1ページ費やすこともあれば、「本文」の冒頭数行分を章見出しのスペースに割り当てることもある。章の見出し名のみで1ページ費やす場合は、一般的に奇数ページ（本テキストのような左綴じ本であれば「見開き」部分の右側、右綴じ本であれば左側）に置かれ、この部分をめくると本論が始まることから「章扉」と呼ばれる。先ほどの「本扉」を玄関とすれば、「章扉」は家のなかの各部屋のドアのような存在といえよう（**図3**）。

各章の執筆者は、あらかじめ決められた「台割」に基づいて算出された文字数に従い原稿を書き上げることで、担当部分のページを埋めていく。過不足があれば、「台割」に合わせて文字量の増減や図版等の

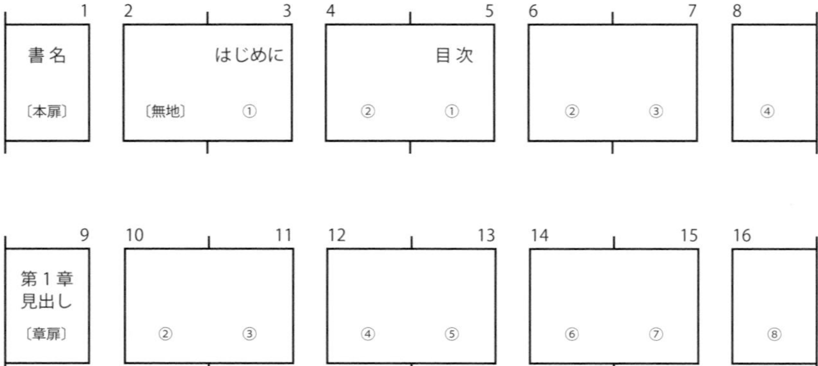

図３　本テキストの１折のページ構成

点数調整が必要となるが、やむをえず「台割」を変更し、総ページ数を見直すこともある。その際もむやみにページ数を増減するのではなく、「台」と「折丁」との適切な関係を頭に入れながら、修正しなければならない。

実際、本テキストは当初見込みの全216ページを大幅に超え、全256ページ（16ページの「折丁」で16「台」）に落ち着いた。文字組版代・印刷代・用紙代など諸費用が見積もり価格よりかさむため、本来これほどのページ数増はほめられたことではなく、企画検討時点での見通しの甘さを露呈する結果となった。

本論が終わると、執筆者紹介（プロフィール）、出版社名や発行年などのクレジットが入った「奥付」*6と呼ばれるページがあり、これでひとまとまりの作品となっている。

❹ 本づくりを司る

◉ 共同作業の醍醐味

ここまでを振り返ると、編集者とは万能の存在で、あたかも一人ですべての作業や判断をこなしているかのようだが、そのようなことは決してない。**図1**で例示したように、本づくりでは共同作業がベースにあり、複数の関係者や専門性の高いスタッフの存在が欠かせない分業体制を基本とするからだ。

まずは作者（著者）の存在。作者からの持ち込み企画でも、編集者から依頼された企画でも、なんらかの「素材」がなければ、そもそも本として成立しない。絵のない絵本、写真のない写真集が成り立たないのと同じことである。

では、「素材」があれば勝手に本になるのかといえば、もちろんそんなことはない。食材を集めただけでは料理にならないのと同じで、編集者（または料理人）が「素材」を活かして「どのような本（または料理）に仕上げるか」が問われる。

ところで、前節で本テキストの「台割」について触れたが、「台割」を組み立てる前に、そもそも１ページ当たりの文字量はどこから導き出されるのだろう。単に既刊テキストに準じるのであれば、そこで使われている「フォーマットデザイン」[*7]を参考に、見出しの入れ具合や「本文」部分の字詰めと行数をカウントすればよいだろう。新たに「フォーマットデザイン」を組むのであれば、まずテキストの「判型」をどうするか、文字の組方向は縦か横か、見出しのランク（部・編・章・節・項……）はどこまで必要か、見出しや本文の文字サイズや書体はどうするか、図版や写真は入るのか否かなど、基本的な枠組みを編集者が決め、それに合わせて専門知識をもつデザイナーに「フォーマットデザイン」を考案してもらう。すでに手元に原稿があれば、それをデザインのサンプル用素材として使えばよいし、「フォーマットデザイン」を先に決め、それに合わせて執筆依頼を行なう場合は、ダミー原稿を用いてサンプルのデザインを検討していく。いずれにしても一度で決まることは稀なので、編集者とデザイナーで意見交換を繰り返しながら基本仕様を確定することになる。

こうして「フォーマットデザイン」が決まれば、それに合わせて専門のスタッフ*8が、原稿の「文字統一」や「校正・校閲」を進めるかたわら疑問点や不明点を洗い出し、どこに入る原稿なのか、図版の仕様はどうするのかなどの指示を加えたうえで、「組版」担当のオペレーターに「校正紙」*9の作成を委ねる。併せて、必要な写真があればカメラマンやフォトライブラリを通じて手配したり、挿絵を入れることになればイラストレーターに依頼することになる。

「フォーマットデザイン」に沿って組み上がった「校正紙」をベースに、作者（著者）や編集者らが確認・修正の「校正作業」を繰り返す一方、カバーや表紙などの「装丁」*10に関しても、図案や紙の仕様などを装丁家やデザイナーと検討しつつ、進行管理・制作管理・営業など各部門*11との調整も並行して詰めておくようにする。

すべての「校正」作業を済ませたら、書籍本体および本体まわり（「カバー」や「表紙」など）の印刷工程へと進む。繊細な色合いや質感の描写が求められる美術書や写真集などでは、プリンティングディレクター*12の手腕が出来を大きく左右するともいわれる。なお書籍本体の印刷にあたっては、「台割」を参照しながら、適切な位置にページを落とし込む「面付」*13の工程も軽視できない。

印刷を終え、「台」単位で揃えられた用紙は、製本工程で「折丁」として順番にまとめられたのち、糸や専用の糊などで表紙と合体し、「カバー」や「帯」があればこれを巻き、1冊の本として完成を迎える。

これらすべての作業に主体的に携わるわけではないものの、すべてのプロセスに目を光らせるのが編集者の役割だ。決して大所帯ではないが、本づくりが要所ごとに専門スタッフの力を得ながら進める共同作業であることを理解できると思う。お互いがプロフェッショナルな立場だけに、本づくりの現場では双方譲れない場面に出くわすこともあるが、時として共同作業ならではの相乗効果を生み、突然変異のごとき思わぬ作品へと結び付くこともある。

◉ ある試み

私は長らくフリーランスの立場で編集実務をこなしてきたが、知見をより深め、編集者としての幅を広げる機会になればと、一時期小さな出版社に在籍していたことがある。

そこは海外文学の翻訳・対訳書や英語関連のテキストをメインに据えた出版社であり、常に何がしかの企画が持ち込まれていたが、その一つに「寺山修司が生前発表した短歌を英訳した対訳書を出したい」という案件が紛れ込んでいた。提案者はカナダ在住の日本人とオーストラリア在住の同国人だったが、いずれも面識はおろかこれまで一切つながりはなく、おそらく他社でボツになった企画を、どこかで連絡先を調べてこちらに回してきたのだろうと推察した。

添えられていたワープロ原稿には、若き日の寺山が詠んだ約200首の短歌・英訳・ローマ字表記が素っ気なく並んでいただけだった。仮に1ページに2、3首載せ、とりたてて細工もせず漫然と配置すれば、トータル100ページ程度のモノクロ小冊子として成立したかもしれない。しかし、それだけでは書籍としての魅力に乏しく、他社が引き受けなかったのも合点がいった。

私も断りの連絡を入れようかと考えたが、昭和を駆け抜けた時代の寵児として、いまだ色褪せない魅力を放ち続ける寺山修司（1935～

1983）のネームバリューがどこか気にかかり、以前に仕事上で縁のあったデザイナーのＹ氏に声をかけてみた。私よりひと回り以上年長のいわゆる団塊世代で、絵画や写真にも造詣の深いＹ氏は、寺山の演劇や映画作品にリアルタイムで触れていたこともあり、大いに関心を示してくれたが、やはりこのままでの出版は難しいだろうとの見解だった。そこで私とＹ氏は一計を案じ、元原稿をベースに、Ｙ氏の得意とするビジュアルに凝ったデザインや寺山が生きた時代の空気感を加味することで付加価値を生み出せれば、もしかすると出版企画として成立するのではないかと考えた。

さっそく寺山の著作権継承者に連絡を入れたところ、ほどなく快諾を得た。次いで、寺山作品を管理する団体にも企画主旨を伝え、寺山本人の写真数点や過去作品のポスター、現場スナップなどの画像データを低予算で借りることができたのは、今にして思えば幸運だった。

スタートを切るにあたり、仕上がりイメージ（着地点）に齟齬が生じないよう、まずはＹ氏に「本文」デザインのサンプルを組んでもらい、Ｙ氏と私の認識をすり合わせるとともに、顔すら知らない海の向こうの訳者にもサンプル画像とともに出版する場合の方向性を事前に示した。思いもよらない展開に、小冊子程度を想定していただろう訳者は相当戸惑った様子だったが、最終的にはすべてを我々に任せるとの返事が寄せられた。

舞台は整い、引き続き「台割」作成に取りかかることにした。管理団体から提供を受けた寺山関連の画像素材はモノクロとカラーが混じっていたが、それをふんだんに活かすべく、冒頭の16ページ、つまり１「台」分をカラーの口絵として割り振った。当然印刷費用はかさむが、これも付加価値として重要との判断からであった。口絵以降の展開は、章立てをどのようにし、各短歌をどのように割り振るのが妥当か、文字とビジュアルのバランスを考慮しながら頭を悩ませ、原文の日本語は縦組と横組を混在させるという意表を突いたＹ氏のアイデアも積極的に採り入れながら、最終的にカラー印刷部分16ページ、モノクロ印刷部分128ページ、合計144ページ（16ページの「折丁」で9「台」）の作品としてまとめ上げるに至った。

図4　寺山修司著、鵜沢梢、アメリア・フィールデン訳『万華鏡――対訳 寺山修司短歌集』カバー・帯・表紙、北星堂書店、2008年

図5　同書・本文

また付加価値は書籍各部分の仕様にまで及んだ。ビジュアルを重視した造りのため、対訳書には不釣り合いともいえる厚手のアート紙を「本文」用紙に採用。また、「KALEIDOSCOPE」という英語書名にちなみ、Y氏が万華鏡作家から手配した作品を重層的にコラージュした「カバー」が、「帯」ですっかり隠れてしまわないよう、半透明の紙を用いるなど工夫を施した。

結果的に、「寺山修司の短歌の対訳」という枠を大きくはみだし、Y氏と私の共同作品という要素がかなり加わる出来ばえとなった（**図4**、**図5**）。この時の奇抜なアプローチが正しかったのか、今もって私自身わからない。そもそも一期一会の本づくりに正解など存在しないだろうが、刊行後、ふだんは見向きもされない各全国紙の書評欄で本書が好意的に取り上げられているのを目にした時は、何がしかの役目は果たせたような心持ちになったものである。

決して、自分一人ではなしえなかったであろう作品を前に、1＋1が2ではなく、5にも10にも100にもなる共同作業ならではの秘めたる力を、私はこの時の経験を通じ、改めて実感したのである。

❺ デジタル時代の出版の位相

◉ コミュニケーションの変容

雑誌編集者として出版業界に足を踏み入れた当初のこと。原稿の依頼はほとんど電話で行われ、後日、手書き原稿を直接受け取りにいくことが大半で、ファクスで送られてくるのは、まだまだ少なかった記憶がある。個人情報の取り扱いが厳格化された現代では信じがたいが、著名人や高名な作家らの自宅住所と電話番号を明記した「マスコミ電話帳」なる書籍が市販されており（大幅に内容を見直して現在も存続しているようだが）、相手の都合や事情も顧みず執筆依頼の電話をぶしつけにかけたものである。けんもほろろに断られたことのほうが多かった気もするが、なかには突然の申し出にもかかわらず興味を示してもらい、指定された喫茶店などに出向いて原稿を受け取るかたわら、たわいもない会話で盛り上がるような場面もたびたびあった。思えば牧歌的な時代であった。

電話での執筆依頼はその後も続いたが、原稿を受け取るために出向く機会は激減し、ファクスで送り届けられることが当たり前になってきた。相手と面識があればさほど問題はないが、初めて依頼した相手の場合、電話口での会話を通じてしか先方の人となりが理解できないのが厄介だった。なぜなら受け取った原稿は、デザインを組んだり、見出しを付けたりする際、執筆者自身にとっても違和感の少ない誌面に組み上げげたいと考えていたが、当の相手がどういう人物かがぼんやりしたままでは、的確な対応や指示ができなかったからだ。

そんなアナログからデジタルへの過渡期もあっという間に過ぎ去り、パソコンやインターネットの普及に伴い、原稿依頼も受け渡しもすべてメールで行い、容量の大きなデータはファイル転送サービスやクラウドの利用で済ませ、校正もPDFファイルのやりとりのみといった制作体制が今や常識となっている。ある程度大きなプロジェクトであれば、必要に応じて関係者が顔を合わせる機会もまだあるが、単発案件などでは、最初から最後まで実務上のやりとりのみで、結局顔を合わせず、声も聞かぬまま、仕事が完了することも少なくない。2020（令和2）年に猛威を振るい始めた新型コロナウイルス感染症の影響で、リモート環境が促進し、今後は打ち合わせのありかたなどがさらに変化を遂げる可能性もあるが、こうしたデジタル時代ならではのコミュニケーションの特徴自体は大きく変わらないだろう。

かつてのウェットな人間関係をすべて肯定するわけではないが、人と人とのつながりの変化は、本づくりの根底に流れる編集者と作者（著者）、編集者とデザイナー、その他スタッフとの連携にも大きな影響を与えている。それにより世に出る書物にも変容が生じていると考えるのが妥当ではないだろうか。

◉ デジタル化が招く共同作業システムの衰退

ワープロが普及する以前、原稿はすべて手書きであった。編集者はクセ字の判読に苦労しながらどうにか原稿を読み解き、必要であれば決められた1行の文字数ごとに区切りの印を付け、トータルで何行になるかをカウントしたうえでデザイナーに回すことになる。その後は、出来上がったデザインに基づいて印刷所のオペレーターや専門の職人に文字を組んでもらったり、画像を貼り込んでもらったりしていた。

現場感覚として風向きが大きく変わったのはマイクロソフトが開発したMS-DOSと呼ばれるOSが、普及型ワープロに採用された1990（平成2）年あたりからだろう。以前はメーカーごとに互換性のなかった文字データのやりとりが、MS-DOSを搭載していればメーカーの枠を超えて可能になったことで、手書き原稿を印刷所などで組んでいた作業工程が一変し、コスト削減の風潮もあいまって、原稿はデータで渡す流れへと移り変わったのである。しかし、メール普及以前は、データのやりとり自体は容量の少ないフロッピーディスクが主流で、手書きやファクスで受け取った原稿は、編集者や補助スタッフらが自らワープロに入力することになる。このあたりが今につながる編集者のオペレーター化の端緒といってもよい。

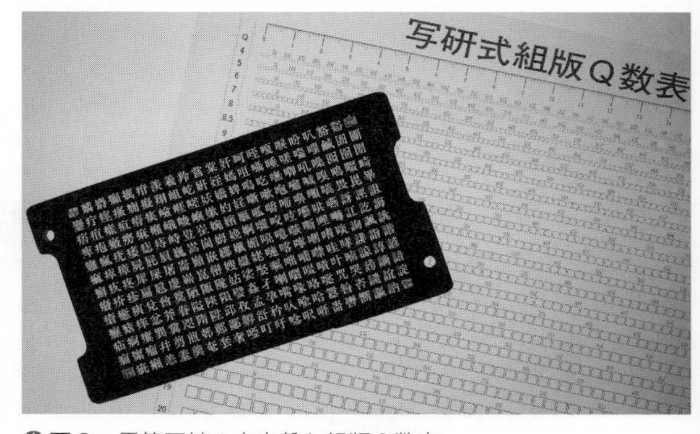

▲図6　電算写植の文字盤と組版Q数表

その後はパソコンの普及と処理能力の向上、「写植」*14 システムの衰退（**図6**）と「DTP」*15 ソフトの開発、デジタルカメラや高性能スキャナーの一般化、通信インフラの整備などが浸透することで、従来多くの専門スタッフに支えられていた本づくりのシステムも大きな変革期を迎えることとなる。極論をいえば、自ら原稿や画像を整理し、自らデザインを考え、自ら組版データを作成し、これらをまとめたデータを「オンデマンド印刷」*16 に回せば、たった一人で本をつくれる時代になったのである。

たしかに便利な世の中になったものだが、そこには従来の共同作業でみられたようなヒリヒリした緊張感は乏しく、当然のことながら予期しなかった化学反応も起こりようがない。分業ならではの伸びしろも期待できず、出来上がった作品は、所詮編集者の自己満足の塊にしかなりかねない。

とはいえ、こうした風潮は出版界だけにとどまらない。ツイッターしかり、フェイスブックしかり、インスタグラムしかり、ブログしかり、ユーチューブしかり、昨今のSNSの普及は、名もなき一個人が労せず気軽に自己表現を発信できる環境を整えた。SNSはもはや日常生活に欠かせないアイテムとなっている。

翻って出版界の現状と将来を俯瞰した場合、編集者の立ち位置はこの先どうなるのだろうか。

本節で見たように、通信手段の激変により編集者を取り巻く人間関係は大きく変わった。またデジタル機器やソフトの普及により、編集者が請け負う作業内容そのものも様変わりしている。一方で、デジタル時代の申し子とでも評すべき「電子書籍」の存在と将来性は、引き続き注視されていくことになるだろう。

こうした目まぐるしい環境の変化に柔軟に対応し、全体を束ねる司令塔として、いかに今の時代に即した分業体制を築けるか。共同作業が内に秘める化学反応を信じる身としては、デジタル化に伴い編集者のオペレーター化がいかに進もうとも、この点だけは最後まで譲れないものがある。

❻ 見えない糸に触れる

◉ 再び書籍本体を覆うアイテムを観察する

では、ここまで触れてきた点を念頭に置き、改めて文芸書の単行本を例に、書籍本体を観察してみることにしよう。

最初に目に留まる「カバー」のオモテ面は、本の顔と呼ぶにふさわしい存在だが、なにやら意味不明な細かい数字やアルファベットが並ぶウラ面にも実は出版社や編集者の意向がしっかり反映されている。ISBN で始まる 13 桁の数字は国際標準図書番号[*17]と呼ばれ、出版者記号[*18]や刊行順を機械的に示したものだが、その下にＣで始まる４桁の数字と価格表記があり、国際標準図書番号とこの部分を合わせて日本図書コードと呼ぶ。注目すべきはＣで始まる４桁の数字（俗にＣコードと呼ばれる）で、一番左が販売対象、その右隣が発行形態、残りの下２桁が内容を示している。例えば「C0093」とあれば、この書籍の販売対象は一般、発行形態は単行本、内容は日本文学小説・物語であると読み取れる。書店員はこのＣコードを参考に陳列位置を判断することもあるので、販売対象を教養とするか実用とするかなど、ちょっとした数字もおろそかにできない。

次いで「帯」に移ろう。「カバー」との紙質や厚さの違いは第１節でも触れたが、「カバー」がフルカラー印刷であっても、「帯」でもふんだんに色を使うことは少なく、地色のある紙にシンプルにモノクロ文字で印刷してあったり、反対に地色を活かして文字部分を白く抜いた例が多い。いわゆるフルカラー印刷は通常Ｃ（シアン）、Ｍ（マゼンタ）、Ｙ（イエロー）、Ｋ（キープレート＝ブラック）の４色のインクの濃淡で色の違いを表現する。家庭用カラープリンターのインクジェットやトナーもこのCMYKが基本になっているので、なじみのある人も多いだろう。「帯」でもフルカラー印刷は可能だが、CとM、あるいはMとYの２色の組み合わせだけで印刷することが多いのは、第一にコストを抑える狙いがあり、さらに破損しやすい「帯」は交換の費用も視野に入れなければならないという事情が大きい[*19]。とはいえ、「カバー」と「帯」は書籍の顔として重要なアイテムだけに、いかに双方を違和感なく組み合わせるか、紙のチョイスはどうするか、また「帯」を外した「カバー」単体でもバランスが取れているかなど、デザインの出来が試される。

「カバー」と「帯」を外すと現われる「表紙」は、まずもって堅牢度が大切になる。そのため板紙（芯紙）には厚さのある硬い紙が用いられ、板紙を覆うように印刷紙やクロスが巻かれている。よほどの関心がなければ、わざわざ「カバー」と「帯」を外してまで「表紙」を確認することはないため、素っ気ない紙に素っ気ない印刷で済ませてしまう書籍が多いが、布やそれに類するクロス紙を使うことで、書籍としての高級感を醸し出す効果が期待できる。クロス系の場合、一般的な「オフセット印刷」[*20]ではなく、表面に凹みを加えて金色や銀色の箔押し文字を加工する特殊印刷が用いられるなど、費用面での負担は看過できない。売上見込みが確実であったり、潤沢な予算が組まれている場合に限られる手法である（なおカバーに箔押しが施されている場合も、通常の印刷に箔押し工程が加わるので費用に関する事情は変わらない）。背の形状は丸みを帯びた「丸背」と平らな「角背」に大別されるが、見た目の印象の違いもさることながら、「丸背」はページ数が多め向き、絵本によく見られる「角背」はページ数が少なめ向きといった点も、いずれを選ぶかの判断基準として心得ておく必要がある。なお、オモテ面やウラ面と背をつなぐ箇所の窪みは、本を開きやすくする「上製本」ならではの細工である。

背の上下内側に挟まっている小さな布は「花布（はなぎれ）」と呼ばれ、上部には「栞」と呼ばれる紐が貼り付けられていることがある。「装丁」の仕事には、「花布」「栞」の選択も含まれるが、隠し味のような色合いの妙とセンスが、そこはかとなくうかがわれる部分でもある。

「表紙」と本体をつないでいる紙は「見返し」と呼ばれる。表紙に比べ、上下横のサイズが短いのがわかるだろう*[21]。この「見返し」部分にデザイン的な処理を施すことは多くないが、どのような紙質を選び、どのような色合いとするか、その後に続く本体部分とのバランスも軽視できないアイテムである。

◉ 再び書籍本体を観察する

「見返し」をめくると次に現われる質感の異なる紙には、「カバー」デザインとの共通点を漂わしつつ、少し雰囲気を変え、書名・作家名・出版社名が綴られている場合が多い。本テキストの例でみたように、「本文」部分と同じ「折丁」の冒頭部分にこうした要素を並べても、なんら問題はないが、質感の異なるこのアイテムを加えることで、書籍としての色気が感じられたり、格が上がる印象を読者に与える効果が生まれる。先の「本扉」と役割は同じだが、より重厚な玄関といえるかもしれない。本体の「折丁」とは別に綴じられることから「別丁扉」と呼ばれる。なお今回の例では触れなかったが、「別丁扉」と本体「折丁」との間に、例えば紙質の異なる「口絵」を挟み込むこともできる。その場合も「折丁」の解説で触れたように4ページ、8ページ、16ページという単位で「口絵」を構成するのが基本だ*[22]。

この先、目次を入れるか、序文を配するか、章立てにするか否か、章立ての場合は各章の冒頭を「扉」扱いにするか否か、挿絵や写真があればどのような扱いにするか、これらの要素は「台割」と見比べながら、内容に応じてその都度検討すればよい。最も重要となるのは、書籍の核となる「本文」部分の「フォーマットデザイン」である。

まずは本の「判型」であるが、文芸書の単行本であれば「四六判」と呼ばれる大きさが一般的といってよい。１ページあたりの寸法が縦188mm×横127mmの空間のどの部分に「本文」を割り振り、余白を上下左右どの程度とるか*[23]。「本文」の文字の大きさと書体はどうするか、文字間や行間はどうするか、その結果１ページを何字何行で組むか、行末に句読点が来る場合は余白に句読点をはみ出しで入れるか否か、見出しが入る場合の文字の大きさと書体はどう扱うか、ページ数を示す数字は余白の上側、下側、横側のどこに入れるのか、余白に章見出し*[24]も入れるのか、余白に入れる要素の文字の大きさや書体はどうするか、罫線などを入れて個性を出すか、これらの結果として読みやすく、内容にふさわしい仕様になっているかなどを、デザイナーとの検討を繰り返しながら判断し、「フォーマットデザイン」を確定するのである。

この「フォーマットデザイン」に則って見出しを配置し、「本文」を流し込むことになるが、原稿一つとっても、例えば数字を「10」「一〇」「十」のいずれの表記に揃えるかなど、細部に至るまで「文字統一」や「校正・校閲」といった気の抜けない作業が編集者には求められる。

最初から「折丁」を考慮して「台割」を確定させ、それに合わせて文字量を決める実用書*[25]などの書籍とは異なり、文芸書では「フォーマットデザイン」に合わせてなりゆきで組み上げた結果、「本文」をひととおり終え、書名・作家名・発行日・発行人名・発行所名・印刷所名などをまとめた「奥付」を配したところ、冒頭の目次のページ量を調整したとしても、「折丁」の単位とぴったり合わないことがある。こうした場合、「奥付」の後ろに何も印刷されていないページが残ることになるが、そのままではさすがに不格好なため、当該作家の旧作など「自社広告」を入れることで、違和感が出ないような工夫も凝らしているのである。

◉ 紡がれた見えない糸に触れる

文芸書の単行本を例に、改めて細部にわたってみてきたが、視覚や触覚で確認できるのは、作者の文章やデザイナーの仕事ぶりが中心になる。しかし、その背後で編集者が糸を操ることで、何にこだわり、何に悩み、どのように見えない糸を紡いでいるのか、その一端を垣間見ることができたかと思う。

取り扱うジャンルが変われば重視するポイントも移り、共同作業の重心をどこに置くのかも変わっていく。今回はほとんど触れることができなかったが、書籍と雑誌では個々のアプローチや制作工程も当然大きく異なる。言わずもがなだが、マニュアルどおり作業すればすんなり本ができるようなことはなく、実際の現場は常に挑戦と挫折が繰り返される試行錯誤の連続といっていいだろう。

第２章以降では、書物制作に携わってきた先人が長年にわたり培ってきた歴史や細部へのこだわりをじっくり振り返る。編集者とそれを支える人たちによって紡がれた見えない糸に触れ、書物観察の視点をよりいっそう養っていただければと願う次第である。

註

＊1　本章で取り扱う書物は現在一般に流通している洋装本に絞って言及する。洋装本と和装本の特徴や違いについては、第4章を参照。

＊2　書籍や雑誌のサイズを判型（はんけい・はんがた）という。コピー用紙の規格で親しまれているA判（A列本判）、B判（B列本判）のほか、AB判、四六判、菊判、ハトロン判といった原紙を印刷後に裁断し、「折丁」にまとめた縦×横の寸法が、その書籍や雑誌の判型になる。

＊3　上製本はいわゆるハードカバーと呼ばれる本製本で、本体より芯紙を含めた表紙が大きめになる。並製本は仮製本とも呼ばれ、本体と表紙の大きさは同寸である。

＊4　中心部分をホチキスの針のような留め具で綴じた、いわゆる中綴じ本などについてはこの限りではないが、説明の都合上ここでは触れない。

＊5　A5判の寸法は縦210mm×横148mmで、学術書やテキスト、文芸系の雑誌、実用書などに多く見られる。A判（A列本判）の原紙1枚から32ページ取ることができる。

＊6　奥付にはタイトル、刊行年月日、著者、発行者、発行所、制作担当スタッフ、印刷所、製本所、著作権保有者、ISBNなどが記されているが、あくまで慣習にすぎず、必ずしも書籍に必要な要素ではない。そのため、何を記載するか、どのようなデザインにするか、自由度の高いページであり、出版社で統一している場合もあれば、同じ出版社でも書籍ごとに変えている場合もある。

＊7　見出し文字のサイズや書体、本文文字のサイズ、書体、文字間、1行あたりの文字数、行間、1ページあたりの行数、余白の取り具合、余白に章見出しやページ数が入る場合はそれぞれの位置や文字サイズ、書体など、書籍の骨格となる基本的なデザインのこと。文字主体の書籍かビジュアル主体の書籍かで、フォーマットデザインにおける決めごとは大きく異なる。

＊8　社内外の専門の校正・校閲者に依頼する場合もあるが、中小規模の出版社では編集者自身がこうした作業を兼ねることが多い。

＊9　整理した原稿をフォーマットデザインに準じて原則見開き単位で組み上げたもの。最初に組んだ校正紙は初校と呼ばれ、以降確認・修正内容を反映させて組み直した校正紙を再校、三校、四校……と呼ぶ。

＊10　主にカバー、帯、表紙、花布、栞、見返し、別丁扉の仕様指定とデザインを担当する。フォーマットデザインを担当するデザイナーが装丁を兼ねることも多い。

＊11　註8の専門スタッフの項でも触れたが、中小規模の出版社では編集者自身がこれらの担当を兼ねることもある。

＊12　インキの調整から用紙の選定まで印刷工程全般に関する高度の知識と技術を有するスペシャリスト。

＊13　面付のルールについては第2章を参照。面付位置を誤ると、ページ順に並んでいない「折丁」になるため、細心の注意が必要である。

＊14　写真植字の略。専用の写真植字機により文字を印画紙などに印字する方式で、職人が拾った活字を並べていた活版に代わり普及したが、DTP（後述）の台頭により需要が激減した。詳しくは第4章を参照。

＊15　Desktop Publishingの略。直訳すれば「机上出版（あるいは卓上出版）」となるが、

出版そのものより、コンピュータの画面上で書籍や雑誌の割付や文字デザイン全般を組み上げていく作業を指す意味合いが強い。かつては印刷所や専門業者が主に作業を担っていたが、パソコンの処理能力向上とDTPソフトの汎用化に伴い、今ではデザイナー自身が作業を行なうことが多い。弊害として修正作業の手間もデザイナーが負うこととなり、本来のクリエイティブな作業に加え、オペレーター的な作業も増えている点があげられる。なおDTPソフトで作成した素材は、印刷用データに変換することで、字義どおり出版につなげることができる。

＊16 データを直接読み取り、製版作業をすることなく複写・製本する印刷方式で、ある程度までの少部数向き。カラーダイレクト印刷とも呼ばれる。高級コピー機の両面印刷を製本したレベルなので、不鮮明で品質は粗い。

＊17 ISBNとはInternational Standard Book Numberの頭文字の略称で、日本語では国際標準図書番号と呼ぶ。日本では日本図書コード管理センターが登録申請受付や承認を一括管理している。なお日本国内で出版する場合、978-4（日本の国番号）までの上4桁が共通で、以降の下9桁には「出版者記号（後述）－書名記号（刊行順）－チェック数字（ランダムに割り当て）」が並ぶ。2006（平成18）年末までの出版物には978が不要で全10桁だった。

＊18 ISBNを取得する際に必要となるもので、正式には「ISBN出版者記号」と呼ばれる。書類に申請費用振込証の写しを添え、日本図書コード管理センターが審査のうえ、番号を決定する。なお個人での申請も可能なことから、「出版社記号」ではなく「出版者記号」となっている。ちなみに出版者記号には2桁から7桁まであるが、最少の「00」は岩波書店に割り当てられている。

＊19 破損やキズ防止の観点から、通常「カバー」にはPP加工やマット加工といった保護用の膜がコーティングされているが、「帯」に関しては流通時に傷みやすく、交換の可能性が高いため、こうした加工が施されていないことが多い。

＊20 現在、多くの出版物が採用している印刷方式で、表面に凸凹のない平らな原版に付いた油性インクをブランケットと呼ばれるローラーに一度転写し、紙に印刷するもの。解像度が高く、写真や色の再現性に優れている。大量印刷向き。詳しくは第2章参照。

＊21 見返しは上下および横の三方の寸法が、表紙より約3ミリ短い。この足りない部分は「チリ」と呼ばれる。

＊22 このほかに印刷された1枚の横長の紙を1回畳んで「折丁」の間に挟み込むこともある。折り畳んだ紙を開くことから「観音開き」と呼ばれ、片側だけ開く「片観音」と両側に開くことができる「両観音」がある。この発展形で絵巻のような横長の図柄を蛇腹状に何度も折り畳んで「折丁」の間に挟むこともできる。

＊23 本文の入る部分は版面（はんづら・はんめん）と呼ばれる。この版面は、註7のフォーマットデザインの解説でも触れたが、本文文字のサイズ、文字間、1行あたりの文字数、行間、1ページあたりの行数を決めることで自ずと割り出される。この版面を本文用紙の天側（上側）、ノド側（本を綴じてある内側）それぞれ何ミリ空けるかで余白がどの位置に来るかが決まる。

＊24 版面の外の余白には通常「ノンブル」と呼ばれるページ数が入るほか、「柱・ハシラ」と呼ばれる見出しが入ることがある。この「ノンブル」や「柱・ハシラ」を

余白のどの位置に、どのような文字サイズ・書体で配するかで、「本文」デザインの印象は大きく変わる。本テキストでは各ページの地側（下側）余白の小口側（外側）に「ノンブル」が配され、「ノンブル」に並ぶように偶数ページに章見出し、奇数ページに節見出しの「柱・ハシラ」が書体を変えて置かれている。

＊25 フォーマットデザインに従って原稿を流し込んでみないと、最終的に何ページになるかがわからない文芸書のような例もあるが、例えば1項目を原則「見開き」2ページで完結させながら本全体をまとめあげていくガイドブックなどの実用書では、「折丁」に無駄が出ないよう、あらかじめ「台」数と「台割」を決めておき、そのうえで「見開き」に必要な要素をピックアップしてフォーマットデザインを決めていく編集方法もある。

参考文献

◉鈴木一誌『ページと力——手わざ、そしてデジタル・デザイン』青土社、2002年

◉寺山修司著、鵜沢梢、アメリア・フィールデン訳『万華鏡——対訳 寺山修司短歌集』北星堂書店、2008年（装幀・DTP：オフィス・マリブ 薬師晶）

コラム

「編集後記」という不思議

雑誌をパラパラめくっていると、編集スタッフや責任者が、その号にまつわるエピソードや思い入れなどを手短に綴る「編集後記」あるいは「編集長日誌」のようなページに出くわすことが少なくない。私自身、学生時代から手にする雑誌に「編集後記」があれば、たいてい興味深く目を通していたし、後年、自分が雑誌編集に携わることになった際は、ごく当たり前のように戯言を「編集後記」に記していた過去がある。

その後、仕事の重心を、雑誌編集から書籍編集に移したこともあり、それまでは当たり前と捉えていた「編集後記」について、ちょっとした違和感を覚えるようになっていった。それというのも、書籍の編集に携わった場合、著者のあとがきや奥付界隈のクレジットで担当編集者としてごく稀に自分の名前が載ることはあっても、編集者自らが書籍内に署名原稿を記すことなど、編集者が中心となってゆかりのある故人の遺稿集をまとめ上げるような特別な場合を除き、まずお目にかからないからだ。

これは何も書籍に限ったことではない。完成した映像作品のなかで制作者自らが裏話を披歴することはないし、音楽や美術といった芸術作品から、小さな部品や巨大構造物のようなモノづくりに至るまで、世に出た途端、それがすべてとなる。作品そのものに思い出話や言い訳なんぞが入り込む余地は１ミリもない。映像作品におけるメイキングシーンやこぼれ話なども含めて、制作者のエピソードや苦労譚を知るとすれば、それらはあくまで作品外の媒体（例えばインタビュー記事やモノローグ、SNSでの発信など）によるもので、それらを見聞きできたとしても、完成した作品とは一線を画した位置づけといっていいだろう。

しかし、こと雑誌に至っては、あることが当然であるかのように、「編集後記」が我が物顔で作品の一部として居座っている。これはいったいなぜなのだろうか。

まず要因として考えられるのは、雑誌の記事自体が紙に刷られ、「編集後記」自体も紙に刷られること。当然といえば当然ではあるが、これは必須条件として外せない。映像作品のなかに、違和感なく「編集後記」的な内容を盛り込むのは難しいし、音楽 CD のブックレットに曲目解説があったとしても、それはつくり手や評論家が音楽自体とは別の媒体で文章を連ねているだけであり、そもそもレコーディング・ディレクターがしゃしゃり出ることなどありえない。

ところで紙に着目すれば、書籍でも編集作業が行なわれているのに、なぜ「編集後記」なる不思議な文化が雑誌で根づいているのか。それは多くの書籍に比べ、雑誌の場合、企画の成り立ちやコンセプトの立て方が、編集者（あるいは編集部）主導である点に由来すると思われる。

通常、編集部員による企画会議で方向性や特集の内容が決められ、それに沿うように執筆を依頼したり、取材をかけたりしていく。このように編集サイドの意向が強く反映されがちなのが雑誌であり、書籍編集に比べてこの点が際立っているため、企画の方向性や特集内容に編集者が大きく関与していることに、読者は薄々気づいているのだろう。つまり、たとえ誌面には登場していなくても、雑誌編集者もつくり手の一員として潜在的に認識されていると思われるのだ。

こうした関心の高さが紙と紙という親和性も手伝って、「編集後記」なるニッチな場をいつしか生み出し、そして今なお読者の関心や共感を呼び、途絶えることなく脈々と息づいているのではなかろうか。

かえすがえすも不思議な文化である。

第2章

印刷と造本

田村 裕

❶ 冊子体の本の歴史と基本単位としての折丁

◉ 本の折丁構造

私たちがごく普通に目にしている書物の形態は、**図1**のような「折丁」の束を背で綴じた「冊子体」である。折丁とは大きな紙に印刷した刷り紙（刷り本）をページ順になるように折り畳んだ状態のものを指す。本の印刷・製本の工程で説明すると、印刷の前段階として、表版・裏版の大きな刷版に複数ページ（多くは両面で16ページ、ほかに8ページ、4ページ、32ページなど）の版を配置し（「面付け」という）、全紙サイズの大きな紙の両面に印刷していく。次に印刷された刷り本を揃えて16ページ分に断裁し*1（**図2**）、紙折機で折り畳んで折丁にして、複数の折丁が1折、2折…とページ順に並ぶよう丁合機で重ね、1冊分の折丁の束にして背で綴じる。そして折った際に袋状につながっている部分を含めた小口（端）の三方を断裁して、ページを自然にめくれるようにするのである。

図1　本は折丁の束でつくられている

折丁は本の中身を構成する基本単位である。16ページ1折の折丁の場合、208ページの本は、13の折丁から構成され、216ページの場合は、これに8ページ1折（二つ折を二度繰り返す）の折丁を加えてつくられる。また13の折丁のうち数折分の、紙の種類や刷り色を変えることで、ほかのページとは性格の異なる情報の固まり

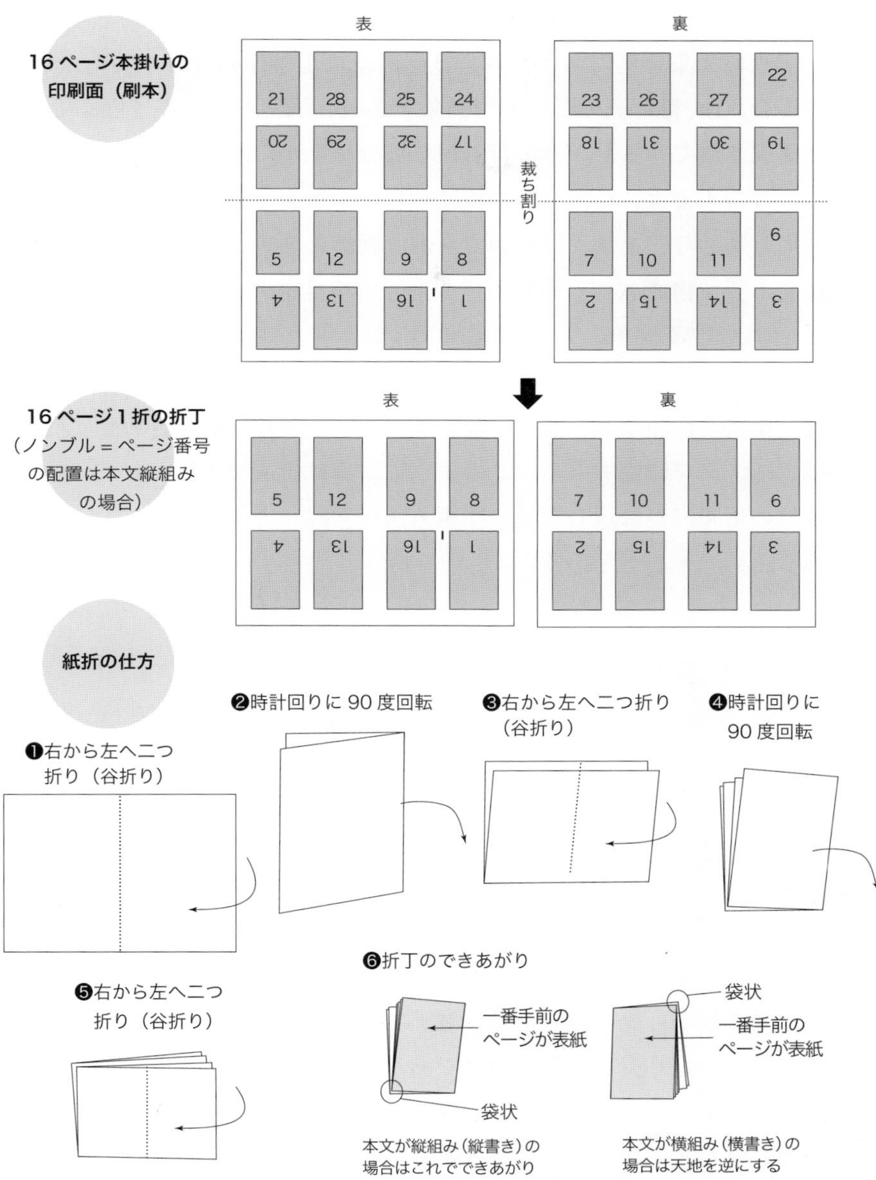

▲図2　面付けのしくみと折丁のできるまで

を読み手に示すことも可能である。

実際に画集を例にあげてみよう。例えば小学館の『日本美術全集』の場合、B4判の紙の厚い大型画集であり、表裏8ページ1折の折丁で構成されている*2。本の背の綴じ部分を上から覗くと折の束が見える。この本では、目次・はじめに・凡例の本文の数折に薄茶色の紙を使用しており、モノクロ印刷である。画集のメインである図版ページは数十折で構成され、作品の色や形の再現性を考慮して、インキ（以下、印刷業界の慣例に従い、印刷用のインクを「インキ」と表記する）のノリの良い、白く平滑度の高い紙にカラー印刷である。そのあとの解説・年表・作品リスト等の十数折は、文字を読む目的に合わせて白の紙にモノクロ印刷である。このように、本は折丁を単位として、目次項目の情報内容に適した紙や印刷方法を考慮してつくられているのである。

◉ 冊子本の東西発展史と折構造の違い

冊子体の本の歴史はきわめて古い。紀元1世紀頃に古代ローマ帝国で発生したとされる冊子本は、それ以前の巻子本（かんす）（巻物）と共存し、やがて凌駕して、4世紀後半には一般的形態となった。書写材料も植物原料のパピルスから羊皮紙などのパーチメント（獣皮紙）へと変化した。一頭の羊からとれる一枚の羊皮紙を、二つ折り、四つ折りと折り畳んで折丁を束ね、板の表紙に綴じ付けて製本された。

両面書写が可能な冊子本は、巻子本に比べて格段と情報量が多くなり、扱いやすく持ち運びが簡便である。必要な箇所をすぐにめくって読むこともできる。キリスト教団の教会の組織化に伴って必要とされた福音書などの聖書も、巻子本から冊子本に移ったことで、キリスト教の普及拡大に大いに寄与したといわれる。そして中世には、修道院に写字室が設けられ、写字生等の手によって神の威光を表わすような、壮麗な装飾写本がつくられるようになった。

15世紀中葉には、ドイツのマインツでグーテンベルクによって活版印刷術が発明され、聖書などの宗教書をはじめとする書物がヨーロッパ各地で出版された。そのグーテンベルク聖書や初期印刷本（揺籃期本・インキュナブラ）の時代には、中世写本を手本として模倣したものが数多くある。折丁やキャッチワード、折記号、手彩色による壮麗な装飾などはその例である[*3]（**図3**）。

図3　グーテンベルク『四十二行聖書』
British Library C.9d3
© The British Library Board

「キャッチワード」は、中世写本の写字生が、ページ最後の文章を次のページや折丁につなぐために、次ページの冒頭にくる単語をその前のページの右下の欄外に記載したもので、印刷本の時代には、植字工が次ページの版を組むときや、製本工が印刷された各折丁を抜けなく順序良く集める「丁合（ちょうあい）」作業の目印に使用したといわれる。また「折記号」も同様に、書写あるいは印刷された折丁の丁合作業に用いられるものである。各折丁の最初のページの下の余白に、小さくa、b、cなどの記号や数字が記載された。

この折記号やキャッチワードは、西欧では長く引き継がれて、特に折記号は1970年代くらいまでの洋書にもたびたび見られたが、その後は各折丁の背に印刷される「背丁」や「背標」[*4]に移行したのか、今は見かけなくなった。

ただ西欧では、フランスのルリユール（工芸製本）に見られるように、折丁の小口を断裁しないアンカットの仮綴じ本がそのまま店頭で売られ、読者が製本工房に依頼したり、自ら綴じつけ直したりして、革表紙の好みの装丁に仕上げるという手製本の伝統が長く引き継がれてきた。袋状につながった折丁の小口をペーパーナイフで切り裂いて読むという身体行為は、自ずと本の構造への理解につながっていたのである。

一方、東洋の場合、中国において巻子本や折本[*5]に代わって冊子体の本が一般化しだしたのは、8世紀頃の唐代といわれる。装丁の方法は、胡蝶装（唐代に生まれ宗や元の時代には一般的な形態）から包背装（13～14世紀の元代から使われ、明代初め14世紀から16世紀までは一般的な形態）、線装（明代初め14世紀から19世紀に西洋印刷術が導入されるまで一般的な形態）へと変化した。和装本ではそれらに対応する形で粘葉装、くるみ表紙、袋綴じと呼ばれた[*6]。

東洋の場合の大きな特徴は、中国で造紙術が紀元前に発明されており、105年頃には祭倫が技術改良して、実用的な紙の製造法を定め、大量生産が開始されたことである。また、木版印刷の発明が8～9世紀と、西洋よりかなり早かったため、木版摺りの紙を製本するのに都合の良い方法が求められた。木版はバレンで摺ると裏の表面が傷みやすく、かつ紙が薄いと裏写りするので、表面しか使えない。そこで片面摺りの二つ折りを採用し、最後に線装袋綴じに落ち着いたと考えられる。線装・袋綴じは製本が簡便であり、綴じ糸が切れても綴じ直しが簡単で、「糊付け」も少なくてすむために虫喰いの害を受けにくいという利点があった。

紙が早く発明されたので、西洋のように羊皮紙を要しなかったのも、大きな特徴といえる。西洋の羊皮紙は二つ折りを繰り返す折丁構造を伴ったが、東洋の紙は自由に寸法を変えられる手漉き紙のため、二つ折りを変えずに紙の寸法の方を変えたのである。

しかし、東洋の袋綴じ・木版片面摺りでは文字の大きさや文章量に限りがある。また手作業による２ページ印刷では、一気にたくさんのページを印刷するような量産製造に向かない。そのため近代以降、読者層の広がりや本に盛り込まれる情報量の増大に伴って、西洋型の機械生産による印刷製本に移行せざるをえなかったのである。

今日、本の構造で重要な折丁の存在は、制作に携わる者や書物関連の専門家以外には特に意識されることも少なく、本は見開き２ページごとに印刷されていると勘違いする人が多い。和装本の袋綴じでは、折った紙の表裏を１丁と数え、「版心（背の反対側の前小口、折丁の折り目の部分）」あるいは「ノド（見開きの中央綴じ部分）」の箇所に一、二、三と「丁付け」を行なう[*7]。だが一枚二つ折の「丁」は、一枚の版木に対して片面摺りの折であり、西欧のような大きな金属版で刷った紙を、左右前後に数回折り畳む方法とは大きく異なる。また、明治以降、活版印刷技術と西欧式製本術を取り入れて洋装本を普及させていく際に、先述の折記号ではなく、折丁の背に背標や背丁を刷り込んだり、背に手作業で１折おきごとに印を付ける方法が丁合用に採用されたため、折丁の存在が背表紙に隠されたことも、本の構造が一目ではわかりづらくなった要因だろう。

次節では、この折・折丁と製本や印刷技術が、挿絵本や絵本などの視覚表現の歴史とどのように深く関わってきたのかをみていこう。

②
印刷と折と絵の密な関係 ～中世から近代まで

◉ 版画技法の開発と活版本への活用

図鑑や絵本、挿画本など絵の多い活版本では、絵はどのように刷られて折の束に組み込まれていたのか。活版印刷術が発明された15世紀中葉には、木版画による宗教画が盛んにつくられており、木版は活字の組版と合体させて一緒に印刷できることから、初期印刷本（インキュナブラ）の挿絵にも広く用いられるようになった。ウィリアム・モリスが「中世で最高の出来栄えの木版画が含まれている」＊8と称賛したベルンハルト・フォン・ブライデンバッハの『聖地巡礼』＊9（1486年、独・マインツ）やハルトマン・シェーデルの『ニュルンベルク年代記』＊10（**図4**、1493年、アントン・コーベルガー印行、独・ニュルンベルク）、フアン・デ・トルケマダの『瞑想録』＊11（1467年、伊・ローマ）やヤーコブ・マイデンバッハの『ホルトゥス・サニタティス（健康の園）』＊12（1491年、マインツ）などがその例であり、中には挿絵が部分的に手で着彩されているものも出版された。

Sexta etas mundi　CCXLII

△図4　ハルトマン・シェーデル『ニュルンベルク年代記（Nuremberg Chronicle）』1493年

木版画にやや遅れて登場した直刻法（エングレービング）の銅版画は、15世紀後半から16世紀にかけて広まり、16世紀には腐食法（エッチング）もヨーロッパ各地に伝わった。木版よりも精緻な線刻表現が可能な銅版画は、アルブレヒト・デューラーやルーカス・クラナハら画家たちが手がけるようになって芸術性が高まり、また17世紀以降の科学の発展とともに記録・複製メディアとしての有効性が注目されて、博物学や地理学、医学などの書物の挿絵に盛んに用いられるようになる。

さらに19世紀になると、石版画（リトグラフ）がヨーロッパに広まっていく。石版画は描いたものを彫らずにそのまま刷ることができて多色刷りも可能なため、本の挿絵や表紙、画集、ポスター、広告など、視覚に訴える印刷物に多く活用された。

このように本は新しく開発された版画技法をそのつど取り入れながら進化してきたのだが、木版以外の銅版・石版は、「版式」が異なるために活字と一緒にして刷ることができないという問題も抱えていた。版式とは紙にインキを移す刷版の様式のことである。代表的な版式には、木版画のように出っ張った部分にインキをつける「凸版」、銅版画のようにへこんだ箇所にインキをつめこむ「凹版」、石版画のように平らな面にインキのつきやすい部分とはじく部分をつくって刷る「平版」の3種がある。挿絵が木版ならば活版と同じ凸版同士なので問題はないが、活版と異なる版式の図版は本文と一緒にして印刷することができない。本文を活版（凸版）で刷り、図版を銅版や石版で刷る合わせ技は、紙を汚したり版ズレを起こしたりする可能性があるので、極力避けなくてはならないのである。

そこでとられた方法が、活版で刷った折と銅版や石版で刷った折を分けるやり方であった。その一つが本自体を分ける「分冊」方式で、例としては、1751～1772年にフランスの啓蒙思想家・ディドロとダランベールが編纂した有名な『フランス百科全書』がある。ルソーやヴォルテールなど200人以上が執筆したことでも知られるこの事典は、活版の本文編17巻と銅版の図版編11巻とに分かれている[*13]。

もう一つは、1冊のなかで活版刷りの本文の折丁の束と、銅版や石版刷りの図版ページの折丁の束を分ける方法である。これには、口絵のように図版を本文より前にもっていく方法や、図版を巻末に掲載する方法、さらには本文の数折と図版の数折を交互に繰り返す方法がある。図版を前に掲載した例にはジョン・タリスの『タリスのクリスタル・パレスの歴史と解説』＊[14]（鋼版画の口絵図版、全6巻、1851年のロンドン万国博覧会：水晶宮の図録、1851年）などがあり、後ろにまとめた例では、薔薇の画家ピエール・ジョセフ・ルドゥーテの彩色銅版挿絵による『J.J. ルソーの植物学』＊[15]（ジャン・ジャック・ルソー、1805年、仏・パリ）などがある。

しかし、図版を見ながら解説を読みたい場合は、これらの方法では不便である。そこで両者を近づけるために製本工程で採用されたのが「別丁貼り込み」の方法であった。

◉「別丁貼り込み」の製本法と、異なる版式での重ね刷り

「別丁貼り込み」とは、1丁独立した別丁を本文の折の束の前後やなかに差し入れ、ノドの部分に糊をひいて貼り込む方法である。これには本文の折丁と折丁の間に貼る場合と、折丁の真ん中（本文16ページ1折の場合は8・9ページの間）に貼る場合、そして折丁の内部に貼る場合がある。小口側が袋状になっているページでは、折り畳まれた折丁をいったん開いて貼るか（広げ貼り）、折丁の袋部分をナイフで切り裂いて貼る（切り裂き貼り）のである＊[16]。

手間のかかる作業だが、18～19世紀の図鑑や挿画本、図版の多い雑誌などで別丁貼り込みを行なっている本は少なくない。図鑑・画集では、画家で鳥類研究家のジョン・ジェームズ・オーデュボンが著した『アメリカの鳥』（米国版・全7巻、1840～1844年）＊[17]や、ドラマチックな背景を取り入れた美しい植物図鑑として名高いロバート・ジョン・ソーントンの『フローラの神殿』＊[18]（1812年）などがその例

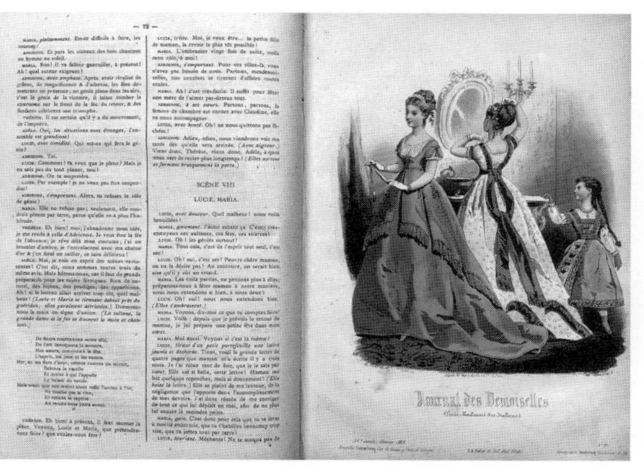

図5　『ジュルナル・デ・ドゥモワゼル（Journal des Demoiselles）』1868 年 3 月号に綴じ込まれた手彩色銅版画のファッション・プレート。黒い線が彫った部分。右：拡大図。顔の部分に点描法が用いられている

である。

雑誌では、1833 ～ 1922 年にパリの富裕層の令嬢向けに発行された月刊ファッション雑誌『ジュルナル・デ・ドゥモワゼル（Journal des Demoiselles）』があげられる。1868 年の 12 号分の合本を見ると、毎号、活版刷りの 32 ページのなかに、厚手の紙に刷った手彩色銅版画が 1 ～ 2 葉差し込まれてノドで糊付けされているのがわかる（**図 5**）。差し込む位置は折と折の間の場合もあるが、袋状になったページのなかに、差し込んで貼っているものも多くみられる。

このような別丁貼り込みは、過度に行なうと製本の強度を弱めることにつながるので避けなくてはならないが、20 世紀に入ると、活版刷りの折の束にカラーの写真凸版（三色版・原色版[*19]）やグラビア印刷[*20]の図版ページを 1 葉もしくは 1 折分差し込む形で使われ、現在でも別丁扉や綴じ込みの読者ハガキ、4 ページなどの端数の折を差し込む場合に「貼り込み機」という機械を使って行なわれている。

次に、先ほど極力避けなくてはならないと述べた、本文の活版印刷と版式の異なる銅版や石版を組み合わせて刷っているケースについても述べておこう。図 6 は、アナトール・フランスの短編小説集『クリオ（CLIO）』[*21]（1900 年、仏・パリ）である。この本では、5 つの小説

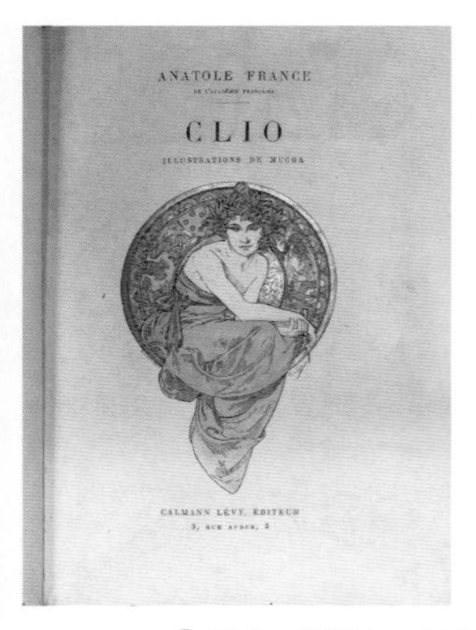
ANATOLE FRANCE

CLIO

ILLUSTRATIONS DE MUCHA

CALMANN LÉVY, ÉDITEUR

ement sans force et
ajouta-t-il, fournis-
appui solide. Les
insurmontable dé
ier avec eux. »
iote, dit avec fer-

ssaire à la liberté
tyrannie.
le général, est une
intéressée chez les
rnement.
le cercle de brumes
n disque agrandi et
, vers l'orient, de
feuilles d'une rose
mollement les plis
nappe luisante. La
l'horizon et l'officier
sa lunette, le pavil-

▲図6　挿画本、アナトール・フランス『クリオ（CLIO）』（1900年）。ミュシャの石版画による扉絵（左）と「ムイロン号」の挿絵。扉絵には部分的に金が用いられている

◀図7　挿絵入り週刊新聞『イリュストラシオン（L'Illustration）』1895年11月30日号の石版画による表紙絵

の文章中に、アルフォンス・ミュシャの多色刷り石版挿絵を2～3点ずつ掲載しており、活版と石版の合わせ技を見ることができる。ルーペで挿絵図版を拡大してみると、版を重ねて色刷りした石版画の上に、輪郭線を主とした墨の主版（おもはん）を刷っているのがわかる。石版では現われないマージナルゾーン＊[22]がくっきりと見えることから、主版には亜鉛板などの金属凸版が使われているようである。この本は8ページ1折の折丁を24折分束ねてつくられており、そのうち12の折丁に1点ずつ図版が刷られている。本のサイズがA5判に近い縦210mm×横147mmであるから、折丁を広げるとA3判程度の大きさになる。その紙の片面の1箇所に、石版画の技法で多色刷りし、乾燥させたあとで、線画部分の金属凸版と本文の活版を一緒にして両面刷りしていると考えられる。いずれにしても、版ズレや汚れには気をつけなくてはならないが、このような活版と石版の混合技法は、フランスの挿絵入り週刊新聞『イリュストラシオン』＊[23]（図7）の表紙絵や挿絵にもみられ

ることから、19 世紀末〜 20 世紀初期には試みられていたようである。

◉ 木口木版の登場と19 世紀後期の印刷技術の発展

イギリスの版画家トマス・ビュイックが、木口木版の技法を開発したのは 18 世紀末である*[24]（図８『イギリス鳥類誌』）。木口木版は、一

◀図８　トマス・ビュイック『イギリス鳥類誌（History of British Birds）』Beilby & Bewick、全２巻のうち第１巻、1797 年。木口木版の挿絵

『子供部屋のアリス』の部分拡大図。白く見える部分がビュランで彫った跡（注：線を強調するために筆者が画像調整を行なった）

▲図９　左：ルイス・キャロル『不思議の国のアリス（Alice's Adventures in Wonderland）』Macmillan and Co.、初版：1865 年。図版は普及版の 1898 年版。挿絵は J. テニエル。モノクロ・小口木版の彫版はダルジール兄弟による。右：同『子供部屋のアリス（The Nursery "Alice"）』Macmillan and Co.、初版：1890 年。多色刷り木口木版による挿絵で、彫版はエドマンド・エヴァンズ

◀図10　「長靴をはいた猫」の木口木版挿絵。『ペローの昔話　ギュスターヴ・ドレ挿画（Les Contes de Perrault, dessins par Gustave Doré）』1864年

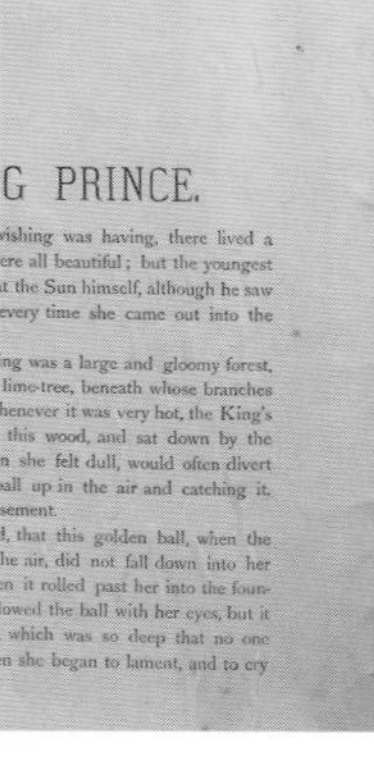

◀図11　「トイブック」シリーズ最初の作品。ウォルター・クレイン『カエルの王子さま（The Frog Prince）』George Routledgs and Sons、1874年。エドマンド・エヴァンズの彫版・刷りによる多彩色木口木版

般的な板目木版の版木よりも硬く、目が詰まっている黄楊や椿、梨などの木の幹を輪切りにした版木に、「ビュラン」という細く鋭い彫刻刀で極細の線を彫り込んでいく技法である。銅版画のような精細な描写が可能であり、かつ活版に組み込んで印刷できることから各地に広まり、19世紀のヨーロッパでは本や新聞の挿絵や商品広告の図版などに多く用いられるようになる。彫り込んだ木口木版を「原版」にして電胎版*25という金属凸版の複製版をつくる技法も開発され、これによって大量に本を印刷することができるようになった。

児童小説や絵本の分野でも木口木版は大きく貢献し、イギリスではルイス・キャロルの『不思議の国のアリス』（図9、1865年）や『鏡の国のアリス』（1871年）、妖精画家リチャード・ドイルの『眠れる森の

▲図12　ケイト・グリーナウェイの代表作『窓の下で（Under the Window)』George Routledge & Sons、1878年。絵は多彩色木口木版。彫刻・刷りはエドマンド・エヴァンズ

美女』（文：J・R・プランシェ、1865年）や『妖精の国で』（1870年）、フランスでは版画家・挿絵家のギュスターヴ・ドレの挿絵によるシャルル・ペローの寓話集[*26]（図10、1864年）などの絵に使われている。

19世紀後半にはイギリスの彫版師・刷師のエドマンド・エヴァンズが多色刷りの小口木版を開発。1865年にはウォルター・クレインとともにオールカラーの「トイブック」という簡易な製本の絵本を生み出した（図11）。また、クレインはじめランドルフ・コールデコットやケイト・グリーナウェイ（図12）などの優れた絵本作家を育て、彼らの活躍によってイギリスを中心に絵本の黄金時代が築かれていく。

コナン・ドイルの推理小説「シャーロック・ホームズの冒険」を連載した雑誌として有名なイギリスの月刊誌『ストランド・マガジン』[*27]には、シドニー・パジェットの描いた物語の場面が、小口木版の精緻な線で立体的に表現されている（図13）。だが、1893年の合本版を見ると、小口木版以外にも写真の技術を応用した線画凸版や網目凸版[*28]など、各種の金属凸版が多く使われていて、手彫りの版画技法から写真製版法による凸版印刷へと移行している様子が窺える（図14）。

19世紀後期には写真を応用したコロタイプやグラビア印刷、輪転式

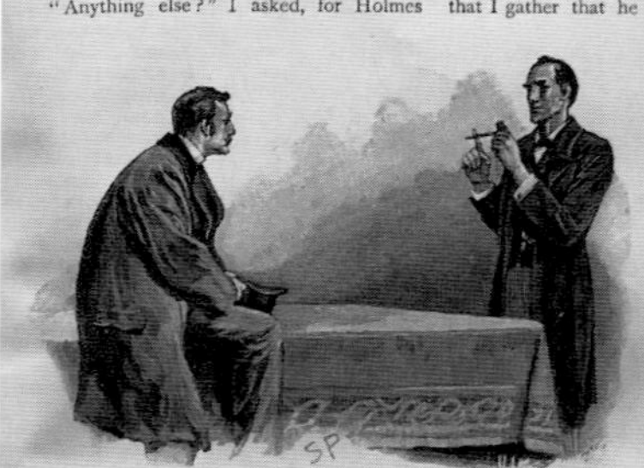

of these mends, done, as you observe, with silver bands, must have cost more than the pipe did originally. The man must value the pipe highly when he prefers to patch it up rather than buy a new one with the same money."

"Anything else?" I asked, for Holmes

that it is quite charred all down one side. Of course, a match could not have done that. Why should a man hold a match to the side of his pipe? But you cannot light it at a lamp without getting the bowl charred. And it is all on the right side of the pipe. From that I gather that he is a left-handed man. You hold your own pipe to the lamp, and see how naturally you, being right-handed, hold the left side to the flame. You might do it once the other way, but not as a constancy. This has always been held so. Then he has bitten through his amber. It takes a muscular, energetic fellow, and one with a good set of teeth to do that. But if I am not mistaken I hear him upon the stair, so we shall have something more interesting than his pipe to study."

An instant later

"HE HELD IT UP."

▲図 13　『ストランド・マガジン（The Strand Magazine）』。左：表紙（1891 年 12 月号）、右：1893 年 2 月号掲載「黄色い顔（The Yellow Face）」の木口木版の挿絵。シドニー・パジェットの絵によって、シャーロック・ホームズの容姿が印象づけられた

634　THE STRAND MAGAZINE.

"THE PIPE WAS STILL BETWEEN HIS LIPS."

as possible, and out into the bright morning sunshine. In the road stood our horse and trap, with the half-clad stable boy waiting

◀図 14　『ストランド・マガジン』1891 年 12 月号掲載の「唇のねじれた男（The Man with the Twisted Lip）」の挿絵。ここでは写真製版による網目凸版が用いられている

グラビア、三色版（原色版）などが次々と開発され、やがて20世紀のオフセット印刷や多色グラビア印刷へと移っていく。印刷技術や機器の性能が向上し、印刷方法が多様化するなかで、本をつくる編集の側も、本の内容や性格に応じて適切な印刷方法と用紙を選択し、また各種の印刷方法を組み合わせてページを構成するという本の編集スタイルが育っていくのである。

次の節では、明治以降の日本における欧米の印刷技術の導入と挿絵を中心とした図版表現の変化について述べていく。

❸ 近代日本の印刷技術と多彩な視覚表現

◉ 明治時代の銅版・石版印刷

明治時代は、出版物の表紙や口絵、図版などに、銅版、石版、木口木版、コロタイプ、写真凸版、三色版などの製版・印刷技術が欧米から続々と導入されて、多彩な視覚表現がみられた時代である。とりわけ幕末から明治初期においては、江戸後期の司馬江漢が創製した腐食銅版画を断続的ながらも絵師たちが引き継ぐ形で、松田緑山（二代目玄々堂）や梅村翠山が、そして彼らの弟子の石田有年・旭山や中川耕山らが活躍した。また石版印刷は、1873（明治6）～1874（明治7）年ごろに、大蔵省印刷局や陸軍、そして民間の玄々堂（松田緑山）や彫刻会社（梅村翠山）によって始められた。明治10年代には雑誌や書籍の挿絵などに活用され、20年代には「額絵」という鑑賞用の一枚刷り石版画が最盛期を迎えた。

例えば袋綴じの和装本では、江戸時代の絵入り仮名書きの読み物である草双紙（くさぞうし）を踏襲した「銅版草双紙」が、明治10～20年代にかけて

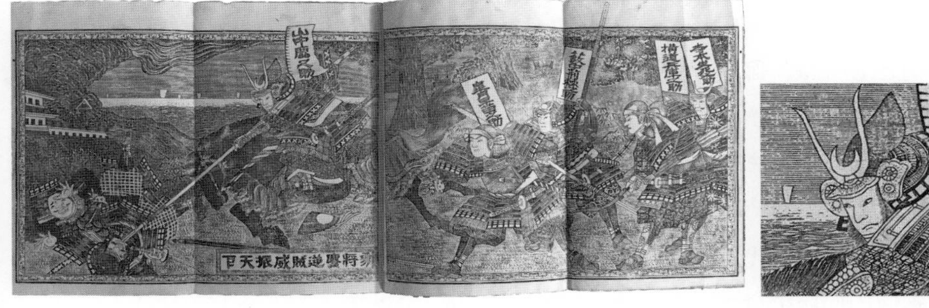

▲図15 『絵本実録 山中鹿之助実記』金壽堂蔵版・牧金之助、1891（明治24）年。絵師・彫師不詳、両観音開き。右：拡大図

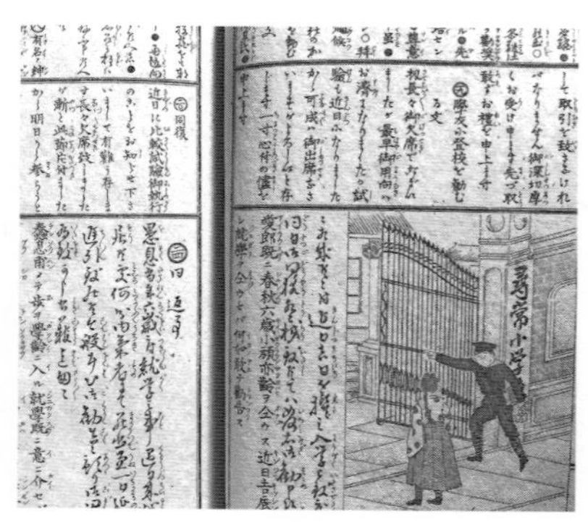

図16　篠田正作編述『近体作文軌範 言文一致記事論説（中）』此村庄助、1890（明治23）年。文字も図版もすべて銅版刷り

図17　内田正雄遺稿『輿地誌略』4 編上 10、修静館、紀伊國屋源兵衛版、1877（明治10）年。左ページは文字も絵もすべて銅版刷り（下図はアクアチント）。右ページは木版刷り

数多く出版された。文字も絵もすべて銅版印刷で、パノラマ写真風に観音開きで絵を展開する仕掛けも多く試みられた（図15）。それは浮世絵版画や草双紙、絵本などの大衆本を出版してきた「地本問屋（じほんどいや）」が、生き残りをかけた新趣向の試みでもあった。また、同じく和装本で銅版印刷の挿絵入り『近体作文軌範　言文一致記事論説（上中下）』（図16）は、明治20年前後から盛んになった言文一致運動を背景に、文語体と言文一致体で書かれた手紙の書き方の模範文例集である。毛筆のような崩し字や「かな」を連綿とつなげて書く書体は、木版なら可能でも活字では再現しにくく、極小のルビ（振り仮名）は木版では難しい。銅版の利点を生かした企画といえるだろう。

木版摺りの和装本に、図版ページのみを銅版や石版で印刷した本の例としては、師範学校の地理の授業で教科書として使われていた、内田正雄編の『輿地誌略』があげられる＊29。この本は1870（明治3）年から刊行が始まり、1880（明治13）年に完結するまで10年以上の歳月を費やしたため、最初はすべて木版摺りであったのが、8巻以降から挿絵が銅版に代わり、10巻からは銅版と石版が混在するようになった。銅版の図版ではエッチングやメゾチント、アクアチントなどの技法が使われている。挿絵の一部は、図17のように、文章に食い込む形で

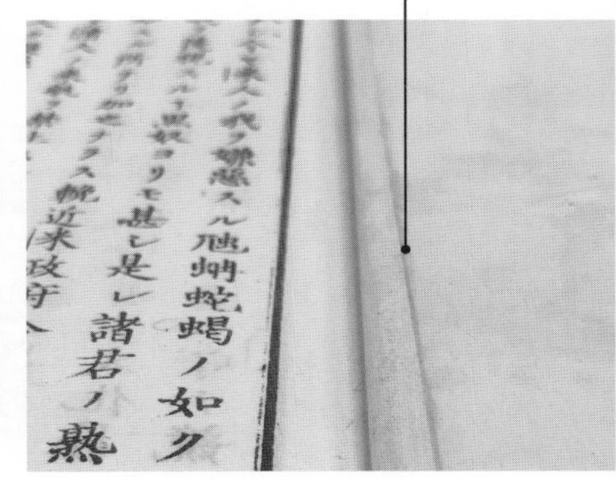

▲図 18　東海散士『佳人之奇遇』巻 2、博文堂、1886（明治 19）年・再版、初版は 1885（明治 18）年。砂目石版による挿絵

挿絵が配置されている。そのため一見、文章を木版摺りしたあとに銅版画の図版を刷ったかのように見えるのだが、実際は図版も文字もまるごと銅版もしくは石版印刷なのである。

同様に、明治中期のベストセラー小説として知られる東海散士の『佳人之奇遇（かじんのきぐう）』＊30 の場合も、1 巻約 40 丁（80 ページ）の木版摺りのなかに、砂目石版の挿絵が数カ所、見開きで挿入されている＊31。袋綴じの本だが、挿絵ページの一葉だけは谷折りにし、袋側を背にして綴じてある。そして挿絵の中央がノドの綴じしろ部分（見開き中央の綴じ部分）で隠れてしまわないように、綴じしろを別の紙で継ぎ足す「足継ぎ」を採用することで、両ページで一枚の横長の絵に見えるように工夫しているのである（図 18）。

◉『特命全権大使米欧回覧実記』の銅版図版

次に洋装本の場合は、活字の本文組みに銅版や石版による挿絵をどのように組み込んでいたのだろうか。銅版図版の早い例としては、1878（明治 11）年に発刊された久米邦武編『特命全権大使米欧回覧実記』（全 5 編 5 冊、太政官記録掛、博聞社刊行）があげられる。この本は、

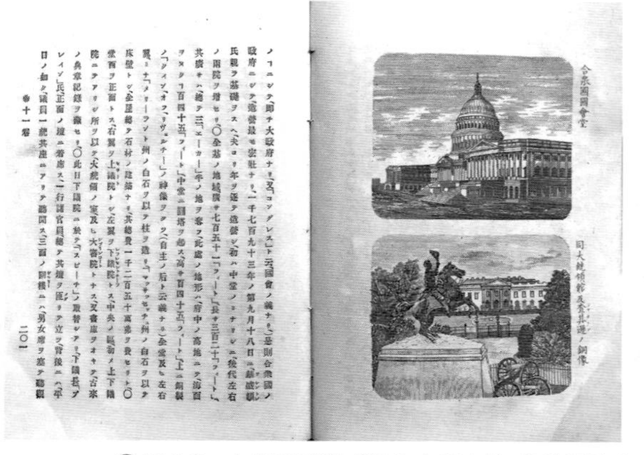

図19 久米邦武編『特命全権大使 米欧回覧実記』第２編、太政官記録掛、博聞社、1878（明治11）年。活版印刷の文章に銅版画図版

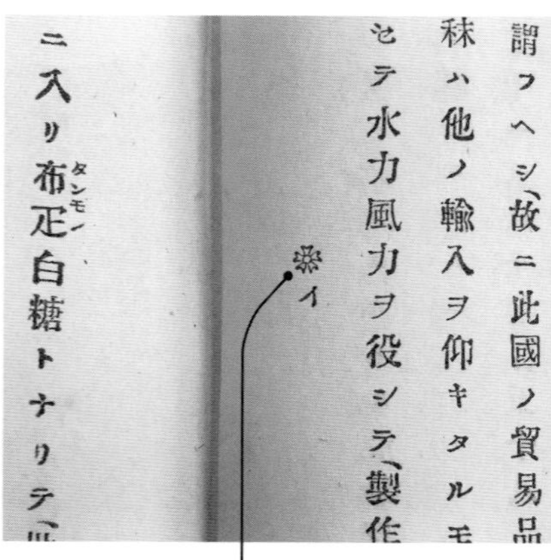

謂フヘシ、故ニ此國ノ貿易品
秼ハ他ノ輸入ヲ仰キタルモ
セテ水力風力ヲ役シテ、製作
※イ
ニ入リ布疋白糖トナリテ、

図20 同書のノド側に記載された折記号

岩倉（具視）使節団が、1871（明治4）年11月～1873（明治6）年9月にかけて、米欧12カ国を歴訪した見聞録の公式報告書である。この使節団は、西欧各国の制度や文物の調査研究、そして安政の五カ国条約改正のための外交予備交渉などを目的としており、本には地理、政治、経済、産業、教育、文化など幅広い分野にわたって視察した現地の実況が、日記風に記録されている。

特筆すべきは、随所に挿入されている300点以上もの銅版画挿絵である（**図19**）。制作を担当したのは中川耕山*[32]や中川昇らで、図版の見本としたのは久米邦武ら使節団のメンバーがもち帰った欧米のガイドブックや名所図会、絵入り新聞などの図版や風景写真帖の写真などである。図版の多くは1ページに上下2点掲載していて、精細な線描写で滑らかな諧調を表現している。そしてパリの凱旋門やロンドン万博の水晶宮など、活字の文章説明と銅版の図版の位置が離れてしまわないように、説明のすぐ隣のページに図版を配置している。文と図を近づけることができたのは、前節でみたように、「別丁貼り込み」を採用したからである。活版で刷った本文16ページ1折の、折と折の間や、袋状になっている折のなかに銅版で別刷りした1葉を差し込み、ノドの部分で糊付けして、ほかの折丁と一緒に綴じているのである。

もう一つ『米欧回覧実記』の造本が特徴的なのは、日本の出版物としては珍しく「折記号」を付けていることである。欧文の横組みに対する和文の縦組みを意識してか、西欧のように「地（本の下方）」の余白に数字やアルファベットなどの記号を付けるのではなく、ノド側の余白に、折ごとに「イ」「ロ」「ハ」「ニ」…と続くカタカナ文字と、各編ごとに異なる❊や○△などの記号を付けているのがわかる（図20）。日本人の手になる銅版挿絵や和製の折記号に加え、金文字の黒背革に濃褐色のクロス装、コーネル（角革）と背バンド付きというしっかりとした造本を見ているうちに、本づくりに携わった日本人たちの、我々は、欧米に負けないほど見事な洋装本をつくることができるのだという自負心や自尊心が伝わってくるのである。

◉ 明治、大正時代における印刷技術の導入と発展

次に、明治から大正時代にかけて、どのような製版・印刷技術や機械を新たに導入して本に活用していったのかを大まかにみていこう。

例えば前節で説明した小口木版による印刷物は、明治10年代の終わり頃から島崎天民、桜井虎吉、芝築地幸二郎ら木版彫刻師たちの独自の研究によって進められていた。だがこの技法が本格的に導入されるのは、パリの工房で技術を習得した合田清が帰朝してからのことである。合田は1888（明治21）年に、生巧館という木口木版製作所兼画学校を洋画家・山本芳翠とともに開設し、木口木版の技法を伝え、『日清戦争実記』『国民之友』『少年園』『小国民』など数多くの雑誌の表紙絵を手がけた*[33]（図21）。

また明治20年代には、写真製版による写真網目版が日本でも実用化された。写真網目版とは、原稿の濃淡を凸状の網点の大小で表わした製版法のことで、網目凸版、写真凸版とも呼ばれている。その先駆者の一人である堀健吉は、1888（明治21）年に写真網目版を完成させ、

図21　生巧館による木口木版の表紙絵。『日清戦争実記』第14編、1895（明治28）年1月、博文館、右：拡大図

図22　猶興舎の写真製版による網目凸版の口絵（明治天皇）。国木田独歩編集の『戦時画報』第3巻第2号、1904（明治37）年3月

その写真図版は『横華貿易新聞』に掲載された。1890（明治23）年、堀は秀英舎（現・大日本印刷）社長の佐久間貞一の援助で猶興舎（ゆうこうしゃ）という凸版写真製版所を設立。『東京毎日新聞』の付録では貴族院・衆議院議員全員の肖像の製版を担当し、以後、数多くの写真製版を行なった[*34]（図22）。

コロタイプ印刷は、アメリカで写真術や印刷術を学んで帰国した小川一真が、1889（明治22）年にコロタイプ製版印刷工場を京橋日吉町に創設して始めたのが最初といわれる。同年、小川は高橋健三、岡倉天心らによって創刊された東洋・日本美術誌『国華』の写真製版を担当した。この印刷は、写真の濃淡表現にゼラチンの皺を利用した、きめこまかな連続階調が特徴であり、美術図書の口絵や美術品・肖像写真の図版、絵葉書などに広く利用された。また小川は1893（明治26）年に渡米した際に、写真網目版の実用価値を認識し、印刷機や写真製版の器具・材料一式を購入して帰朝。翌年、網目版印刷業を開始している。『日清戦争実記』（博文館）などの写真図版や、『日露戦役写真帖』（全24巻、大本営写真班撮影、1904［明治37］～1906［明治39］年、小川一真出版部）など数多くの写真帖を出版した。

図 23　太田三郎『スケッチ画法』弘成館書店、1906（明治 39）年。図版は三色版

またカラー印刷では、1897（明治30）年に石川巌が『写真製版術』で「三色版」の原理や印刷法を解説し*[35]、口絵には小川一真の写真製版所で製版・印刷した「三色印刷見本」が掲載された。これはカラー原稿を赤・緑・青の着色スクリーンで分解撮影した写真を用いて銅凸版を形成し、黄（キ）・紅（アカ）・藍（アイ）の3原色のインキで印刷する方式である。また、写真網目版と合わせた三色版印刷では、1902（明治35）年に、大江太（はじめ）が『文芸倶楽部』第8巻第10号（7月15日、博文館）の口絵に「薔薇花」と題する女性の着色写真を印刷しており、これが大衆雑誌の口絵に挿入した最初の例という*[36]。以後、書籍や雑誌の口絵や表紙に用いられ、大正、昭和にかけて黄・紅・藍の三原色に墨（スミ）を加えた4色刷りの網目凸版印刷、すなわち「原色版」が普及していく。

明治末期に洋画家・太田三郎*[37]の著した『スケッチ画法』（弘成館書店、1906［明治39］年）や『草花絵物語』（精美社、1911［明治44］年）には、本文の活版に加え、図版には写真凸版、三色版、石版、コロタイプ、彩色木版、単色木版などの印刷が製版所を変えて試みられており、絵画表現と印刷技術との調和を模索していた様子が窺える（図23）。

明治初期の銅版印刷は30年代には廃れ、石版印刷も初期の磨き石版や砂目石版、転写石版などのように、多色刷りでは版数が多くなりすぎて時間と手間のかかる手工的な描画法はしだいに衰退していく。明治30年代半ば以降には、石版石の代わりに亜鉛版、アルミニウム版が使用されるようになり、金属平版を円筒（シリンダー）に巻きつけて印刷する輪転印刷が盛んになっていく。いかに版数を抑えて高速で大

▲図24　H・B プロセス製版による表紙絵。『主婦之友』第10巻第5号、1926(大正15) 年5 月、主婦之友社

▲図25　初期の輪転グラビア印刷。「朝日グラヒツク」第19号（『大阪朝日新聞』の付録）、1921（大正10）年5月8日。左：表面、右：裏面

量の印刷ができるのかを追求する時代に入っていくのである。

大正時代の印刷技術で大きく進展したのは、写真製版によるオフセットとグラビア印刷である。オフセット印刷機は、インキの付いた版面から直接紙に印刷するのではなく、一度、柔らかいゴム・ブランケットに転写してから紙に印刷する方式である。そうすることで安定した品質が保たれるのである。日本では1914（大正3）年に、初めてオフセット印刷機が導入された。その後1920（大正9）年には、網目スクリーンを用いた4色分解による写真製版方式の機械がアメリカから導入されるようになる。開発者のヒューブナーとブライシュタインの頭文字をとってH・Bプロセス製版と呼ばれたこのオフセット印刷は、昭和期の技術革新を経て現在のカラーオフセット印刷につながっていく（図24）。

グラビア印刷では、1907（明治40）年〜大正初めにかけて撒粉（さんぷん）式グラビア製版*[38]による印刷がわずかながら行なわれ、濃淡表現に優れた図版が生み出された。だが、手刷り凹版器械を用いるため大量印刷には向かず、その後、輪転式グラビアの実用化が研究された。1921（大正10）〜1922（大正11）年には大阪朝日・大阪毎日の両新聞社が初め

てグラビア輪転機を導入し、新聞付録のグラフ（画報）の印刷を開始（図25）。これを機に凸版印刷や共同印刷なども設備を導入して輪転式グラビアの実用化が加速していく。本格的なグラビア印刷が始まり、雑誌のグラビアページや書籍の挿絵、ポスター、カレンダーなどに活用されていった。

以上のように明治から大正時代にかけて、活版、写真凸版、オフセット、グラビアなどの主要な印刷技術はすべて実用化され、昭和時代に引き継がれていった。そして戦後の新たな技術導入によってこれらの印刷技術がさらに進化を遂げ、昭和後期の出版文化の隆盛へとつながっていったのである＊[39]。

次の節では、本の印刷に長く使われてきた３つの版式（凸版・凹版・平版）を中心に、印刷の仕組みや特徴を述べていく。

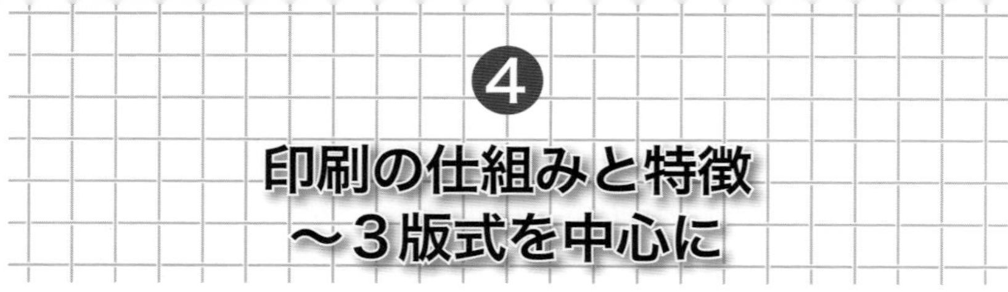

◉ 凸版印刷（活版印刷）

初めに最も歴史の古い凸版印刷（活版印刷）[*40]から述べていく。凸版印刷は、画線部（文字や図）を凸状にした版をつくり、凸部にインキをつけて紙に転写する版式である。東洋の木版画や15世紀半ばにドイツのヨハネス・グーテンベルクが発明した活版印刷は、この凸版印刷の原点である。活版印刷では、鉛合金でできた凸状の活字を原稿どおりに並べて印刷する。「文選」「植字（組版）」、校正による「差し替え」などの工程に従って活字を組み、これに網目凸版や線画凸版などの図版類の金属凸版を合体させて原版が完成する。そのまま直に刷ると活字が刷り減って大量に刷れず、輪転機にもかけられないため、原版から「紙型（しけい）」（鋳型）[*41]をとり、「紙型鉛版（しけいえんばん）」という鉛合金の複製版をつくって刷るのである。

活字の鋳造・文選・植字の工程は、欧米では19世紀末から、活字を鋳造しながら同時に活字を組んでいく自動鋳植機による機械化が進められた。文字数が桁違いに多い日本では、1920（大正9）年に邦文モノタイプが開発されたがこのときは普及せず、1950年代にテープ式自動モノタイプ[*42]が実用化されてから作業の効率化が図られた。一方で、1970年代に入ると、活字を鋳造せずに、写真植字を使ってコンピュータで組版を行なうCTS[*43]が大手印刷会社で導入されていく。これによって電算写植によるオフセット印刷が主流となり、90年代にはPCを用いたDTPによるオフセット印刷に移行していく中で、5世紀以上の長きにわたって続いた活版印刷は廃れていったのである。

現在は活字で組まれた本がほとんど出版されていないので、活版

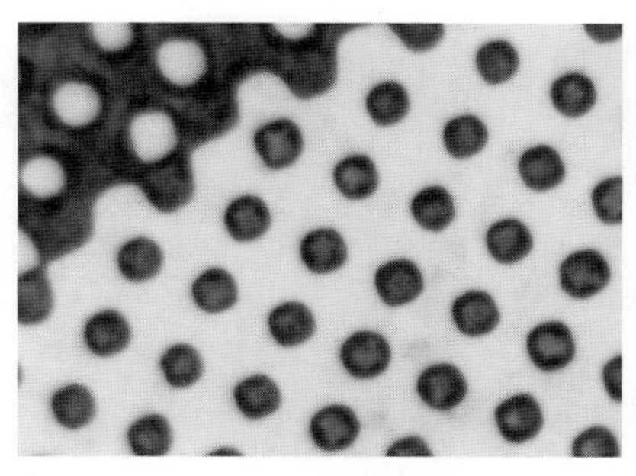
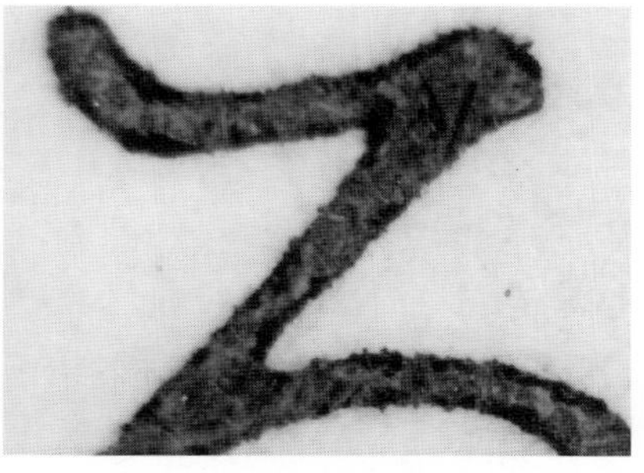

◭図 26　左：網目凸版の網点のマージナルゾーン。右：活字の印刷面に見えるマージナルゾーン

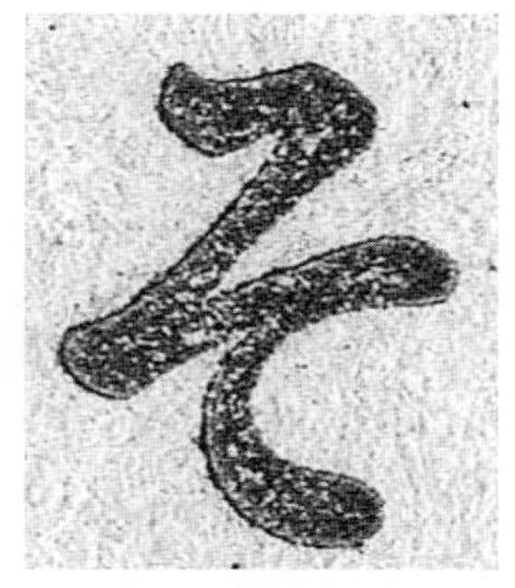

◭図 27　更紙に印刷した樹脂凸版の文字のマージナルゾーン

本を見るには古書店や図書館で探すほかない。その場合、写植・オフセットが隆盛する 1970 年代より前の本を探すといいだろう。写真や図の濃淡や諧調を微小な網点の大小で表現する網目凸版や、カラーの網目凸版印刷である「原色版」の本の場合も同様である。原色版は高品質の印刷が可能で、大型画集などの美術図書に使われてきたが今はほとんど利用されていない*[44]。

印刷を見分けるには、25 ～ 50 倍程度のルーペもしくはデジタル顕微鏡や高解像度のスキャナーがあるとインキの付き具合や網点などがよく見えて便利である。活版印刷の場合は、印圧がかかってインキが周囲に押し出されるため、画線部の縁にマージナルゾーンと呼ぶ濃い輪郭ができ、反対に内側のインキが不足して白い部分が出るのが特徴である（**図 26**）。文字で言えば、実際の活字の線幅以上の余分な太さを生み出すという意味では欠点でもあるが、印圧によって紙にしっかりと押し出されて鮮明に見えることが、凹凸のある手触り感も含めて力強い印象につながっている*[45]。

現在行なわれている凸版印刷は、フレキソ印刷*[46] や樹脂凸版印刷である。シールやラベル印刷のほか、出版物にも使われている樹脂凸版印刷は、刷版に感光性樹脂を用いるもので、漫画雑誌のようなザラ

だが、無理はない。僕だって彼女たちの
ジョイスは殺人犯がいることを教えてくれ
うと、腹が立ってくる。ローラに言ってや
い。殺人犯と言ったって、そのへんをよた
るただの小さなお婆さんじゃない、と彼女
となんか何もないわよ。でも僕は、あの
恐ろしさを感じるのだ。彼女たちを見てい
工場に年に二度ぐらいやってくる、ある時
い出す。僕たちが腫れ物に触るようにして

らず、「演劇」のほうが古典や伝統をふく
あらわす「西洋」にあたる。ほんらい古典
劇」が、西洋後進国の一流行にすぎなかっ
輸入され、西洋の演劇そのものと誤解され
面的な新しさを求めるだけで、真の意味で
みずからの力で近代を獲得しようとする精
しない。福田が前衛主義を嫌悪するのみな
統回帰をも否定するのは、それが日本人の
解を妨げることにしかならないからだ。

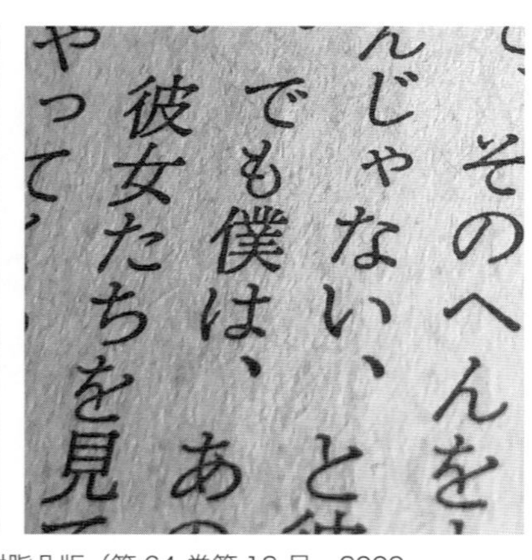

図 28　文芸雑誌『群像』の文字組み。左：活字・樹脂凸版（第 64 巻第 12 号、2009［平成 21］年 12 月）。中央：デジタルフォント・オフセット印刷（第 65 巻第 6 号、2010［平成 22］年 6 月号）。右：樹脂凸版の拡大図。左・右：p.190、スコット・スナイダー、岸本佐和子訳「変愛小説集 II　ヴードゥ・ハート」。中央：p.151、飯塚数人「福田恆存 VS 武智鉄二」より

ザラした更紙を使った単色ページの印刷に使用されている（**図 27**）。活字を使わずに描き文字やデジタルフォントを使用した版下からも樹脂版をつくることができ、マージナルゾーンができることや、紙質や厚みによっては凹凸感が生じることから、活版印刷と見間違えることがある。**図 28** は、活版印刷（正確には活字組版の清刷り［版下］から起こした樹脂凸版による印刷）を続けてきた文芸雑誌『群像』が、2010（平成 22）年 1 月からオフセット印刷に切り替わった時の誌面である。文字面の鮮明さと凹凸感が確認できる。

◉ 凹版印刷（グラビア印刷）

凹版印刷は、15 世紀前半に西欧各地で行なわれていた銅版画をルーツとする印刷方式である。画線部を凹状にした版をつくり、印刷では、版全体にインキをつけてから、非画線部の凸部に付いたインキを掻き取って、凹部に付いたインキだけを紙に転写する。中でも大量印刷に使用されるのはグラビア印刷である[*47]。グラビア印刷の製版法は、原

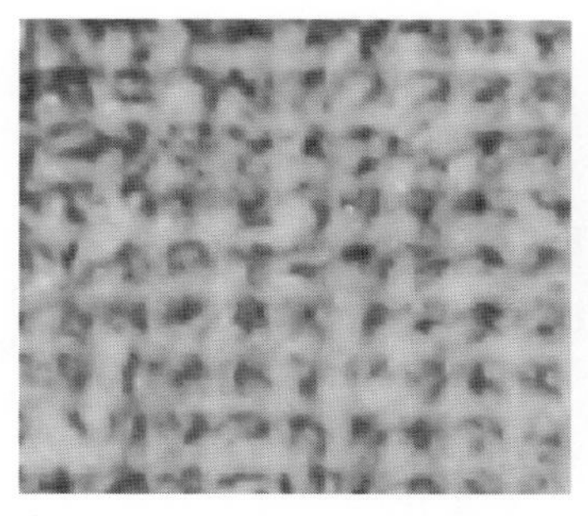

図29　コンベンショナル法によるグラビア印刷。マス目状のドテが見える

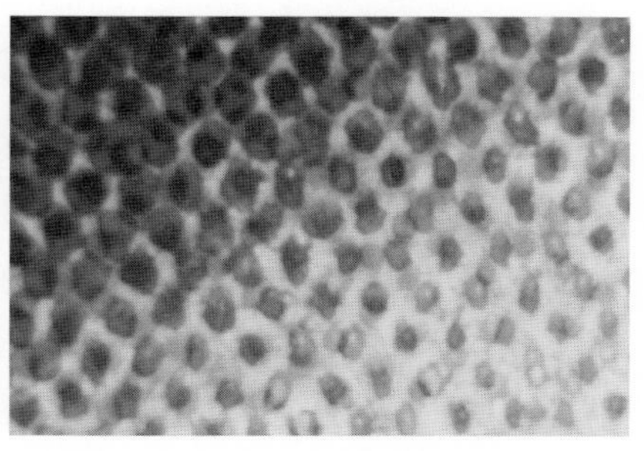

図30　網点グラビア法によるグラビア印刷

稿の濃淡や諧調を表現するために、銅メッキがほどこされた版（シリンダー）の表面に「セル」と呼ばれる微細な点の穴を形成する方法である。古くから行なわれてきたのは「コンベンショナル法」である。セルの深度とインキの量の増減によって濃淡の階調を表現する方法で、凹みの深いセルには多くのインキが浸透し、浅いセルには少しのインキが浸透する仕組みである。セルとセルの間に「ドテ（土手）」と呼ばれるマス目状の境目ができるのが特徴で、拡大すると格子状に均一に並んだセルとドテがよく見える（図29）。

これに対して「網点グラビア法」は、原稿の濃淡・階調をセルの深さだけでなく、大きさでも表現する方法である。セルの深さを一定にして、セルの大小によって表現する方法と、セルの深さと大小とを併用する方法があり、後者の方がより微細な階調表現が可能となる。現在、週刊誌などの雑誌に使われているのは、これらの網点グラビア法である（図30）。もっとも、1990代までは雑誌のグラビアページや画集、写真集などにグラビア印刷が盛んに使われていた*[48]ものの、現在ではオフセット印刷に変わって、ほとんど見かけなくなった。今、多く使われているのは食品包装用のフィルムや袋の印刷、建材用の木目印刷などの印刷である。

グラビア印刷を見分けるには、セルの状態を見る以外に、紙と文字に気をつけるとよい。紙は、凹凸のある粗い紙だと版の凹部のインキ

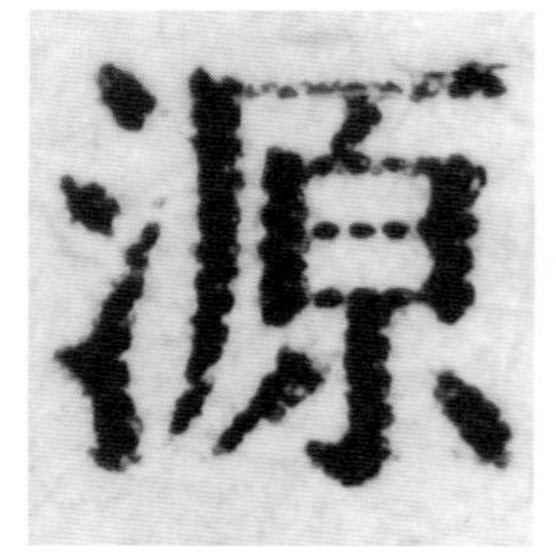

▲図31　グラビア印刷の文字の拡大図

が付きにくいので、平滑で艶のある柔らかい紙が使われる。雑誌のグラビアページなどによく使われるのはグラビア用紙という「中級印刷用紙」に分類される、平滑で薄く腰の弱い紙である。また、セルとセルの間にドテが形成されるため、文字の縁がギザギザになったり*49（**図31**）、細い線が欠けたりする。写真の表現には適しているが、文章ページにはあまり向かない印刷方式といえる。

◉ 平版印刷（オフセット印刷）

平版印刷の原点は、18世紀末のドイツでヨハン・アロイス・ゼネフェルダーが発明した石版画（リトグラフ）である。版の表面は平らで、油性のインキを付着させる親油性の画線部と、水を保つ親水性の非画線部が同一表面上にある。水で湿らせた版に油性のインキを付けると、水と油の反発作用で画線部のみにインキが付き、印刷が可能になる仕組みである。前節で述べたように、初期の石版印刷では版に直接、紙を当てて印刷していたが、のちに画線部についたインキをいったんゴムシリンダー（ブランケット）の表面に転写させてから紙に印刷する方式、すなわち「オフセット印刷」が開発されて広く普及した。現在もっとも一般的に使用されている印刷方式である。

オフセット印刷に取り付ける刷版には、PS版*50という、アルミ板の支持体に保湿性を与えるための研磨処理をほどこし、その上に感光材を塗布した版が使われる。この版に、かつては文字や図が写し出された製版フィルムを密着させて露光・焼き付けなどを行ない、画線部を形成していたが、現在では、「CTP製版」*51といって、コンピュータの組版データから直接、刷版を出力する方法が主流となっている。

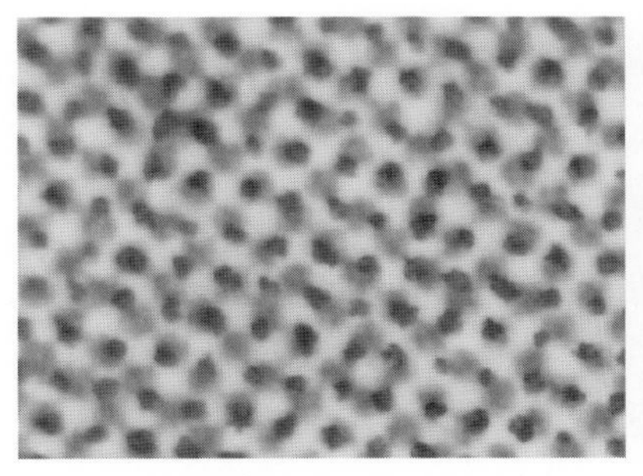
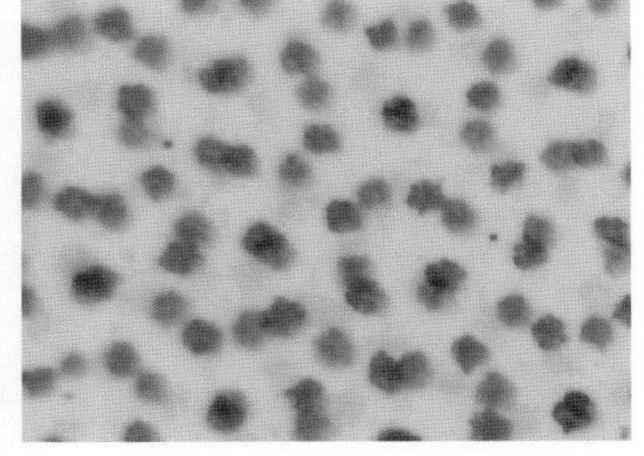

図 32　高精細印刷・300 線の網点（左）と通常の 175 線（右）の網点。網点の細かさが大きく異なる

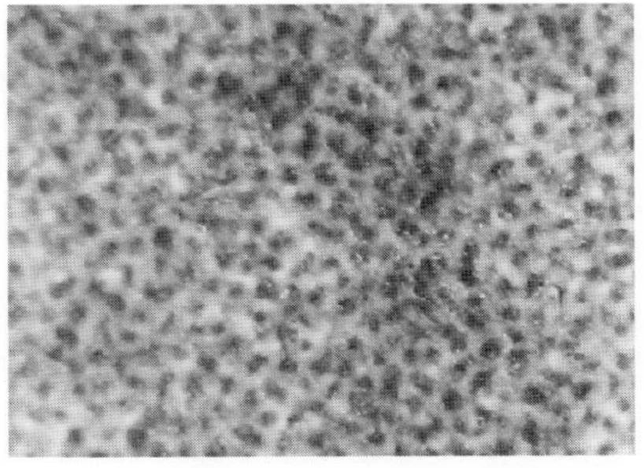

図 33　FM スクリーニングの微細な網点

オフセット印刷のメリットとしては、製版や印刷スピードが早く、大量印刷やカラー印刷物に適していることや、表面の粗い紙でも細かな印刷が可能なこと、修正も比較的容易であること、アルミの版コストが安いことなどがあげられる。

印刷物の濃淡・諧調は、網目凸版や原色版同様に、網点の大小で表現される。刷版の版面が平らでインキを盛れる量が少ないことや、ブランケットを介して印刷するために、濃く力強い調子に仕上げることが難しいという面もある。また、より精細で美しく色を再現する印刷手法には、「高精細印刷」や「FM スクリーニング（Frequency Modulation Screening）」などがあり、広告やカレンダーをはじめ写真集や画集などの美術書に活用されている。前者は刷版のスクリーン線数*[52]を通常の 175 線から 300 線以上に増やし、網点を多く細かくする方法*[53]（図 32）であり、後者は同じ大きさの微細な網点をランダムな位置に配置する方法である*[54]（図 33）。いずれの場合も 4 色の網点の干渉による「モアレ」という縞模様や「ロゼッタパターン」と呼ぶ亀甲模様の発生を回避し、細部の再現性を高めることができる。

以上、今まで述べた印刷の代表的な 3 種類の版式を「3 版式」「三版方式」などと呼んでいる*55。

◉ コロタイプ印刷

最後に、文化財の書画の複製品などに今も活用されているコロタイプ印刷を説明しておく。コロタイプ印刷は、平版印刷の一種で、1855（安政2）年に、フランス人化学者のアルフォンス・ルイ・ポワトヴァンが開発し、1869（明治2）年にドイツの写真師ヨセフ・アルベルトによって実用化された。前の節でも少し触れたが、ガラス板の表面にゼラチン感光液を塗り、ネガと合わせて露光・焼き付け・水洗・乾燥を行なった版で印刷する方法である。濃淡を表現するのに網点を使わず、ゼラチンの皺を利用した連続階調が可能なため、写真の微妙な調子が再現できるのが特徴である。

図34は、1907（明治40）年の雑誌『京都図案』（京都図案会雑誌部）*56の口絵に掲載された肖像写真のコロタイプ印刷である。写っているのは近代日本の美術工芸の発展に尽力した応用化学者の中沢岩太で、顔の濃淡がなめらかに美しく表現されている。また、戦後、画集

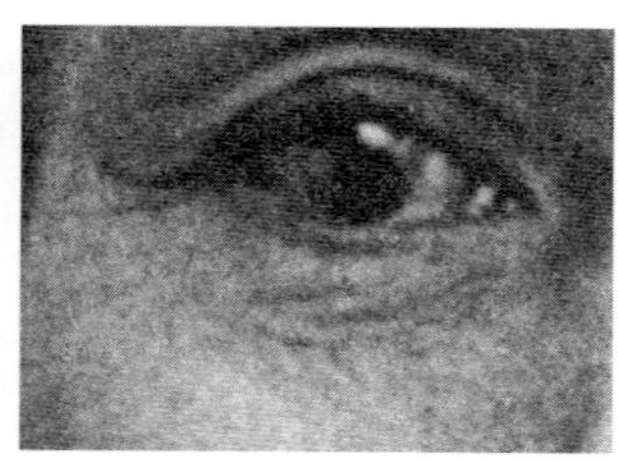

◀▲**図34**　コロタイプ印刷による肖像写真。『京都図案』京都図案会雑誌部、1907（明治40）年。右・拡大図

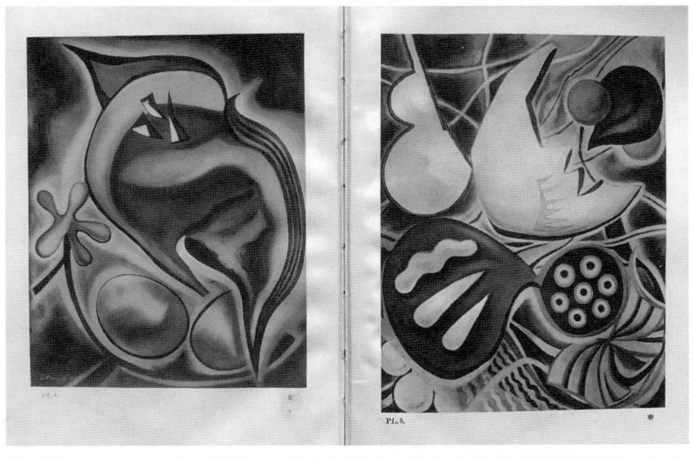

▲図 35　コロタイプ印刷による作品図版。岡本太郎『岡本太郎画文集　アヴァンギャルド』月曜書房、1948（昭和 23）年

に使用された早い例としては、『岡本太郎画文集　アヴァンギャルド』（月曜書房、1948 年、限定版）がある。岡本太郎が花田清輝らと「夜の会」を結成して「対極主義」を提唱した年に出版された画集であり、光村原色版印刷所（現・光村印刷）による原色版のカラー作品３点のほか、三木コロタイプ印刷所によるコロタイプ印刷のモノクロ作品が 20 点収録されている（図 35）。不定形で微細な皺の襞の隙間に付着したインキが滑らかで奥行きのある階調を生み出して美しい。しかしながらコロタイプの弱点は、工程が手作業で、版材にガラス板を使うため耐刷力に乏しく、大量に刷れない点にある。したがって用途が限られ、現在は、美術館などに納める保存用や展示用の書画の複製品などに用いられている。

以上、主な印刷方法についておおまかに解説した。次の節では現在の印刷と、時代による印刷方法の違いや、異なる印刷方法の組み合わせによる本の紙面の変化について述べていく。

⑤ 変わりゆく本の印刷と編集

◉ 無版印刷の進化と有版印刷のオフセット一本化

PC の普及した今日では、「ZINE」のような個人雑誌や同人誌を自宅でプリントして手製本したり、印刷通販サイトなどを活用して「オンデマンド印刷」の冊子を制作したりすることは、比較的容易に行なえるようになっている。オンデマンド印刷とは、家庭用プリンターよりも高速・高性能のデジタル印刷機（オンデマンド印刷機）を使用して、PC でつくったデータから直接印刷するもので、刷った紙を製本機にかけて本に仕立てるのである。金属版のような刷版を物理的につくらずにすむので作業工程が大幅に短縮でき、短期間での納品が可能で製作コストも安くつくことから、少部数の並製本やチラシ、カードなどの印刷物に多く利用されている。

これまで述べてきたオフセット印刷や活版印刷などの従来型の印刷方式は、印刷のための刷版を要する「有版印刷」であり、刷版を紙に重ねて圧力を加えて印刷する「加圧方式」である。それ対してデジタル印刷機は、刷版をつくる必要がなく、印刷の際にも圧力を加えないことから、「無版印刷」および「無圧方式」*[57]といって、従来型とは区別されている。

オンデマンド印刷は、有版印刷のように大量に刷れば刷るほど一部あたりの単価が安くなるわけではない*[58]。加えて印刷の精度がオフセット印刷よりもまだ劣るという面もある。そのため大量部数の出版物や高精度の再現性を要する画集などには向いていない。しかし近年ではオンライン書店などによって、出版社から書籍データを預かってオンデマンド印刷で本をつくり、購入読者からの注文を１冊からでも受け付ける受注生産方式の「プリント・オン・デマンド（POD）」サービスが進められている＊59。出版社にとっては在庫の保管費用を減らすことができ、絶版となった本でも販売することができる利点もあり、今後のさらなる進展が期待されている。

こうした新しい展開がみられる一方で、今、書店に並んでいる本の印刷の多くは有版印刷で、かつオフセット印刷に限られているといっても過言ではない。活版はとうに消え去り、樹脂凸版印刷やグラビア印刷も、一部の雑誌などでわずかに使われているにすぎない。デジタルデータからCTPで出力した刷版で印刷するオフセット印刷は、昔と違って高品質であり、文字や色の再現性も良い。活版印刷のようなカスレや刷りムラや、グラビア印刷のような文字のギザギザ（ジャギー現象）もなく、どのページも印刷面がソフトで美しく見える。雑誌では、モノクロページでもカラーページでも品質が安定していて均一性を感じる。一方で、重厚さや記事ページごとの変化に乏しく、どのページも平板で同じ表情に見えてしまう。それがデジタル組版とオフセット印刷で統一された本の特徴であり、古い時代の出版物と異なるところである。

図書館に行って、1960～1980年代の画集を手に取って奥付を見ると、印刷所が数社併記されている場合があることに気づくだろう。例えば大型本の『原色日本の美術』全30巻（小学館、1966［昭和41］～1972［昭和47］年）や『日本美術絵画全集』全25巻（集英社、1976［昭和51］～1982［昭和57］年）である。前者では原色印刷が光村原色版印刷（現・光村印刷）で単色印刷（グラビア印刷）が日本写真印刷、後者では原色印刷が凸版印刷と日本写真印刷で、グラビア印刷が日本写真印刷と書かれている。これは1冊の画集のなかに原色版印刷（凸版）のページとグラビア印刷（凹版）のページがあり、それぞれの印刷方式に得意な技術をもつ会社が分担して印刷しているという意味である。そして双方の印刷所で刷った刷本を製本所に運んで折って束ねて本の形に仕上げるのである。今は全ページオフセット印刷の場合がほとんどなので、版式の異なるページを分担する必要はないが、以前は画集に限らず、図版やカラーページの多い書籍や雑誌に多くみられた。記事の内容や種類に合った印刷方式を選び、それと連動して紙の選択やページ構成を行なうことは、編集者の大事な仕事だったのである。

次に雑誌2誌を取り上げて、時代によって変わっていった印刷方式と、印刷方式の違いによる誌面の変化や、製本の変化などについて述べていく。

◉『本の雑誌』——活版から写植・オフセットへの転換

1976（昭和51）年4月に創刊して2021年の現在も続いている『本の雑誌』（本の雑誌社）は、書評とブックガイドを柱に、本と活字文化に関する様々な話題を掲載している雑誌である。椎名誠や目黒考二ら初代編集者たちの強い個性と、「昭和軽薄体」と呼ばれた、くだけた口調の刺激的な文体で人気を呼んだ。現在は世代交代して内容や誌面の雰囲気もだいぶ変わったが、判型は一貫してA5判、表紙イラストと本文カットも創刊以来、沢野ひとしが描き続けている。

印刷や製本面で創刊当時と大きく変化したのは、活版印刷がデジタル組版によるオフセット印刷に変わったことと、表紙や巻頭ページがカラーになったことだ。現在のカラー刷りの表紙と創刊〜4号までの活版（凸版）1色刷りの表紙を比べると、華やかさの面では比べ物にならないが、創刊当時は編集者がデザインしていたのかタイトルが大きく、シンプルで明快、線画のラインも活版特有の力強さがある＊[60]。製本面で言えば、当初の針金ヒラ綴じ＊[61]が1984（昭和59）年の35号あたりから切断式無線綴じに＊[62]なり、その後アジロ綴じ＊[63]に変化している。切断式無線綴じ時代の1993（平成5）年9月号（123号）頃までは、背を固める接着剤がまだ弱かった時代なので、ノドを思い切り

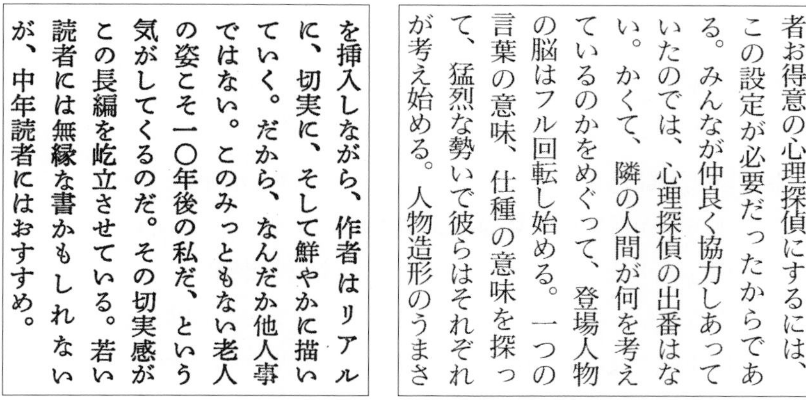

者お得意の心理探偵にするには、この設定が必要だったからである。みんなが仲良く協力しあっていたのでは、心理探偵の出番はない。かくて、隣の人間が何を考えているのかをめぐって、登場人物の脳はフル回転し始める。一つの言葉の意味、仕種の意味を探って、猛烈な勢いで彼らはそれぞれが考え始める。人物造形のうまさ

を挿入しながら、作者はリアルに、切実に、そして鮮やかに描いていく。だから、なんだか他人事ではない。このみっともない老人の姿こそ一〇年後の私だ、という気がしてくるのだ。その切実感がこの長編を屹立させている。若い読者には無縁な書かもしれないが、中年読者にはおすすめ。

▲図36 『本の雑誌』（本の雑誌社）第236号・活版印刷（左）と第237号・写植・オフセット印刷（右）。いずれも北上次郎「新刊めったくたガイド」より

広げると背割れするのが難点である。

印刷では、活版印刷にこだわり続けてきたこの雑誌が、写植・オフセット印刷に転じたのは2003（平成15）年の237号（3月号）からである[*64]。発行人の浜本茂（現・編集発行人）の編集後記によれば、この転換は印刷所の大日本印刷からの要請であり、活版印刷機は早晩姿を消すことになるからという理由であった。事実、大日本印刷市谷工場の金属活字鋳造・組版部門は、同年3月末に終了している。転換後、編集部にはメールや読者からのハガキが相次ぎ、その大半が「白っぽくなった」とか「文字に力がなくなった」といった否定的な意見だったという[*65]。

実際に、写植・オフセットへの変更前と後で誌面を比較してみると、一見して活版の方が黒々として力強く見える[*66]。秀英明朝の8ポイント活字から本蘭明朝の12級の大きさの写植に変えたことで、字面が大きく明るくなった反面、写植は線が細く、字間行間を詰めたせいで少し窮屈に見える。オフセット印刷は印圧やインキの量が異なるぶん弱い印象を受ける（図36）。もっとも、一方では、紹介本の表紙の写真が活版のときよりも鮮明になっている。紙質を良くしオフセット印刷にしたことで、本文ページの写真図版のスクリーン線数[*67]を上げる

ことが可能になり、濃淡の階調が前より綺麗に表現できるようになったのである。

写植時代の誌面を今度は現在のデジタル組版の誌面と比較してみると、フォントが游明朝に変わり、文字が大きくなった。行間も広げたことでゆったりとし、1ページあたりの文章量が減って白地が増し、紙の色のも手伝って誌面がさらに白く明るくなった印象を受ける。このように印刷や文字の書体・組み方などを変更することで、読み手に与える印象はかなり違ってくる。写植・オフセットへの転換で読者に違和感を感じさせた白っぽさや力のなさは、活字の本自体を目にしなくなってからは次第に気に留められなくなり、やがて明るさやソフトさという印象に置き変わって、今日に引き継がれているともいえる。

◉『暮しの手帖』――印刷方式の併用と変化のある誌面づくり

『暮しの手帖』（暮しの手帖社）は、戦後混乱期の1948（昭和23）年に衣装研究所の花森安治と大橋鎮子によって創刊された生活雑誌である（図37）。一貫して自社以外の広告を掲載せず、1954（昭和29）年の第26号からは商品テストを連載して注目を浴びた。この雑誌にはユニークな点がいくつもあるが、通常、雑誌に付けられている巻数や通巻号数の記載がないのもその一つである。「巻」の代わりに1号から100号で一区切りとし、次の新たな時代に移っていくという意味での「世紀」という独特の単位があり、**表1**に示したように現在は第5世紀に相当する。

製本の面では、『本の雑誌』同様、第3世紀の1990年代半ばを境に、針金ヒラ綴じからアジロ綴じに転換している[*68]ほか、第1世紀の製本では「おかしわ継表紙」といって、表（おもて）表紙と背・裏表紙の2枚を別々に印刷しておき、あとで継ぎ合わせて1枚に仕立てるつくり方をしているのがわかる。これは今日ではもうみられなくなったのだが、

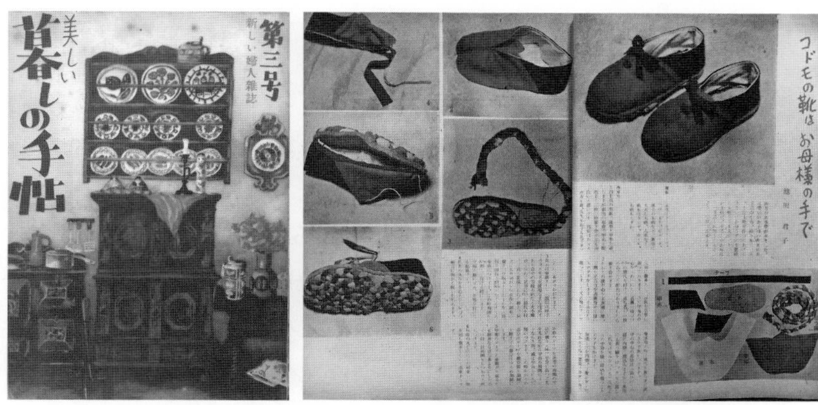

▲図 37 『美しい暮しの手帖』第 3 号、1949（昭和 24）年 4 月、衣装研究所。左：表紙絵（オフセット印刷）は花森安治。右：池田君子「コドモの靴はお母様の手で」の写真記事（活版・凸版印刷）

明治時代から行なわれていた表紙付けの方法であり、その当時の雑誌には、表表紙に華やかな多色刷り石版画を用い、背と裏表紙は質を落とした紙に墨 1 色の活版印刷で刷っている例が多くみられる*[69]。『暮しの手帖』の場合も同様であり、表表紙はオフセット 4 色刷りにしたぶん、背を墨 1 色に、裏表紙を 2 色刷などにし、さらに裏表紙には表

▼表 1 『暮しの手帖』の「世紀」の変遷

世紀	号		文字			印刷方式			表紙
			活字	写植	デジタルフォント	活版（凸版）	グラビア	オフセット	
第 1 世紀	第 1 号	1948 年 9 月（発行）	○	○	–	○	–	○	おかしわ継ぎ表紙
	第 100 号	1969 年春号	○	○	–	○	○	○	おかしわ継ぎ表紙
第 2 世紀	第 1 号	1969 年初夏号	○	○	–	○	○	○	くるみ表紙
	第 100 号	1986 年 1-2 月号	○	○	–	○	○	○	くるみ表紙
第 3 世紀	第 1 号	1986 年 3-4 月号	○	○	–	○	○	○	くるみ表紙
	第 100 号	2002 年 10-11 月号	–	○	–	–	–	○	くるみ表紙
第 4 世紀	第 1 号	2002 年 12-2003 年 1 月号	–	○	–	–	–	○	くるみ表紙
	第 100 号	2019 年 6-7 月号	–	–	○	–	–	○	くるみ表紙
第 5 世紀	第 1 号	2019 年 8-9 月号	–	–	○	–	–	○	くるみ表紙

※第 1 世紀第 1 号～第 21 号までの誌名は『季刊 美しい暮しの手帖』
※第 2 世紀第 1 号より、B5 判だった判型が、写真を配置しやすいやや横長の A4 判変型（縦 278mm×210mm）に変更されている
※第 4 世紀第 1 号より、判型が A4 判変型から A4 判に変更され、同世紀第 8 号（2004 年 2-3 月号）から再び A4 判に戻されている

表紙よりも薄い紙を使ってコスト削減を図っている。

印刷の面から過去を振り返ってみてみると、まず第3世紀の2001（平成13）年から現在の第5世紀までは全ページオフセット印刷で、印刷所は表紙担当と本文担当の2～3社である。ところが第3世紀の、例えば1993（平成5）年10－11月号では、表紙と目次以外にオフセット印刷はなく、写真の多い、すなわち衣食住などの生活情報や暮しのアイデアを視覚的に説明・紹介する重要な記事ページは、カラーもモノクロもすべてグラビア印刷（網グラビア法）で、ほかは活版（凸版）印刷である。表（おもて）表紙裏（表2）に記された印刷所名を見ると、印刷方式の担当別に「表紙及平版印刷」（オフセット印刷のこと）担当と「グラビア印刷」担当の各1社と、「組版印刷」（活版・凸版印刷のこと）担当の2社の計4社が記載されている。それ以前を遡ってみても、第2世紀も第1世紀も、「組版印刷」担当会社が3社になったり1社になったりする違いはあるものの、写真ページはずっとグラビア印刷（コンベンショナル法）で、オフセット印刷は、表紙と2色刷りの、諧調のないイラストや図面などの、ごく少ないページに限られている。このように、写真のような豊かな階調を再現するページの印刷は、2000（平成12）年まではグラビア印刷への信頼度がきわめて高かったことを示している。なお草創期の8号までは、コストのかかるグラビア印刷がまだ使えなかったようで、表紙と一部イラストの入るページのオフセット印刷以外はすべて活版・凸版印刷で、写真はモノクロであった。その後、巻頭のグラビア写真のページができてどんどん写真ページが増えていき、1970年代以降はカラーグラビアが中心になって、製版・印刷の精度も上がっていった。

『暮しの手帖』でグラビア印刷に用いている文字は、描き文字以外、基本的に写植である。オフセット印刷の場合は、第4世紀の2004年以降はデジタルフォントで、その前が写植である。したがって第1世紀から第3世紀までの誌面は、写植＋グラビア印刷（凹版）と写植＋オフセット印刷（平版）、そして活字＋凸版印刷（凸版）の３版式・２種類の文字組みで表現されていたことになる。

異なる印刷方式の併用は、各々の印刷に応じた紙の使用につながる。綴じ込まれた目次のやや厚い色上質紙と、ページ前半のグラビア記事の、薄く平滑で艶としっとり感のあるグラビア用紙、目には見えないが凹凸の感じられる活版の本文用紙、さらには連載エッセイ「すてきなあなたに」に使われている黄色の紙など、紙を変えることで、読み手には心地よい刺激がもたらされる。ほかにも紙の表と裏で刷り色を変えることで、本にしたときに色違いのページや、カラーとモノクロページが交互に現われるようにしたりするなど、カラフルで楽しく変化のあるページ構成を工夫しているのがわかる。こうした編集手法は『暮しの手帖』に限ったことではないが、印刷やインキや紙の与える効果を戦後まもない時代から重視し、本文の文字組みやレイアウトの工夫とともに、試行錯誤しながらつくりあげていったことが、雑誌を通して伝わってくるのである。

註

＊1　全判（または半裁）に印刷した刷り本は、折り畳みやすいように16ページ分に断裁される。例えばB5判・A5判の本の場合は2分割に、B6判・A6判の本なら4分割に断裁する。これを「断ち割り」という。

＊2　辻惟雄ほか編『日本美術全集』（全20巻）小学館、2012～2016年

＊3　Raymond Clemens and Timothy Graham. "Introduction to Manuscript Studies" Ithaca, London：Cornell University Press, 2007, pp.49-50

＊4　「背丁」は各折丁の背に書名と、1折、2折……といった折丁の順序を示す数字を印刷したものである。「背標」は折丁の順番が正しいかどうかを瞬時に見分けられるように、各折丁の背に印刷された四角い黒ベタを階段状に並べた印のこと。

＊5　「折本」とは、経本に多くみられるように、横に長く継ぎあわせた紙を屏風のように左右に折り畳んでつくった本。巻子本を端から一定間隔で折り畳むことで発生したといわれる。

＊6　資料保存器材HP「スタッフのチカラ」、デヴィット・ヘリウェル、福島希訳「中国古籍の修理―コンサーバターのために」（2009年4月30日）
（https://www.hozon.co.jp/report/post_8500　最終閲覧日：2021年7月15日）

＊7　恩地孝四郎編、上田徳三郎口述、武井武雄図解『製本之輯』（『書窓』第11巻第2号）、アオイ書房、1941年、2折オモテ・ウラ

＊8　ウィリアム・S・ピータース編、ウィリアム・モリス著、川端康雄訳「ゴシック本の木版画1892年の講演」『理想の書物』晶文社、1992年、p.90

＊9　『テラムサンクタムのペレグリナティオ（聖地巡礼）』Bernhard von Breydenbach. "Peregrinatio in Terram Sanctam" Mainz:1486. The Met Collection（米・メトロポリタン美術館コレクション）のWebサイトの検索で、画像が閲覧できる。
https://www.metmuseum.org/art/collection

＊10　Hartmann Schedel. "Nuremberg Chronicle" Nuremberge: 1493. Internet Archive（インターネット・アーカイブ）の検索で、画像が閲覧できる（アメリカ国立医学図書館蔵）。
https://archive.org

＊11　Johannes de Turrecremata. "Meditationes, seu Contemplationes devotissimae" Roma:1467. Biblioteca Digital Hispánica（BDH）のWebサイトの検索で画像が閲覧できる。BDHは、スペイン国立図書館（Biblioteca Nacional de Espana）が公開している電子図書館。
http://www.bne.es/es/Catalogos/BibliotecaDigitalHispanica/Inicio/index.html

＊12　Jacob Meydenbach. "Hortus sanitatis" Mainz:1491. Library of Congress（アメリカ議会図書館）のWebサイトの検索で、画像が閲覧できる。https://www.loc.gov

＊13　のちに作家マルモンテルの編集により、補巻4巻、図版1巻、索引2巻（1776～80）が完成し、合わせて35巻となった。Denis Diderot, Jean Le Rond d'Alember (ed.). "Encyclopédie, ou dictionnaire raisonné des sciences, des arts et des métiers" 35 vols,Paris:1751-1780. 阪南大学貴重書アーカイブWebサイトの検索で、画像が閲覧できる。また、図版編は大阪府立図書館のWebサイト「デジタル画像　フラ

ンス百科全書 図版集」でも閲覧できる。
https://opac-lime.hannan-u.ac.jp/lib/archive/index.html
https://www.library.pref.osaka.jp/France/France.html

＊14 John Tallis. "Tallis' History and Description of the Crystal Palace, and the Exhibition of theWorld's History in 1851" 6 vols, London:1851. Internet Archive（インターネット・アーカイブ）の検索で、画像が閲覧できる（米・カリフォルニア大学図書館蔵）。

＊15 Jean-Jacques Rousseau, Pierre-Joseph Redouté. "La botanique de J.J. Rousseau: ornée de soixante-cinq planches, imprimées en couleurs d'après les peintures de P.J. Redouté" Paris : 1805. Biodiversity Heritage Library（英・BHL：生物多様性遺産図書館）の Web サイトの検索で、画像が閲覧できる。https://www.biodiversitylibrary.org

＊16 牧経雄『製本ダイジェスト』印刷学会出版部、1964 年、pp.36-37

＊17 John James Audubon. "The Birds of America, from Drawings Made in the United States and their Territories" 7 vols, New York: J.B. Chevalier, [1839-]1840-1844. Biodiversity Heritage Library（英・BHL：生物多様性遺産図書館）の Web サイトの検索で、画像が閲覧できる。https://www.biodiversitylibrary.org

＊18 Robert John Thornton. "Temple of Flora, or, Garden of the botanist, poet, painter, and philosopher" London:1812. University of Wisconsin-Madison Libraries（米・ウィスコンシン大学マディソン校図書館）の Web サイトの検索で、画像が閲覧できる。https://www.library.wisc.edu

＊19 原色版は、凸版印刷方式でカラー原稿を印刷するときにつくる版。原図を３色または４色に色分解して製版する。なかでも色の三原色である黄・赤・藍の３色のみで印刷する版を「三色版」と呼ぶ。

＊20 凹版印刷の一種。写真技法を用いた凹版をグラビア印刷といい、写真を高速印刷するのに適した印刷方法として、かつては写真集や雑誌の写真頁などによく使われていた。第２章❹（p.70）「凹版印刷（グラビア印刷）」を参照のこと。

＊21 Anatole France. "CLIO" Paris：Calmann-Lévy, 1900. 挿絵は口絵に１点と、５つの短編小説の「キメの歌うたい」と「アトレバテスのコム」に３点ずつ、「ファリナータ・デリ・ウベルティ　あるいは内乱」「王は飲む」「ムイロン号」に２点ずつ掲載されている。

＊22 マージナルゾーンとは、凸部に付けたインキを紙に移した際に、インキが周囲に押し出され、画線部の縁に濃い輪郭ができる現象のこと。凸版印刷の特徴である（p.69 を参照）。

＊23 "L'Illustration" 1895 年 11 月 30 日号

＊24 トマス・ビュイック（Thomas Bewick：1753 ～ 1828）はイギリスの木版画家で、18 世紀後半に木口木版を改良し、復活させた人物として知られる。代表作に 1790 年の『四肢動物の歴史（A History of Quadrupeds)』や 1797 年と 1804 年に出版した『イギリス鳥類誌（A History of British Birds)』などがある。

＊25 原版に蝋(ろう)や鉛などを押し込んで圧力をかけて雌型をつくり、これに電導性を与えて銅などを電気メッキし、所要の厚さに堆積したら型から剥し取る（ガラハンとい

う)。裏から鉛合金で補強して複製版が出来上がる。

＊26 “Les Contes de Perrault, dessins par Gustave Doré” Paris : J. Hetzel, et Compagnie 1864

＊27 シャーロック・ホームズシリーズは、短編小説56作品が“The Strand Magazine”に、1891年7月号から1927年3月号まで掲載された。

＊28 「線画凸版」は、濃淡の階調のない黒と白の絵や線描きの図などを印刷するために、線画部分だけを凸にした版のこと。「網目凸版」は写真のような濃淡の階調のあるものを印刷するために、濃淡を凸状の網点の大小に変換した版をいう。

＊29 内田正雄（第9巻より西村茂樹）編『輿地誌略』全4編12巻（13冊)、大学南校・文部省・修静館

＊30 東海散士（本名・柴四朗)『佳人之奇遇』全8編16巻、博文堂、1885〜1897年。世界の民族独立運動の情熱を描いた小説。

＊31 石版挿絵の作者は小柴英（えい）。小柴は梅村翠山の彫刻会社に入社後、翠山の招聘により来日したオットマン・スモリックに石版技術を学んだ初期石版画工の一人である。のちに独立し、神田松下町にて石版印刷業を開業した。

＊32 中川耕山（1850〜1899）は、梅村翠山に銅版技術を学び、1874（明治7）年に渡米して石版技術を学ぶ。帰国後、翠山とともに彫刻会社を設立した。

＊33 井内美由起「博文館少年雑誌における木口木版——科学欄とポンチ絵を中心に——」『国文学研究資料館紀要　文学研究篇』、第44号、2018年、pp.97-129

＊34 当時の『風俗画報』には、神田区鎌倉町の紹介ページに「猶興舎　写真版製作所にして川岸にあり」と記載されている（臨時増刊『風俗画報』第203号、「新撰東京名所圖會　第22編　神田区の部下巻之1」1900年1月、東陽堂、p.22)。のちに東洋印刷と合併した。

＊35 発行：石川巖、発売：浅沼藤吉・桑田正三郎、pp.129-135

＊36 国立国会図書館蔵のマイクロフィッシュでしか確認できていないが、「薔薇花」の口絵下に「原色写真製版所」と記載されている。増尾信之編『中西虎之助　本邦オフセット印刷の開拓者——日本平版印刷発達史』伊東亮次、1956年、p.159。凸版印刷『凸版印刷株式会社六拾年史』1961年、pp. 210-211

＊37 太田三郎（1884〜1969）は大正〜昭和時代の洋画家。明治末期の絵はがきブームの頃、日本葉書会の『ハガキ文学』の編集に加わり、スケッチ趣味を広めた。『少女画報』『幼年畫報』などの雑誌・新聞の表紙絵や挿絵を数多く手がけた。新聞挿絵の代表作に川端康成『浅草紅団』(『東京朝日新聞』夕刊1929年12月12日号〜1930年2月16日）がある。

＊38 撒粉式グラビア製版は、1879年にチェコのカール・クリッチュが考案した凹版印刷技法。磨いた銅板にアスファルト粉末を散布・加熱して多孔質な版面を形成し、この銅板面に図像のポジを焼き付けたカーボンティッシュを転写したのち、温湯で現像を行ない、塩化第二鉄溶液で腐食して版面をつくるものである。

＊39 高橋恭介「紙への情報の入れ方——日本における印刷技術の栄枯盛衰とその背景」『日本印刷学会誌』第45巻第4号、2008年8月、p. 204

＊40 活字を組んだ版を使って印刷する活版印刷は、凸版印刷の一種である。

＊41 「紙型」は活版の複製版（鉛版）を作製するうえで必要な、特殊な厚紙でつくった

鋳型のこと。活版の組版の上に紙型用紙を載せ、圧力を加えて成形する。紙型に鉛合金を流し込んで冷却し、鉛版をつくって印刷する仕組み。

＊42 原稿の文字を符号化した鑽孔（さんこう）テープにして、活字の鋳造・植字を同時に行なう機械のこと。鑽孔テープをキャスター（活字鋳植機）にかけると、自動的に沢山の母型のなかから文字を選び出して、活字を鋳造しながら植字を行なう。

＊43 Computerized Typing System の略。電算写植システム。

＊44 原色版は、❺（p.77）を参照。ほかにも文化庁監修『原色版　国宝』12 巻、毎日新聞社、1976 年、『世界の巨匠シリーズ』61 巻、美術出版社、1961 ～ 1988 年などがある。原色版の老舗の印刷所としては光村印刷（旧・光村原色版印刷所）が有名である。

＊45 印圧が強いところは黒ずみ、弱いところはかすれが生じる「刷りむら」が起きることがあり、均一性に欠く点もよく指摘される。逆にいえば、そうした非均一性こそが手作業の版画に近い風合いを生み出しているともいえる。

＊46 フレキソ印刷は、版の素材に金属版ではなく、ゴム版や樹脂などの柔軟（フレキシブル）な素材を用い、インキも水性インキや UV インキなどを使うものである。多少凹凸のある面でも印刷が可能なため、段ボールや紙のパッケージ、シール・ラベルの印刷などに使われている。

＊47 鉄芯に銅メッキしたシリンダー（刷版）の表面に彫刻したり、腐食させたりして凹状の画線部を形成してインキを付着させる方式。シリンダーは銅メッキにクロムメッキ処理をほどこすことにより耐久性を保持し、印刷速度も高速なため大量印刷に適す。反面、シリンダーの材料費と表面加工費（金属メッキ）が高額で、小ロットの印刷には向かないことがあげられる。

＊48 グラビア印刷を使った有名な写真集に、土門拳の『ヒロシマ』（研光社、1958 年、グラビア印刷：グラビア精光社）や『古寺巡礼』第 1 ～第 5 集（美術出版社、1963 ～ 1975 年。グラビア印刷：グラビア精光社、原色版印刷：光村原色版印刷所）、入江泰吉の『大和路――入江泰吉写真集』（東京創元社、1958 年、グラビア印刷：グラビア精光社）などがある。雑誌では 1923 ～ 2000 年まで発行していた週刊グラフ誌『アサヒグラフ』（朝日新聞社）が一貫してグラビア印刷であった。

＊49 電子彫刻製版（シリンダーの銅メッキの表面をダイモンド針の振幅によって彫刻する製版法）でも、文字の縁がギザギザになるようである。

＊50 PS は Pre-Sensitized、PS 版は Presensitized Plate の略で、あらかじめ感光性を与えた板のこと。

＊51 Computer To Plate の略。デジタルデータからネガフィルムを出力し、感光剤を塗布した樹脂版に露光・感光させて樹脂版を作成する方法と、フィルムを用いず、レーザー光線で感光性樹脂版表面の遮光層（ブラックレイヤー層）を焼き飛ばして直接描画する方式の CTP 樹脂凸版がある。

＊52 印刷のきめ細かさ、精度を数値で示す尺度のこと。1inch（約 2.54cm）の幅に並ぶ網点の数を表わす。175 線ならば、1inch 幅に網点が 175 個並ぶという意味で、線数が多いほど、精細な表現が可能となる。

＊53 高精細印刷の写真集では、竹内敏信の『雪月花　竹内敏信写真集』（トーキョーセブン、1994 年）や『一本櫻百本』（出版芸術社、2006 年）、星野道夫の『愛の物語

Alaskan Dream シリーズ III』(CCC メディアハウス、2003 年)などがある。

＊54 一般的な印刷方式である「AM スクリーニング」が、規則正しく並んだ網点の大小で階調を表現するのに対し、「FM スクリーニング」は、ランダムに配置された粒子のような細かな点の密度で階調を表現する方法。写真集では、由良環『トポフィリア』(コスモスインターナショナル、2012 年)などがある。新聞の例では朝日新聞社の記事のカラー図版やカラー広告に使われている。一方、読売新聞は 2020 年 9 月 15 日以降、カラー 290 線、モノクロ 200 線による高精細化を図っている。

＊55 「三版方式」「3 版式」に、ガリ版印刷やシルクスクリーン、リソグラフなどの「孔版印刷」を加えて「4 版式」ともいう。

＊56 第 2 巻第 5 号、1907 年 10 月発行

＊57 デジタル印刷機には有版印刷のものもある。

＊58 「有版印刷」の場合は刷版の製作代が固定費用としてかかるため、小部数の印刷物だと一部あたりの単価が高くつき、逆に大量に刷るほど安くなるが、オンデマンド印刷は刷版を要しないので、単価はさほど大きくは変わらない。

＊59 電子書籍取次出版デジタル機構やアマゾンジャパン、楽天などで実施されている。

＊60 表紙は創刊号から 4 号までが黄緑や赤、黒などの 1 色、5 号から 8 号までが 2 色の活版刷りであった。裏表紙(表 4)の広告も同様である。

＊61 針金ヒラ綴じとは、本の背に近いヒラの数カ所を金属針で綴じる方法のこと(p.94 の本の基礎知識参照)。

＊62 表紙デザインを亀海昌次が担当した頃に、切断式無線綴じに変更されたようである。切断式無線綴じとは、折丁をページ順に並べる「丁合(ちょうあい)」の工程を済ませたあとに、折丁を 1 冊ずつそろえて背の部分を削り落とし、切断面に接着剤を塗って表紙に結合させる方法のこと(p.94 の本の基礎知識参照)。

＊63 アジロ綴じとは、刷った紙を折る工程で、各折丁の背に間隔を設けて切り込みを入れておき、折丁をページ順に並べたあと背の切り込み部分に接着剤を付け、折のなかまでしみ込ませて表紙と接合させる方法である(p.94 の本の基礎知識参照)。

＊64 その頃はすでに写植は衰退しており、PC で組版データを作成し、オフセットで印刷するのが主流であったから、写植を採用したのはかなり遅いケースである。

＊65 『本の雑誌』第 237 号、2003 年 3 月 1 日、p.112

＊66 秀英明朝の文字が少し滲んで太って見えるのは、紙質のためと、この頃の活版印刷は、重い版や鉛の有害性への懸念などから鉛版の代わりに柔らかい樹脂版を用いた時代でもあるので、金属版よりもインキが付着しているためかもしれない。ちなみに創刊号から 1987 年の 53 号までは岩田明朝体の活字が使われており、とりわけ紙質の良かった 1980 年までは活字が秀英明朝時代より細く見える。

＊67 線数については註 52 を参照。活版印刷で更紙使用の場合は 60 〜 75 線、中質・上質紙で 75 〜 120 線程度である。オフセット印刷で更紙の場合は 65 〜 80 線、中質・上質紙で 100 〜 150 線、アート紙・コート紙使用でカラーの場合は 175 線など 150 〜 200 線が多い。

＊68 針金ヒラ綴じから無線綴じに変えた背景には、1995 年 7 月 1 日施行された製造物責任法(P L 法)が影響していると思われる。製本のまずさからヒラ綴じの針金によって児童などが怪我をした場合、出版社か印刷所の安全性への責任が問われるこ

とになるため、当時、出版各社がいっせいに針金ヒラ綴じを無線綴じなどに転換した経緯がある。

＊69　並製本の継ぎ表紙ではなく、上製本の背継ぎ表紙（ヒラと背に異なる材料を使い、例えば革や布クロスなどを背とヒラの一部にかかるように接合して仕上げた表紙）は今日でも特装本などで見かける。祖父江慎＋福島よし恵（cozfish）のブックデザインによる手塚治虫の『ロマンス島』（888ブックス、2020年）もその一つ。

参考文献（註に記したもの以外）

◉高野彰『洋書の話　第二版』朗文堂、2014年

◉加藤好郎ほか編『書物の文化史　メディアの変遷と知の枠組み』丸善出版、2018年

◉樺山紘一編『図説　本の歴史』河出書房新社、2011年

◉岡本幸治「保存情報としての製本構造（1）西洋古典資料の保存のために」『一橋大学社会科学古典資料センター年報』20、2000年、pp.25-31

◉増尾信之編『中西虎之助：本邦オフセット印刷の開拓者 日本平版印刷発達史』伊東亮次、1956年

◉河野実・森登・大島寛子編『描かれた明治ニッポン　石版画（リトグラフ）の時代』描かれた明治ニッポン展実行委員会、毎日新聞社、2002年

◉野村広太郎編『日本石板版画の思い出　印刷画版生活満75年を迎えて』富士精版印刷、1992年

◉磯部敦「銅版草双紙考」『近世文藝』第75号、2002年1月、日本近世文学会、pp.107-117

◉磯部敦「銅版草双紙小考」『江戸文学』第35号（特集 草双紙——発生から終焉まで）、ぺりかん社、2006年11月、pp.150-152

◉『「銅鐫にみる文明のフォルム——『米欧回覧実記』挿絵銅版画とその時代展」資料集』久米美術館、2006年

◉菅野陽「『米欧回覧実記』と『輿地誌略』の挿絵銅版画」『日本洋学史の研究Ⅸ』矢部文治、pp.177-219

◉張諒太「木口木版印刷から見る《漁夫》——『濃淡』を複製する木口彫刻技術と《漁夫》の『刀線』——」『京都精華大学紀要』第53号、京都精華大学、2019年、pp.303-322

◉「明治期の写真団体と華族——小川一眞の事績からの考察」東京文化財研究所文化財情報資料部編『美術研究』第412号、国立文化財機構東京文化財研究所、2014年3月、pp.479-490

◉岡塚章子「小川一真の『近畿宝物調査写真』について」『東京都写真美術館紀要』第2号、東京都写真美術館、2000年、pp.37-55

◉島屋政一編『印刷美術大観』大阪出版社、1928年

◉清光館編輯部編『出版編輯事典〈上巻〉』清光館書房、1934年

◉鎌田彌寿治・伊東亮次監修『凸版製版印刷技術　印刷製版技術講座3』共立出版、1961年

◉鎌田彌寿治・伊東亮次監修『平版及び凹版製版印刷技術　印刷製版技術講座4』共立出

版、1963年
◉日本印刷学会編『印刷事典 第5版』日本印刷学会、2002年
◉「印刷雑誌」編集部編『カラー図解 印刷技術入門』印刷学会出版部、2018年
◉大日本印刷編『図解 印刷技術用語辞典　第2版』日刊工業新聞社、1996年
◉垣生真一『印刷用語の基礎知識200』印刷学会出版部、1982年
◉雪野まり「『暮しの手帖』がめざしたもの——花森安治の美学と広告のない誌面」『出版研究』第38巻（2007）、日本出版学会、2008年3月20日、pp.45-65
◉藤森善貢『出版技術入門——本の知識と造本の技術』日本印刷新聞社、1965年

Webサイト

◉書物史ワーキンググループ編「書物の歴史　森書物史概論」（森縣氏の書物史研究会における講義をまとめたもの）
https://shomotsushi.sakura.ne.jp（最終閲覧日：2021年7月15日）
◉「テープ式自動モノタイプの登場——印刷100年の変革　その6」「澤田善彦 著作集」公益社団法人日本印刷技術協会（JAGAT）
https://www.jagat.or.jp/past_archives/story/4100.html（最終閲覧日：2021年7月15日）

本の基礎知識

本の部分名称と製本の分類

このコラムでは、「製本の基礎知識」として、本の各部分に付けられている名称と、本の仕立て方や背の様式、綴じ方の種類の３点からみた本の分類について解説する。

本の部分名称

①**表紙**　表紙は、表(おもて)表紙・背表紙・裏表紙に分かれる。雑誌では、表表紙を「表１」といい、その内側（裏側）を「表２」、裏表紙の内側を「表３」、裏表紙を「表４」という。

②**背**　本の外側から見て綴じてある方を「背」といい、背の文字を「背文字」という。

③**ヒラ**（平）　表紙の平らな部分のこと。

④**カバー**（ジャケット）　表紙の外側にさらにかける表紙のこと。

⑤**帯**（帯紙、古くは腰巻ともいわれる）　カバーの上にかける幅の狭い宣伝用の文章を印刷した紙のこと。

⑥**かど**　背の反対側にある表紙の角の部分をいう。「かど」を丸く仕上げている状態を「角丸」と呼ぶ。

⑦**チリ**　上製本（後述）で、表紙にくるまれた本の中身を保護するために、中身の寸法よりも表紙を3mmほど、はみださせている部分。

⑧**耳**　本製本の本の背の部分を上下から見た際に、表紙のヒラに挟まれた部分よりも、中身が両側に少しはみだしている部分。

⑨**みぞ**（溝）　表紙のヒラと背の境目のくぼみの部分。

⑩**天・地・小口・ノド**　本の上部を「天（てん）」、下部を「地（ち）」、綴じてある方（背の方向）を「ノド」、前側を「小口」という。本の三方の切り口はすべて「小口」なので、前側の小口を特に「前小口」ともいう。

⑪**花布**(はなぎれ)（head band、ヘドバン）　本製本で、中身の背の天地両端に貼り付けられている布のこと。かつては色糸を折丁に縫いつけて本を補強する機能的な意味があったが、現在は装飾用である。

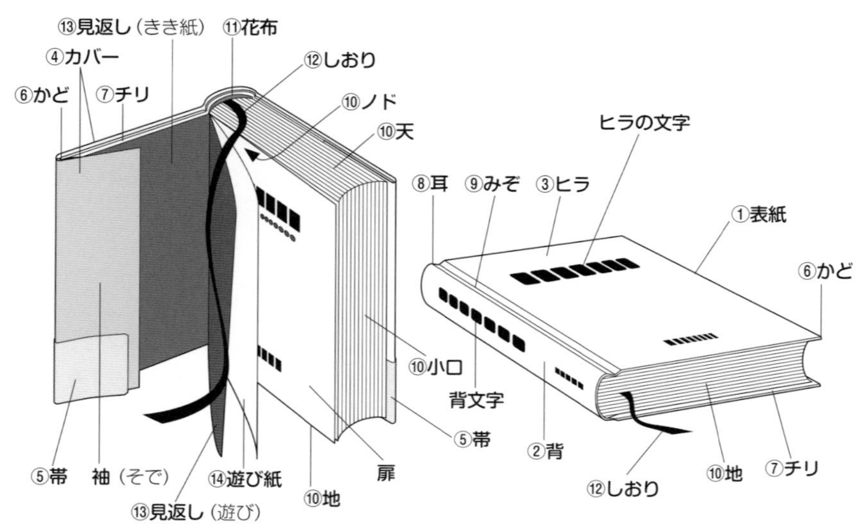

⑫しおり（spin、スピン）　本の背に貼り込まれている長いヒモのこと。

⑬見返し　表紙と中身とのつながりを強くするために、表紙の内側に貼るもの。見返しには２つに折った１枚の紙が用いられ、表紙の内側に貼る方を「きき紙」といい、中身の側のひらひらしている方を「遊び」という。上製本では必ず見返しを付けるが、並製本では付ける場合と付けない場合がある。

⑭遊び紙　表紙と本文の間に挟まれる、両面にまったく印刷されていない紙のこと。

仕立て方による製本の分類

本の仕立て方による分類には、上製本（本製本）と並製本（仮製本）がある。

上製本は、表紙と中身を別につくり、中身を仕上げてから表紙でくるんだもの。表紙は中身より少し大きく、「チリ」がある。「表紙貼り」がしてあり、「見返し」がある。また、表紙の芯に厚手のボール紙（板紙）を使った「厚表紙」と、薄い紙を使った柔らかい表紙の「薄表紙」がある。

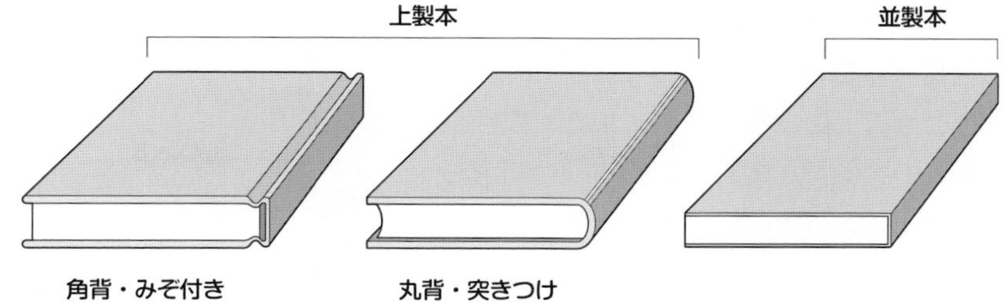

背の形状には、背に丸みをつけた「丸背」と、背が角張った「角背」がある。さらに、背とヒラの間に「みぞ」が通っている「みぞ付き」と、みぞを狭く切って表紙に凹凸のない「突きつけ」というものもある。

「**並製本**」とは、中身を表紙でくるみ、中身と表紙を一緒に断裁して仕上げたもので、「くるみ表紙」と「切り付け表紙」の2種類ある。表紙と中身が同じ寸法となって、チリは付かない。見返しは付ける場合と付けない場合がある。

「くるみ表紙」は「おかしわ」ともいい、中身を糸や針金やアジロ綴じ（右ページ参照）などで綴じてから1枚の表紙でくるみ、小口の三方を同時に断裁して仕上げたもの。雑誌や文庫本、パンフレットなどに用いられている。

「切り付け表紙」は中身と表紙を別々にせず、一緒に綴じるものである。週刊誌などの中綴じの製本（右ページ参照）がこれにあたる。

上製本・並製本の中間として、「フランス製本」（フランス表紙）がある。表紙の四辺の角を折り返した表紙で、仕上げ断ちされた中身をくるんで、チリを付けたものである。

背の様式による分類

背の仕立て方には以下のような種類がある。

①**硬背**（タイトバック）　背が表紙にしっかり固定されているスタイル。背は丈夫で形はくずれず、背文字も損われないが開きが悪くなる傾向がある。

②**柔軟背**（フレキシブルバック）　背が表紙に固定されていて、背の部分が柔軟にできているタイプ。本が十分に開き、開閉はスムーズになるが、

背文字が痛みやすいという難点もある。

③**腔背**（ホローバック）　前の２つの長所をとって工夫されたスタイルで、表紙の背と中身の背が離れているもの。開閉も十分で背文字も損われにくい。しかし、開閉の時の力を表紙の接着部だけで支えているので、この部分から壊れやすいという難点もある。

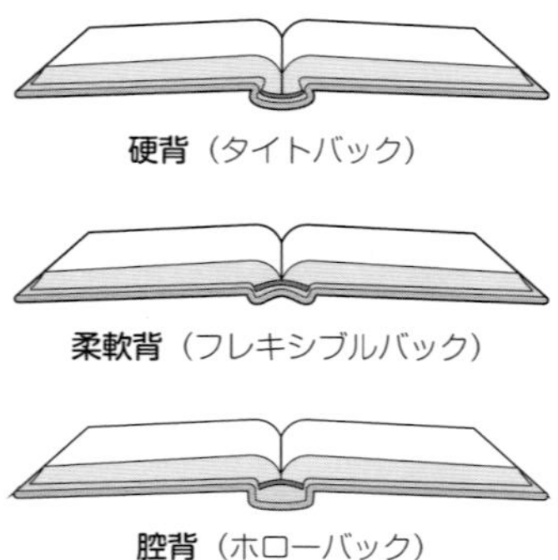

綴じの種類による分類

「有線綴じ」と「無線綴じ」があり、前者には「糸綴じ」と「針金綴じ」がある。「糸綴じ」には、さらに折丁の背を一折ずつ糸でかがって綴じる「かがり綴じ」と、ミシンを使って糸で縫って綴じる「ミシン綴じ」がある。また、「針金綴じ」の場合も、背に近いノドの平らな部分を針金で綴じる「針金ヒラ綴じ」と、週刊誌やパンフレットなどのように、折丁を見開き状態で重ねて、背の中央から綴じる「針金中綴じ」がある。

「無線綴じ」には、背の部分を削り落とし、切断面を接着剤で固めて綴じる「切断式（カット式）」の無線綴じと、背に間隔を設けて切り込みを入れ、接着剤を折のなかまでしみ込ませて綴じる「アジロ（網代）綴じ」がある。

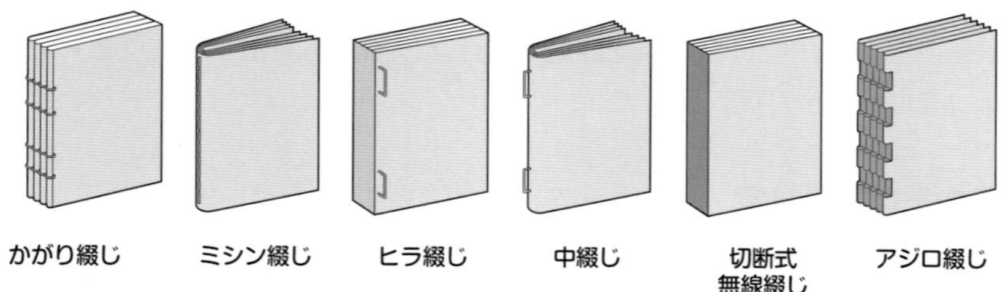

参考文献

◉日本エディタースクール編『本の知識』日本エディタースクール出版部、2009年／藤森善貢『出版技術入門—本の知識と造本の技術』日本印刷新聞社、1965年

第3章

書物と紙

臼井新太郎

❶ 紙の本 ～モノとしての存在感

◉「本と紙」の関係性をひもとく

書物における紙は、テキストや図版を支える「支持体」であり、いうまでもなくきわめて重要な存在である。しかし、文字などの書体や印刷、製本といった造本的要素と比較すると、日頃、意識されることが少ないといえるかもしれない（製法自体が特殊な紙を使用した本や、豪華本、アーティストブックなど、紙の使われ方に特徴がある一部の本をのぞいては)。本章では、日頃当たり前すぎて顧みることの少ない「本と紙」の関係性について、時代を前後しつつ考えていきたいと思う。

◉ 厚さの違いによる紙の特性を活かす

まず、紙の特徴を決める最も重要な点はその厚さであろう。昨今の新刊書籍に用いられる用紙の1枚の厚さは、100 μm 前後の銘柄が多い。1枚 0.08 mm ～ 0.1 mm ほどのごく薄い紙を綴じることにより、厚みのある1冊の本が成立する。台割や折丁といった書物における基本概念は、紙の特性から導き出された智恵ということもできる。

製紙術は中国で発明され、紙は紀元前 200 年頃には使用されていたといわれている[*1]。その後、朝鮮半島を経由し、日本に伝来したのは 7 世紀初頭であるが、8 世紀の中頃には日本各地でも多くの紙が漉(す)かれるようになる。薄く平らでほぼ平滑な組成を有する紙は、大変使い勝手が良く、主に写経を必要とする仏教文化が背景に存在したことも大きいだろう。**図 1** と **図 2** は当時の代表的な書物用紙である石州和紙[*2]の生産地・石見(いわみ)地方での紙漉き、紙干し風景である。寿岳文章は「漉

▲図1、2　国東治兵衛『紙漉重宝記』秋田屋太右衛門、他、1798（文政7）年

◀図3　左『子供之友』第13巻第1号、婦人之友社、1925（大正14）年、右『赤い鳥』第22巻第2号、赤い鳥社、1929（昭和4）年

▲図4　束幅の比較

屋は水の便利のよい激流に沿うて設けられるが、ニューレンベルクなど西洋の場合と違い、水は動力源ではなく、紙の原料である植物繊維を純化させる主役としての機能をはたす。だからここでは、水の量よりもむしろ質が問題となった」*[3]と書いている。工業製品ながら水の良し悪しが出来を左右するという点など、紙の物質性、モノとしての面白さを物語っていよう。

実際、製紙工場は川の近くなど、水が豊富な場所に多い。それは地方に限らず、映画「男はつらいよ」でおなじみの東京、葛飾・柴又から程近い金町にも、つい近年まで大規模な製紙工場があったが、時代の流れもあり2003（平成15）年に閉鎖された*[4]。

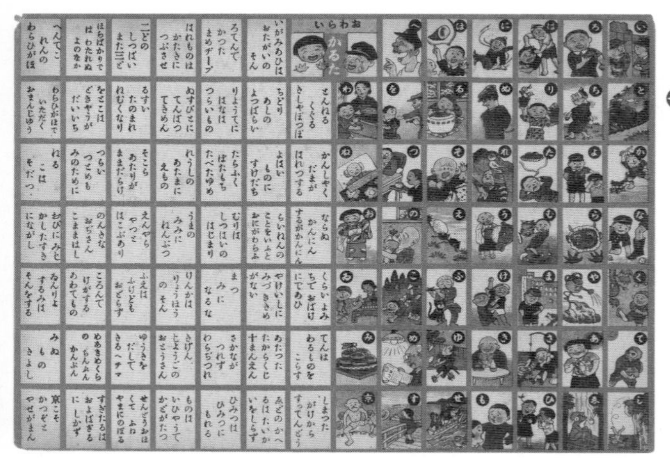

◀図5 「おわらいかるた」昭和初期と思われるが出典不明

さて、紙と厚さのわかりやすい関係を、実際の雑誌を例にみていこう。**図3**は発行時期が近い雑誌である。総ページ数は図3左の『子供之友』（1925［大正14］年12月発行）が32ページ、右の『赤い鳥』（1929［昭和4］年2月発行）が94ページ（それぞれ表紙や口絵も含む）と3倍近くの差があるのに対して、束幅はどちらも5mmと同じである（**図4**）。特に子ども向けの本には、少ないページ数をカバーするために斤量の厚い紙や、合紙（ごうし）[*5]などが使われることが多い。32ページで束が5mmあるのは、雑誌としては用紙がかなり厚い部類だが、手先がこなれていない子どもがページをめくる際のめくりやすさや、流通時も含めたページの折れ曲がりに対する耐久性などにも配慮された結果であろう。

厚い紙の特性を活かした例は、同時期の雑誌の「付録」からもみてとれる。一例をあげると「おわらいかるた」（**図5**）のような〈紙のおもちゃ〉である。紙は印刷との相性がよく、本と同様、絵や文字を読みながら遊べる紙のおもちゃは、モノ不足の社会状況も反映し、一時期、数多くつくられた。雑誌本誌と同じ印刷所での制作が可能なため、工程的なロスも少ない。このかるたは、ほぼB4サイズの用紙を96枚に切り取って使うため、1枚は横25mm、縦40mmとかなりの「小型」

◀図６ 『キング』第13巻第１号付録、講談社、1937（昭和12）年。横山大観筆の「松」の複製画。奉書紙に印刷されていて雰囲気がある

である。しかし、多色刷りの印刷は今みてもカラフルで美しく、96枚のかるたが１枚の紙に印刷された状態は迫力があり、子どもがこの付録が欲しいがために雑誌を買いたくなる気持ちもわかる。ちなみに、前掲した『子供之友』も、表紙に「科学すごろく」が付録である旨が明記されている。

付録のことでいうと、1936（昭和11）年１月発行の『キング』新年号の付録も面白い。時勢を反映した「最新大亜細亜地図」と、新年号らしい「松竹梅三幅對（つい）」の二大付録である。特に松竹梅三幅對は、川合玉堂筆の「竹」、横山大観筆の「松」（図６）、竹内栖鳳筆の「梅」の複製日本画である。用紙サイズは縦100 cm、横26 cmという大判で、四つに折られ、袋綴じされている。これなどは、紙の大きさと加工性、さらには保存性も活かした付録で、前述した「紙の厚さ」とは反対の「紙の薄さ」がポイントとなっている。著名な日本画家の作品を、床の間以外の場所に貼って飾ることができる気楽さもよい。ちなみに、送料は『キング』本誌と付録を同送する場合は５銭、付録のみの場合は４銭と明記され、付録の人気の高さがうかがえる。

◉ 様々な本の大きさと編集意図

一方、本の「大きさ」に関して語るときに思い出されるのは江戸中期の「赤本」である。表紙の色から赤本・黒本・青本などと呼ばれた絵入りの娯楽本（草双紙）は子どもから大人まで、庶民に広く親しまれた。特に赤本の初期～元禄、享保年間に発行された半紙判四つ切り二つ折り（約 8.4 cm × 12 cm）の「赤小本」は、「ひいな本」とも呼ばれ大流行した。**図 7** は 1723（享保 8）年刊の舌切り雀の赤小本であるが、見開きサイズが縦 5 cm、横 6 cm ときわめて小さい。赤本の内容は桃太郎、さるかに合戦、花咲かじいさんなどの昔話や御伽草子が多く、文字が絵と一体化している点などは、漫画の吹き出しのような感覚で読むことができる特徴といえよう。豆本サイズの判型は子どもが気軽に手に取ることができ、10 cm 程度の手のひらサイズの見開きから、様々な奇想天外な物語や武勇譚が繰り広げられるさまは、まさに豆本の面目躍如、“小さいがゆえの”効果である。

翻って、今日でも子ども向けの本では、大型の絵本と並んで、コンパクトなハンディサイズの絵本が書店の一画を占めている。印象に残るのは 1970 年代に小学館から翻訳出版された「ピクシー絵本」（「ピクシー」は「小さな妖精」の意）のシリーズである（**図 8**）。原書は 1954

◀**図 7**　1723（享保 8）年刊の赤小本。寿岳文章『図説　本の歴史』日本エディタースクール出版部、1982（昭和 57）年より転載

▲図８　「ピクシー絵本」の一連のシリーズより。小学館、1974（昭和 49）～1975（昭和 50）年

（昭和 29）年に北欧のデンマークにおいて Carlsen/if から創刊された絵本シリーズだ。判型は 10 cm × 10 cm の正方形、本文 24 ページに表紙がついた中綴じ（針金綴じ）の体裁で、その名のとおりとても可愛らしい。透明の丸いボックスに無造作に入れられ、そこに手を入れて取るお菓子のような書店での販売スタイルもユニークで、子どもたちは夢中になった。紙の特性をうまく活用した例といえよう[*6]。作家陣もスウェーデンのヤン・ルーフ（Jan Lööf）やデンマークのヨルゲン・クレヴィン（Jørgen Clevin）など、個性的で質の高いラインナップが印象的であった。昨今、多くの大人が文庫や新書、スマートフォンなどでの「手のひらサイズの読書」を好むことも、持ち運びの簡便さや保存の容易さ、価格などと並んで、「小さいサイズの読書」から得られる体験を、無意識のうちに好意的に感じているからであろう。

◉ 特殊な紙の使用による効果

さて、もう一冊、近年印象に残った子ども向けの本をみてみよう。

前述した「合紙加工」を使って話題になった『かがみのえほん　ふしぎなにじ』（図9）である。天地180mm、左右150mmの判型で、総ページ数はわずか18ページだが、本文の束幅は10mmもある。鏡面加工を施した特殊紙を貼り合わせ、そこに虹をあらわす5色＋黒の合計6色で虹や暗闇を印刷した子ども向けの本だ。左右のページを90度で向き合わせると、鏡面加工した紙は鏡のように対向ページを反射させるので、向かい合う虹が入り組んで立体的に見える、トリッキーな一冊である。「仕掛け絵本」の一種といえるが、特殊製本などの加工はしておらず、紙と印刷の特性だけで不思議な読書体験を演出する。緒方修一は「書籍には人それぞれの持ち方があり、開き方があり、読み方がある。書籍本来の自由さと想像力をわき立たせてくれる。仮にテキストがなかったとしても立派な〈読み物〉に成り得ただろう」*7とこの本を評しているが、確かに、反射する虹の映り方を色々試すにあたり、本をもつ角度や、本の置き方、部屋のどの場所で見るのかと

▲図9　わたなべちなつ『かがみのえほん　ふしぎなにじ』福音館書店、2014（平成26）年

いった読み手の姿勢までもが変わってくる。それらは紙の本のもつモノとしての特性に由来する、読書体験の重要な一側面といえるだろう。

◉ 本文紙の薄さの限界に挑戦した『広辞苑』

一方、「薄い本文紙」の代表格としてまず思いつくのは“辞書・辞典（事典）”である。国語辞典として高い知名度をもつ『広辞苑』（岩波書店）の最新改訂版（第7版）が2018（平成30）年に発売されたが、この本文紙は「印刷用紙の限界」といわれている（**図10**）。10年ぶりの全面改訂で新たに1万項目の言葉が収録され、ページ数も第6版より140ページ増え、過去最高の3,216ページ（！）となった『広辞苑』。しかしながら厚さは、第6版と変わらない8 cmである。新たに開発された本文用紙がいかに薄いかわかるだろう。王子エフテックス（旧王子特殊紙）によって新たに開発された用紙は、なんと厚さが0.0475 mmと、髪の毛なみである。本州製紙（現在は王子製紙に合併）が開発した「第4版」の用紙が0.051mmなので、確実に進化している。この極薄用紙を使用することによって、機械製本の限界といわれている「8 cm」の束を実現することができたのだ。また、驚くべきことに、この薄さでも裏抜け（裏のページに印刷された文字が透ける）することなく、

◀**図10**　新村出編『広辞苑 第七版』岩波書店、2018（平成30）年

多少乱暴にページをめくっても、指に吸いつくような紙のしなやかさが感じられる。これは「裏写りを防ぐため、漂白した植物繊維に炭酸カルシウムを加え、さらに白くする。材質改変のため二酸化チタンも配合する。それを金属と樹脂のロールを積み重ねた特殊な装置で強い圧力をかけて、引き延ばす」*[8]という最先端の製造技術と添加剤の改良に支えられている。加えて、ページを触ったとき、その紙をとりたてて「薄い」と感じない点などは不思議とさえ思える。

本の判型や厚さからは、紙というモノの特性を様々にみてとることができる。それらは本というメディアの限界であると同時に、その特性をプラスに活用することによって、多くの可能性があることもまたまぎれもない事実である。

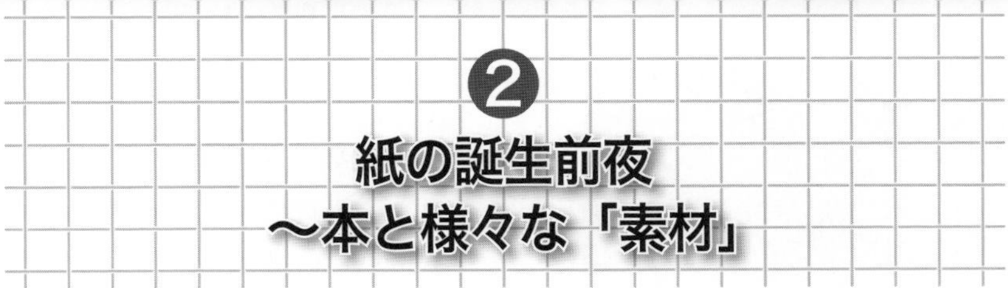

❷ 紙の誕生前夜〜本と様々な「素材」

◉ 石板と粘土板

書物という文化は「書く」という行為に支えられていることはいうまでもない。人びとが書いたテキストを紙に定着させたものが本であるが、ここでは紙が登場するまでの「本の原型」について、その素材とともに少しだけ振り返ってみたい。

文字を書き込む素材として人びとが用いたものでは、まず「石」があげられるだろう。入手が容易で堅牢な石は、世界中で用いられた。古代エジプト文明では、質の良い花崗岩（かこうがん）が産出されたこともあり、公的な出来事を記した「石板」を立てる風習があったという。

また、中国では、文字や図像を刻んだ方形の立石は「碑」、円形のものは「碣（けつ）」と呼ばれた。漢の時代になり、文字を刻む習わしが整い、“碑文”という形式が生まれたといわれている。

これらはいずれも大きなものが多いが、今日、我々のイメージにあるような上部が丸い長方形の「石板」は、中世に誕生した。メモをとるための粘土板の形や大きさの影響を受けたとされていて、こういった石板はミケランジェロの作品などでもみることができる。いずれも、人びとが「記録」という行為を行なった、貴重な証拠である。

一方、石板よりも文字を記録しやすく、携帯することも可能な記録媒体として知られているものでは「粘土板」の存在も無視できない。古代メソポタミアおよびその周辺地帯において文字を記すために用いられた粘土板は、紀元前3000年以前から西暦紀元直後まで、様々な言語の記録に用いられたといわれている。

粘土版の製法はシンプルである。まず泥を用意してふるいにかけ、

図 11　楔形文字が刻まれた粘土板。大英博物館所蔵、紀元前７世紀頃

水でよく洗い、不純物を取り去る。そして、その目的に応じて様々なサイズの板の形に成形して、文字を刻む。最後に陰干しして乾かすか、保存目的の場合、日干しにして焼く。これで完成である。

この粘土板文書は、これまでに40万点以上が発見されており、その内容も多岐にわたる。商取引のための契約書、条約締結の公文書から、文学作品、神話、叙事詩、数学や医学といった専門書、地図まであり、今日流通している文書や書物と、何ら変わりはない。**図 11** は、バビロニアの天文学を解説している一連の粘土板群の最初のページである。これは紀元前７世紀頃に書き写されたと推定されているが、古代エジプトの“象形文字”と並んで「人類最古の文字」といわれている“楔形文字”がとても美しい。

◉ パピルス紙の登場

さて、粘土板の後に、より簡便な古代の書写材料として流通したのが「パピルス」である。パピルスはカヤツリグサ科の水性植物（多年草）で、高さは２～３m にもなる。この地上茎の内部組織からつくられた「パピルス紙」は、主に古代エジプトで使用された。軽くて丈夫で、書き間違いを海綿で消すことができたり、とても扱いやすい特徴をもつ。「紙」を意味する英語の「paper」やフランス語の「papier」などは、パピルスに由来する。

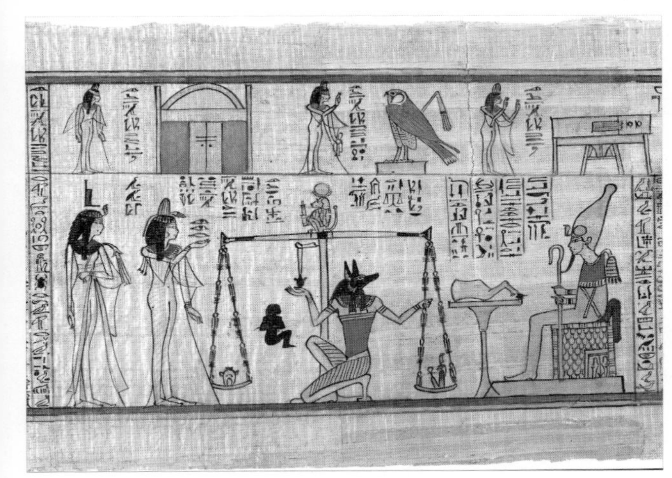

◀図12　古代エジプトの「死者の書」メトロポリタン美術館蔵、紀元前1050年頃

パピルスの製法を簡単にみてみよう。まず材料として数メートルの高さがある草の中央部分の茎を切断する。次に茎の皮を剥いで長さを揃え、針を用いて薄く削いで、長い薄片をつくる。そして、薄片を水に浸して2日ほど放置した後に、布などを敷いた台の上に重ねながら並べる。さらにその上に直交方向に同じように並べて、布で覆う。配列を崩さないように注意しながら槌などで叩いて組織を潰し、ローラーなどで圧力を加えて脱水する。その後、1週間ほど日陰などで乾燥させ、表面を滑らかな石などでこすって平らにし、最後に縁を切り揃えてようやく完成である。

この工程からもわかるように製造には非常に手間がかかり、かつ、かなりの人手と日数も要したため、価格は高価だったようだ。後にキリスト教徒が聖書を筆写するようになり、読み返しの必要から、パピルスでの「冊子本」もつくられるようになったが、強度上の問題があった。特にパピルスは折ったり曲げたりに弱いので、シートや巻物として主に利用されていたようである。

パピルスを用いたもののなかでは、古代エジプトの「死者の書」が有名である（**図12**）。これは死者の冥福を祈り、死者と一緒に埋葬された葬祭文書のことである。紀元前1990年頃から同50年頃につくられたと考えられていて、巻物にしたパピルスが用いられた*[9]。「死者の書をつくったのは、高い技能をもつ書記と絵師である。一つの死者の書に２人以上の書記が関わることも多く、簡略化したヒエログリフ（象形文字）またはヒエラティックという文字（神官が用いたヒエログリフの一種）を黒と赤のインキを使ってパピルスに記し、それを巻物にするのが一般的だった」*[10]とされているが、この赤インキのほかに、絵の部分には青や白などが効果的に用いられているものもあり、とても美しい。

そんなパピルスも中国から紙の製法が伝わると、やがて生産が途絶えることになった。現在では「エジプトのお土産」として有名なため、見たことがある人も多いのではないだろうか。

◉ 15世紀まで用いられた羊皮紙

もう一つ、紙の誕生以前の素材として押さえておきたいものが、パピルスと同時期に使われた「羊皮紙（ようひし）」である。主に羊やヤギなどの皮を加工して、筆写の材料としたものを指す。英語ではパーチメント（parchment）、子牛からつくられたものはヴェラム（vellum）と呼称される。

中世の羊皮紙職人（percamenarius）は、ギルドをつくり、製法の秘密を厳重に守っていたため、当時の製法が後世にあまり伝わっていないのだが*[11]、その製造工程を簡単に記すと「羊や子牛の生皮を石灰液に約８日間浸して、取り出し、生皮の毛をむしりとり、鈍器でこすり、再び、新しい石灰液にしばらく浸してから、水洗いして、木枠の上に広げ、低温で乾燥させ、水を注いで洗い、また乾燥させ、半円形の小刀で、真皮の薄い滑らかな層にし、さらに軽石の粉末などで磨いて、最後に白色顔料（石膏、白亜、鉛白など）を擦り込んで不透明度を増して」*[12]つくられる。

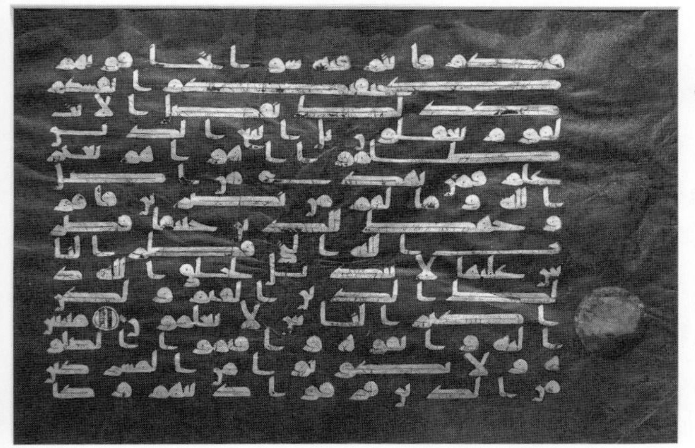

◀図13 「ブルー・コーラン」メトロポリタン美術館蔵、9〜10世紀頃

堅牢で虫害も少なく、表面が滑らかで光沢もある。高価ではあったが、使い勝手のよい羊皮紙は、紙が使われるようになってからも、15世紀頃まで用いられた。最も大きな特徴として、表裏で繊維の方向が違うため裏面を使うことが難しかったパピルスに対して、羊皮紙は両面を使うことができた点があげられる。このことにより、本の体裁も巻物から冊子へと、目に見える変化を遂げることとなった。

一方、箕輪成男は「羊皮紙は表面を削って何度も用いたほど丈夫ではあったが、それ故にまた文書の改ざんが容易であり、サラセン帝国では公文書、証書は全て改ざんのしにくい紙を用いることが、布告強制されたほどであった」*[13]と書く。文書の改ざんはあらゆる時代において紙について回る問題であるが、これは本や書類の電子化が一般的になった今日でも根本的な解決には至っておらず、問題は単純ではないことがわかる。

さて、羊皮紙の使用例として有名なものを一つみてみよう。**図13**は一般的に「ブルー・コーラン」と呼ばれるものである。コーランはイスラム教の聖典であり、このブルー・コーランは9世紀後半から10世紀前半につくられたものだ。インディゴ（藍色）に染色したヴェラムが目にも鮮やかで、金色の文字もきわめて美しい。大きさは縦が約30cm、横が40cm、総ページ数は600ページにも及ぶ。

また、見た目の美しさの最大の理由は、1ページ15行の行長（行の長さ）が揃っている点であろう。文字を引き伸ばし、単語の途中にスペースが入れられた処理、さらに美しさの妨げとなる文法記号などが省略されていることなどからも、読みやすさよりも美しさを優先した「版面設計」が明確に感じられる。藍色や金色は当時も高価だったので、きわめて裕福な人物からの依頼で制作された可能性が高い。いずれにしても、ヴェラムの特性を十二分に活用した、これまでつくられた写本のなかで最も素晴らしく、豪華な1冊といえるだろう。

◉ その他の様々な素材

さて、ほかにも書物の材料として用いられた素材は色々と存在する。インドやスリランカなどの乾燥地帯では、「ウチワヤシ（ターラ樹）」（図14）の葉を乾燥させ、その両面に文字を書いて使用した。これは「貝多羅葉」と呼ばれ、インドやミャンマーでは古くから仏教教典をこの葉に記したものが用いられた。タイ語での「バイラーン」という呼び方も知られている。葉を適当な大きさに切り揃えて、穴をあけて糸を通し、数十葉をつなげた独特の形体は、書物の原型と呼ぶにふさわしい。日本では、法隆寺の所蔵する「般若心経」を記した貝葉経が7～8世紀の制作と推定され、現存するもののなかでも最も古い部類に属するといわれている（図15）。

◭図14　ウチワヤシの葉
©goostake/ photolibrary

また、日本ではヒノキなどの木材を薄く削り取り、短冊形にした「経木」も写経などに用いられた。「柿経」と呼ばれる写経の遺品（図16）をみると、1

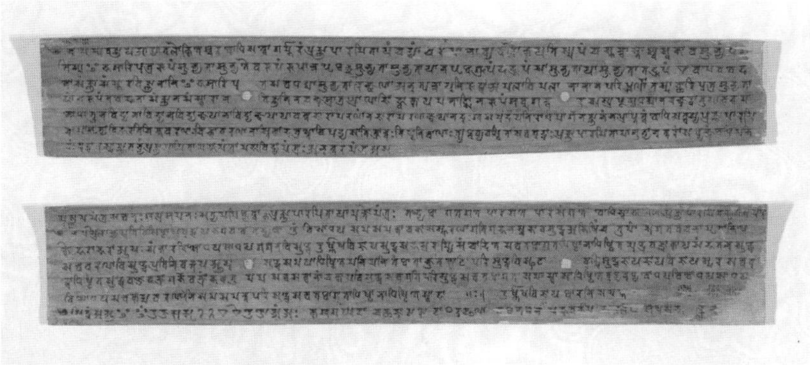

▲図 15　貝葉経。東京国立博物館蔵、7～8 世紀

枚の経木の表裏に 1 行 17 字ずつの経文が書かれていて、20 枚ほどが束ねられている。これは貝多羅葉の体裁がとられているといえよう。やがて経木を削り出す技術も発達し、「紙のように薄い経木」*[14] もつくられたようだ。今日、経木は環境に優しい「梱包材」として再評価の動きがあることもまた興味深い。

一方、中国では古くから絹織物がつくられていたことから、書写材料としての「絹紙」が紀元前 4 世紀頃から使われていたことが確認されている。絹布に書かれた書は「帛書（はくしょ）」と呼ばれ、軽く、柔軟で、耐久性も兼ね備えていたが、いかんせん高価だったため、広く普及することはなかった。

同時期にアジアにおいて重要な役割を担ったのは、「竹簡」と呼ばれる竹素材であった。これは竹を一定の長さに切断し、幅を揃えた札に割り、外皮を削り取って火であぶったものを乾燥させて使用した。この竹片を結び合わせて丸めたり、紐で束ねることで、本の体裁をなしたのである（これ以外にも、木でつくられた「木簡」などもある）。しかしながら、竹簡は安価で経済的には優れものだったが、見た目よりも重いうえにかさばり、保存にも場所を必要とした。「紀元前 3 世紀に秦の始皇帝が国家の日常業務を遂行する際、60 kg もの竹簡に書かれた様々な書類を毎日処理していた」*[15] というのであるからすさまじい。

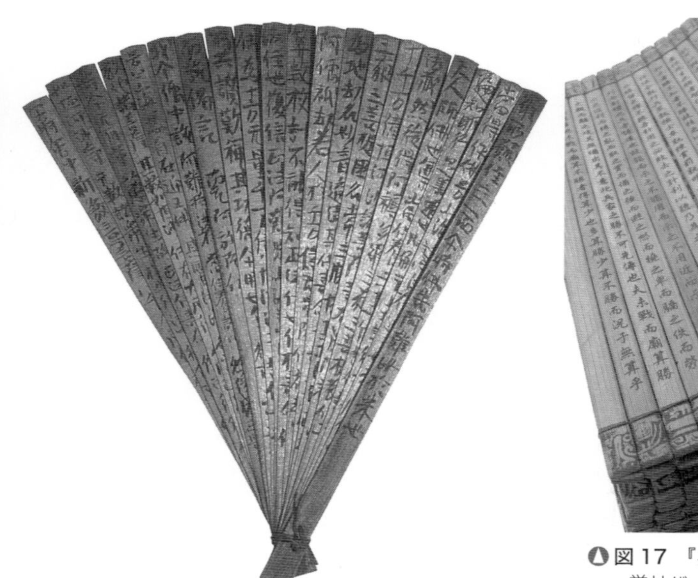

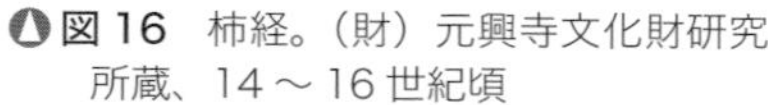

図16　柿経。（財）元興寺文化財研究所蔵、14～16世紀頃

図17　『兵法』カリフォルニア大学リバーサイド校（UCR）蔵、掲載図版は1750年頃

竹簡で最も知られているものは『兵法』であろう（図17）。紀元前500年頃といわれる成立年や、通常、孫子とされる著者にも不明な部分が多いが、13篇からなるこの兵法書は当時の竹簡書の典型的な体裁をとっている。1片につき1行しか書けない物理的な制約のため、表現は洗練され、面相筆と墨を用いて書かれた複雑な漢字も美しい（当初は小刀が用いられていた）。また、竹簡は絹や皮の紐で結び合わされ、耐久性も高く、前述した羊皮紙よりもはるかに良い状態で発見されることが多い。

紙の誕生以前に使われた多様な素材について振り返ってみると、今まで気にとめることのなかった紙の特徴が色々とみえてくる。そして、書物が物質としての「素材」の特性に左右され続けてきたメディアだということもまた、明らかになるだろう。

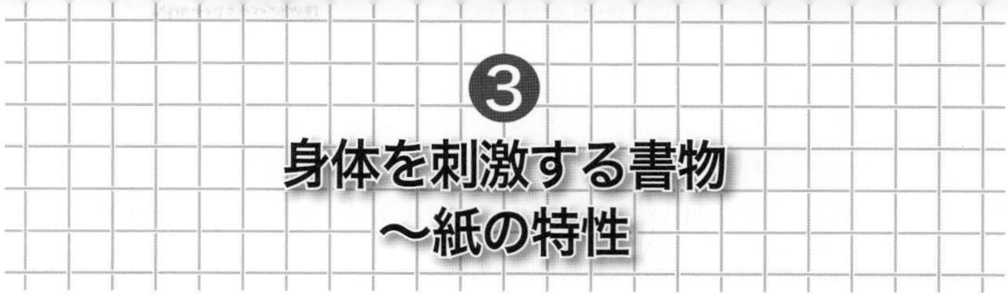

❸ 身体を刺激する書物～紙の特性

◉ 紙の書籍が身体に与える効果

近年、様々なハードウェアの使い勝手が向上するにつれて、紙という支持体をもたない「電子書籍」を利用する人もずいぶんと増えた。一方で、紙の本の読書体験をとおして「紙の魅力」を再確認する機会もまた、ある。それは、私たちの様々な感覚が、紙によって刺激される体験によって気づくことが多い。

人間の身体で最も鋭敏といわれる「視覚」については、比較的わかりかりやすいだろう。白い紙、クリーム色の紙、カラフルな紙など、書物に使用されている様々な紙は色をもち、それは私たちの読書体験に密接に関係する。黒い紙に銀色のインキで印刷された本扉の文字は、それだけで神秘的な印象を読者に与えるだろう。また、「クリーム帳簿用紙」という銘柄の紙が販売されているが、これは不透明度が高く、優れたペン書きの適性をもつ。紙は色合いに加え、明るさや不透明度などが可読性を大きく左右し、それは私たちの読書にも影響する。一方で、「地合い」と呼ばれる繊維の分散状態も重要である。「地合いが良い」紙とは、抄きムラがなく平滑性に優れた紙を指すが、逆に意図的にザラザラした紙や、繊維を残した抄紙[*16]を行なうなど、特徴をもたせた紙を用いることも多い。書物は印刷の前段階から、紙自体に施された様々な工夫に支えられているのである。

「聴覚」と紙の関係も、意外と大きい。日頃私たちが読む本の多くは「洋紙」が用いられているが、これは紙をめくる際に「カサカサ」という硬質な音がする。一般的には“ページをパラパラとめくる”などと形容されるが、この動作に伴う音が、紙の本の読書においてはアクセントとして作用する。いわゆる「紙の鳴り」である。Amazon の Kindle や Apple の iPad などの端末も、電子書籍のページをめくる際に「シュッ」という音を発生させることによって、私たちは無意識のうちに自然な読書体験を得ているといえよう[*17]。これは昨今の電気自動車（EV）が、スピーカーからエンジン音の疑似音を出していることにも似ていると思う。

一方、古典籍などに用いられている「和紙」は、耳元で振ってみると「サラサラ」という軽く、柔らかい音がする。このような鳴りを感じる行為は、今まで見過ごしていた紙の魅力の理解につながるだろう。特に和紙の場合、その音質が比較的わかりやすい。雁皮紙は「チャリチャリ、パリパリ」という金属的で高い音がする。これは雁皮の繊維が細く平らで密度が高いことに起因するといわれている。楮紙の場合、もう少し柔らかい「フワフワ、カサカサ」という音がする。これは布のように繊維間の結合が低いためである。また、三椏紙は円筒形をした繊維の関係で「パサパサ」した弱い音がする。さらに、麻紙、竹紙などではまた異なる音がする。皆さんも古書店を訪れた際は、古文書や古典籍を手に取り、その音を聞いてみるとよいだろう。様々な音の違いが感じられるはずである。

そして、紙の本の大きな特徴として「触覚」があげられる。紙を手で触って感じる情報としては、表面の滑らかさ・平滑度、厚い・薄い、重さ、硬さ、柔らかさなどがある。これらは計測することによってある程度数値化できる情報だが、一方で感覚的な要素も多い。「紙には計測しにくい「風合い」という複合的な表現がある。風合いには、嵩高でふっくら、硬さとソフト感、腰がある、滑らか、弾力性、しっとり感、光沢、温かみなど」[*18]があり、これらは触覚によって判断される。すべすべした本文用紙を用いた文庫、嵩高紙で束が厚いにもかかわらず軽い洋書、ぬめり感のある加工が施された紙を用いたグラビア雑誌、ラフな手触り感のある用紙が好まれる文芸書のカバー（ジャケット）、ツルツルした白色度の高い紙を用いるビジネス書などなど、紙の触感をもとに本のジャンルを眺めていくと、一定の傾向がみてとれる。紙の表面に施された様々なエンボス（凹凸）加工によっても、指から受ける刺激は微妙に変化する。

また、加えて「匂い」も紙の大きな特徴の一つといえる。書店に入ったときに感じる「匂い」は誰もがイメージできるだろうし、古書店ならなおさらである。漫画雑誌や週刊誌の匂い、新聞紙の匂いなど、インキの具合も多分に影響するが、紙のもつ独特の匂いは私たちが無意識のうちに感じている紙の特性だ。さらに、紙は経年劣化する。紙自体の変色や酸化による劣化、温度差や湿度変化、水分との接触による「フケ」（強度低下）や「ムレ」（波打ち）、直射日光や蛍光灯による退色などは代表例といえよう。また、虫喰い（虫害）も無視できない。「紙魚」と表記されるシミ（ヤマトシミ。雲母虫（きららむし）などとも呼ばれる）による被害も紙の本にはつきものである。加えて、紙には手の汚れも付着する。喫煙しながら、飲み物を飲みながら、食事をしながらの「ながら読書」も、経験していない人のほうが少ないだろう。紙の本は私たちの様々な感覚を刺激すると同時に、読者それぞれの関わり方によって、その状態を変化させる。

◉ 様々な紙の使用で広がる表現

さて、ここでみてみたいのが建築家アントニン・レーモンドの作品集『ANTONIN RAYMOND Architectural Details』（図18）である。日本人建築家に多大な影響を与えたレーモンドのディテール集の金字塔といわれるこの本を最初手に取ったとき、私はその表紙にとても驚いた。当時、レーモンド事務所で働いていた金子至は「この建築詳細図集は1938（昭和13）年5月に刊行された。国際建築協会小山正和の発行になる。表紙はシナの木の繊維を荒く織ったもので、和紙の繊維

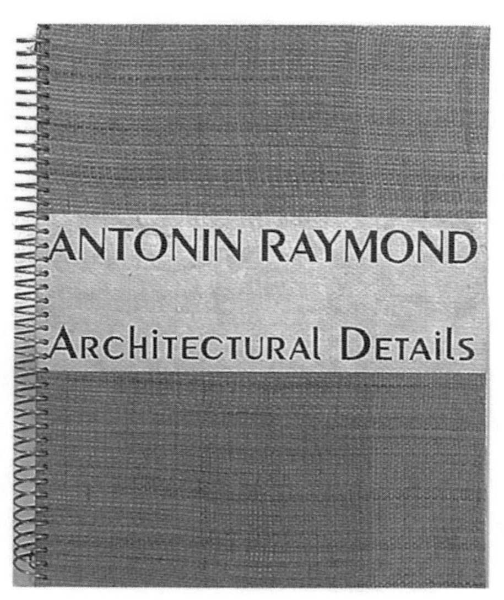

図 18　Antonin Raymond『ANTONIN RAYMOND Architectural Details』国際建築協会、1938（昭和 13）年

入りのものが扉を含めて使われていた」*[19]と語っている。シナの木の繊維を織った布は通常「榀布（しなぬの）」とか「まんだ布」などと呼ばれ、茶褐色をした非常に目の粗い布である。多くは農衣や山着、魚釣りの際の袋などに用いられた布であるが、紙の本の表紙に用いることにより、新たな魅力が生まれた。そして扉には出雲和紙が用いられ、表紙とともにレーモンドの日本に対する強い美意識が感じられる。2節でも述べたような紙とは異なる素材を表紙に使ったこの本は、工芸品的できわめて印象深い仕上がりが得られていて興味深い。結果的に通常の製本が困難となり、スパイラル製本（リング綴じ、螺旋綴じともいう）*[20]によって綴じられた造本もユニークである。

一方、近年の洋紙にも様々な原材料が用いられ、製品の多様化が進んでいる。私が造本設計を手掛けた本に「サンカ学叢書」という全5巻のシリーズがある（図19）。このシリーズは「サンカ」と呼ばれる日本にかつて存在した漂泊民の集団について研究・考察した叢書である。サンカは狩猟採集によって生活を営んでいた人びとであるが、箕の生産や竹細工を行なっていたことでも知られている。したがって、この叢書では「竹」を使用した特殊紙をカバーと見返しに用いた。カ

▲図20　カナダのペーパーアーティスト Rachael Ashe によるアーティストブック「Forgotten Knowledge」http://rachaelashe.com

◀図19　礫川全次『サンカ学入門　サンカ学叢書第1巻』批評社、2003（平成15）年

バーは竹パルプを100％使用した「タケバルキーGA」（日清紡ペーパープロダクツ）、見返しも竹50％以上使用の「竹あやGA」（ダイオーペーパープロダクツ）という銘柄である。どちらも一見普通の上質紙で目立った特徴はない紙だが、サンカ自体が定住せず人別帳や戸籍にも登録されることのない謎の存在であったことから、用紙が「竹」を用いた紙であることも、使用用紙のクレジットを見ない限りはわからないという点にこだわった。

そして最近では、より自由に紙に向き合う書物として「アーティストブック」という形態が一定の市民権を得た感がある。アーティストブックとは、そもそもは1960年代のポップアートやコンセプチュアルアートなどの動向から生まれた、本の形式や概念をベースに着想を得た一点ものの作品を指す[*21]。しかし今日では、「美術作品」と「複製された印刷物」という垣根を越えて、より広義に、紙を用いた自由なクリエイティブワーク＝本としての形態を模索する試みとして認知されつつある。それは一見、オーソドックスな本の形態をとる商品から、現代美術に近接した作品まで（図20）バラエティに富んでいる。

アーティストブックのジャンルの一つとして、昨今注目されているのが「ZINE」（ジン）と呼ばれる小冊子である。Magagineを語源とし、1980年代以降のコピー機やDTP（p.31）の普及を背景に、ZINEは「自由な小冊子」として、日本では同人誌やミニコミなども含んで広がっていった。最近では活版印刷を用いたり、特殊な紙を使用してこだわった造本を行なったりと、その内容とかたちも多様化している。NY ART BOOK FAIR（ニューヨーク近代美術館）も知られているし、日本でもTOKYO ART BOOK FAIR（ZINE'S MATE）という大規模なイベントが継続開催されている。第1回は2009（平成21）年に開催されたのだが、多くの人びとが訪れ、会場は足の踏み場もない盛況であった。壁のフックにZINEを「ハの字」に開いて掛けるディスプレイもユニークで、印象に残っている。

ピーター・トマスは「電子ブックが書かれた文字を流通させる第一のソースとなれば、人びとは美的な満足を得るために紙の本に注目するようになるだろう。本には数多くの表現形式があり、存在する芸術媒体の中で何よりも複雑で万能であるのは明らかだ」*[22]と2012（平成24）年の時点で述べているが、私もおおむねこの発言に同意するし、まさに今日の状況を言い表わしている。さらにいえば、美的な満足のみならず、あらゆるテキストを受け入れる「器としての紙」そのものに、無限の可能性が秘められているとも感じるのだが、これは言い過ぎだろうか。

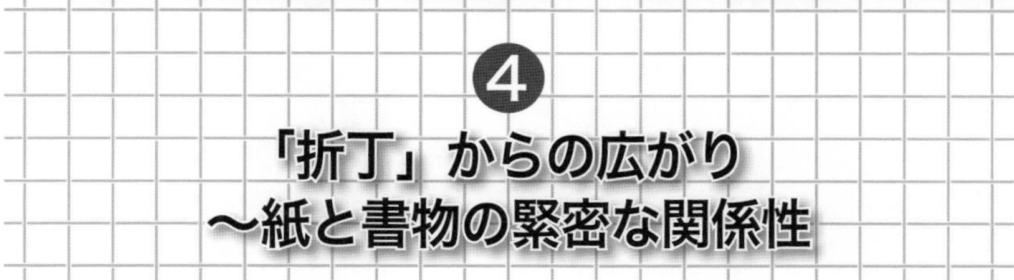

❹「折丁」からの広がり〜紙と書物の緊密な関係性

◉ 折丁の構造を活かした造本の工夫

紙のもつテクスチャーなどの材質感とは別の次元で、紙の本において注目したいこと、それは「折丁」である。書物は製本上の単位である4ページ、8ページ、16ページ、32ページの「折丁」が連なった物理的形態をもつ。通常、本はこの単位を意識しながら内容を構成していくわけだが、同時に、使用する用紙も、折丁を基本単位として様々な工夫を凝らすことが可能である。これは書物の「構造」をもとに、視覚的、触覚的な変化をもたらすテクニックであり、きわめて本質的な「造本設計」といえよう。

わかりやすい例として、2017年に刊行された『毎日読みたい365日の広告コピー』（図21）という本をみてみよう。この本は四六判並製の1ページに一つずつ広告コピーが掲載された、名言集のような体裁がとられている。そして、各月ごとに異なる12色の本文用紙が使用されている点が大きな特徴だ。読者は時の流れを色の変化とともに感じながら読み進めることができる。1折が32ページである点も、折丁と1カ月の日数の関係が理にかなっており、ユニークかつ合理的な工夫である。もちろん製本時には一定の注意が必要になるが、特殊な造本加工などを用いることなく、最大限の効果が得られているといえるだろう。使用されている紙は表面が塗工処理されていない「上質紙」に色をつけた「色上質紙」と呼ばれる紙である。この用紙は比較的安価で、書籍に限らず、チラシからプリンタでの出力まで様々な用途に使われる、きわめてポピュラーな紙として有名だ。色も淡い色味を中心に約30色が揃う。なお、本書では前付けと後付け部分の折は4ペー

図21　WRITES PUBLISHING 編『毎日読みたい 365 日の広告コピー』ライツ社、2017（平成 29）年。紙色によるカラフルな小口

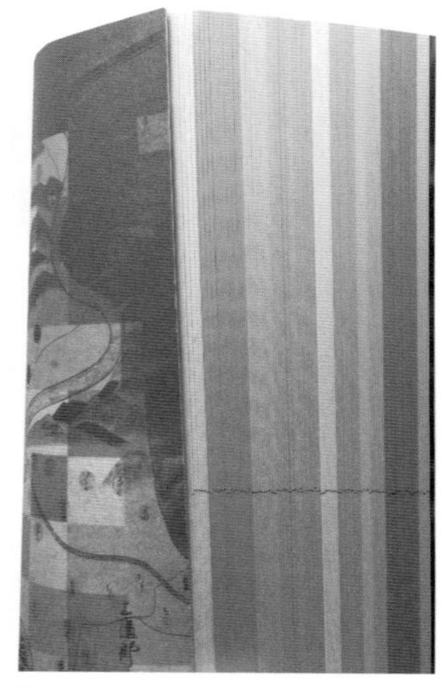

図22　『色の博物誌——江戸の色材を視る・読む』目黒区美術館、2016（平成 28）年。紙色＋印刷によるカラフルな小口

ジとなっており、前後見返しにも本文と同じ斤量の白い色上質紙が使用されている。

なお、同様の工夫は第５章３節で紹介した図録『色の博物誌——江戸の色材を視る・読む』でも採用されている。この本の場合は、フルカラー印刷ページに使用している白いマットコート紙と、色上質紙の触感の違いも特徴である。さらに第５章３節でも言及したように、マットコート紙のページには小口側に“色帯（色面）”を印刷することによって、視覚的な効果を高めている（図22）。

そして、一冊の本に複数の用紙を使用することは、視覚的、触覚的な効果をもたらす「紙の本」ならではのテクニックであるが、やみくもにこの効果に頼ると、まとまりを欠いた、これみよがしな造本になってしまう点に注意する必要がある。あくまで、内容的な台割の特徴を効果的に活かすための用紙選択を心がけたい。

さて、この「折丁と紙」の試行錯誤であるが、豪華本や画集といった特殊な本に限らず、比較的古い本でも色々な試みがなされてきた。

1960（昭和35）年に発行された『産業工芸試験所30年史』という本がある。まず目をひくのは、4枚の「部扉」に使用された赤、水色、黄色、黒の色紙である。シルバーのインキで印刷されたこの扉用紙は、丁合の境目に1枚だけ糊で貼られており、通常「別丁」と呼ばれる。書籍巻頭の「本扉」において用いられることが多いが、本書では本文中の「中扉」において印象的に使用されている（**図23**）。

天地24cm、左右25cm、294ページのこの本は、大きく分けて5つのパート、3種の用紙から構成されているのだが、小口側を見ると、見事に「退色」による縞模様ができていることがわかる（**図24**）。紙の退色は、通常、黄ばみ現象とか、黄化（黄色化）現象といわれてい

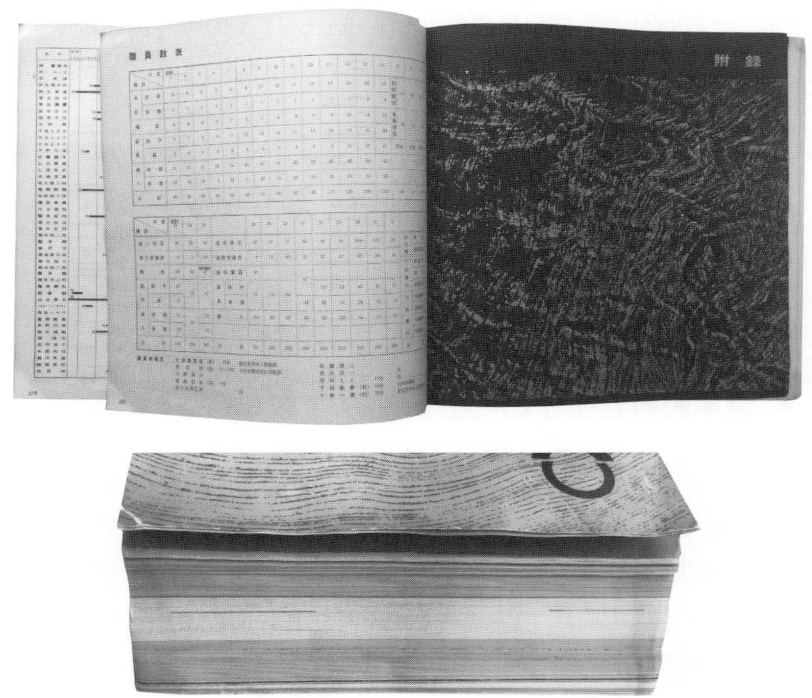

▲図23、図24　『産業工芸試験所30年史』工業技術院産業工芸試験所、1960（昭和35）年。上の写真の右ページが黒い別丁用紙による部扉。下は小口の部分写真

る。構成する成分と置かれている環境条件の影響を受け、紙は時間とともに変色する。紙に用いられる成分は銘柄によって異なるため退色度も様々で、結果的に半世紀を経た自然劣化として、一冊の本においてこのような「折丁の縞模様」が出現したのだ。これは紙の本の面白い特徴といえるかもしれない。

ちなみに、雑誌のカラー印刷や装丁などに用いられる塗工紙は、表面が塗料で加工されているため、書籍本文に用いられる非塗工紙よりも紫外線の影響を受けにくく、退色しにくい。外的要因である環境条件の影響については、一般的に温度が高いほど、また、日光や蛍光灯などの光が強いほど、劣化が顕著となる。また、原料や薬品に関しては、酸化しやすいリグニン*[23]を多く含むパルプを使用した紙――中・下級紙と呼ばれる新聞用紙やマンガ用紙――ほど変色・変質しやすいとされている*[24]。「紙の退色」を愛する古書マニアのような人も存在するが、一般的な読者は、買った本はいつまでもきれいな本として保存しておきたいのが本音であろう。最近では、多くの洋紙がてん料（充填剤）として炭酸カルシウムを使用し、中性～弱アルカリ性域で製造された「中性紙」に切り替わってきており、当時と比べると紙の劣化問題に対しての対策がなされつつある。

◉ 造本設計と折丁の実験的試み――杉浦康平と祖父江慎など

さて、紙と折丁を造本に活かす試みを最も意識的に行なったデザイナーとして、杉浦康平（1932～）があげられる。印刷造本に関して多様な実験的デザインを商業出版物において試みた、先駆的存在として知られている。彼の仕事のなかで、図25は非常にシンプルな例である（『エピステーメー』6＋7月終刊号、1979［昭和54］年）。

この本では、前付け4ページに厚い上質紙を用いて目次部分を差別化し、最終号としての思想的総括部分には、目にも鮮やかな色上質の

図 25 『エピステーメー』6＋7月終刊号、朝日出版社、1979（昭和 54）年。小口部分の様々な色がアクセントとなる

図 26 『世界大百科年鑑』平凡社、1982（昭和 57）年。左右のページで地色が異なる例（左ページは印刷、右ページは紙色）

赤を用いている（32ページ分）。また、巻末44ページ分にはブルーの用紙を使い、そのうちの総索引・総目次は文字をスミ（墨）で印刷し、一転、広告ページは地色をスミアミ*[25]にして文字は紙色のブルーを活かすという工夫がなされている。さらに巻末32ページ目、総索引・総目次の最終ページの天地中央にアンケートハガキを別丁で貼り込むというこだわりようである。凝ってはいるが、過剰ではない工夫が思想雑誌としての「器」を支えている。

また、彼は『世界大百科事典』（平凡社）のブックデザインでも、様々な年表などのグラフィック的な表現を試みたが、用紙使いにも数々の工夫が光る。1982年刊の別巻『世界大百科年鑑』をみてみよう。前付け4ページの後からは、グレー、黄色、紫、グレー、赤…といった色のついた紙が「一見」使われているように見える。だがよく見ると、これらのページには「白抜きの部分」があり、実はスミ文字に加え、任意の色を地色に薄く印刷した「2色使い印刷」であることがわかる。折丁は16ページを基本としているため、色が切り替わるのは物理的には16ページごとになる。しかし、例えば、図26のように、折

図 27　斎藤美奈子『本の本──書評集 1994-2007』筑摩書房、2008（平成 20）年

丁とは関係なく、任意のページで地色を反転させることによって、さも「用紙の色が変わったように」みせることに成功している。また、通常の色紙では不可能な「地色が紙のオモテとウラで異なるページ」も地色のインキを逆に印刷することで可能となる。これらは 2 色印刷のシンプルなテクニックであるが、先にみてきた折丁と紙と内容の三者関係をもとに分析してみると、デザイナーや編集者など作り手の意図が明快にわかる好例であろう。

ブックデザイナーの祖父江慎（1959 ～）もまた、様々な造本上の実験を続けていることで有名である。彼の仕事のなかでは斎藤美奈子の書評集『本の本──書評集 1994-2007』が、折丁と紙を考えるうえでのわかりやすい見本となる。この本は 700 ページ強の本文のうち、前付けと後付け以外の部分に、クリーム色と白色の本文用紙が交互に使われている。それぞれのページのボリュームは、208、112、128、144、128 ページで、折丁を基準としていることがわかるだろう。また、奇数ページ小口側には、その見開きに掲載された文章の「初出年」を示す「ツメ（インデックス）」が 1994 年から 2007 年まで、計 14 個印刷されている。これも初出年から書評を探す際には便利な仕掛けだろうし、小口側のアクセントにもなっている（図 27）。また、ほとんどの部分は、本文用紙が変わる部分が内容的な区切りになっているのだが、5 部構成のうち 1 か所は 2 ページ、もう 1 か所は 8 ページ、台

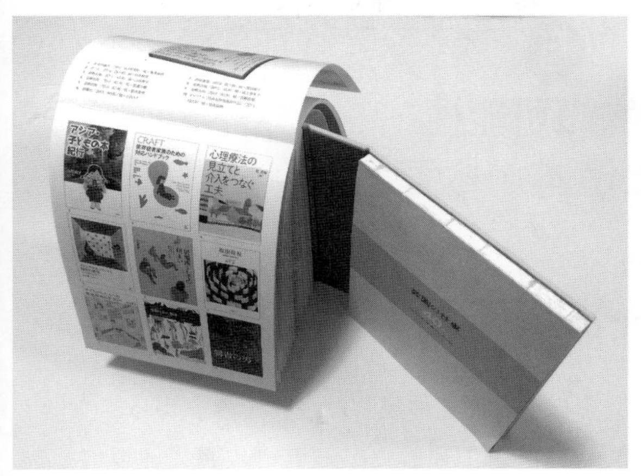

◀図 28　日本図書設計家協会『装丁・装画の仕事　Workbook on Books 10』玄光社、2014（平成 26）年、造本設計・谷元将泰、大下賢一郎

割がズレてしまっている点が残念ではある。しかしこれはご愛嬌であろう。何よりも本文が 740 ページの本書は、重さも 740g（！）であり、造本者の狙いすましたような工夫に舌を巻く。

最後にもう一冊みてみたいのが図 28 である。これは 2014（平成 26）年に発行された、日本の装丁家や装画家の作品を収録した作品集である。クロス貼りの角背表紙裏の左右に、天側（上部）が綴じられた本文が接着されている。本文を下から上へ開くとてもユニークな造本で、その本文は一見、レポート用紙のように定型の紙を重ねて天側を糊で固めたのかと思うが、背部分をみると黄色いミシン糸が見える。ページ数も右側の本文が 112 ページ、左側の本文が 264 ページと、8 ページないしは 16 ページの折丁が基本になっていることがわかる。紙を折ることによって生み出される折丁は、あらゆる書物の基本に存在する。折丁を意識することは、紙という素材の本質に迫ることといっても過言ではないだろう。

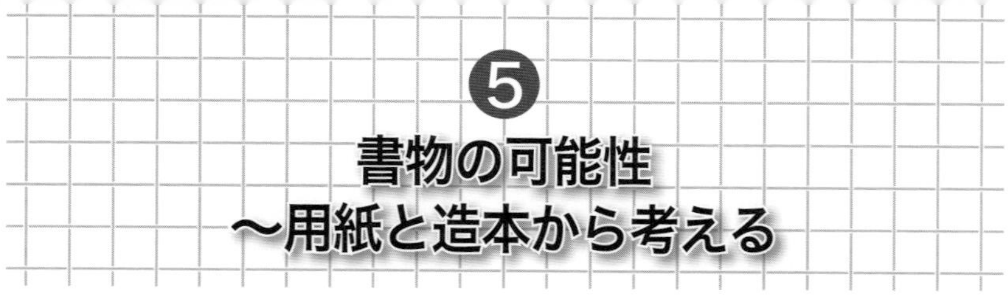

⑤ 書物の可能性 ～用紙と造本から考える

◉ 紙の本のモノとしての魅力を追求する試み

ここからは「器としての紙」を様々な形で体現した書物をみながら、その紙世界の広がりを眺めていきたい。前述したアーティストブックのように特殊な造本形態の本ではなく、普通に市販されている本がいかに紙を使いこなしているかがわかると思う。当然それらは印刷や製本などの効果と密接に関わっているが、ここでは主に紙の扱い方に焦点を当てよう。

電子書籍と紙の本の大きな相違点、それは物理的な「サイズ」かもしれない。大きな紙の本がもたらす迫力や効果は、特に子ども向けの絵本で顕著である。エリック・カール（Eric Carle、1929 ～ 2021）は、『はらぺこあおむし』での穴の開いた仕掛けが有名であるが、『パパ、お月さまとって！』（1986 年）も、紙の大きさの変化を効果的に利用した名著だ。途中、上下や左右にページを開くことによって判型が大きくなって、ワクワク感が増す。クライマックスでは折り込まれたページを開くことによって縦 55cm ×横 40cm の大きな一枚紙のページとなり、巨大な月が現われる（図 29）。読者の予想を超える大きさに圧倒されるが、いずれも、空の高さや月の大きさが視覚的に感じられる秀逸な工夫である。

著者の様々な思いを読者に伝える「本」。本の作り手は、紙を「綴じる」ことによって生まれるその形態を効果的に活用し、未知なる効果を生み出す。イラストレーター・吉田カツ（1939 ～ 2011）の作品集『ラウンド・ミッドナイト』（1984 年）は、堅牢な厚紙でできたカバーにくるまれた A4 判中綴じの本だ（図 30、31）。しかし、単なる作品

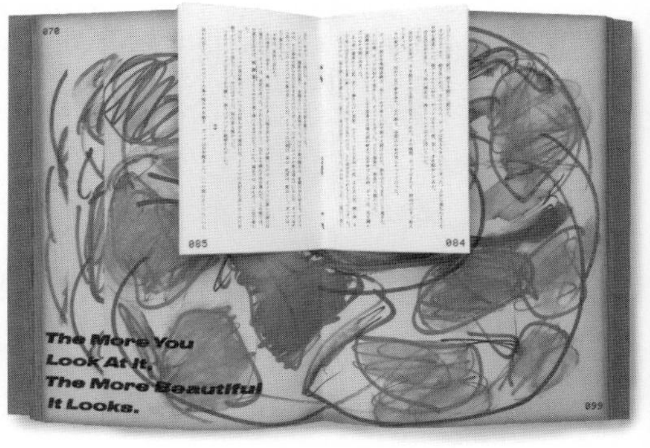

▲図 29　エリック・カール、もりひさし訳『パパ、お月さまとって！』偕成社、1986（昭和 61）年

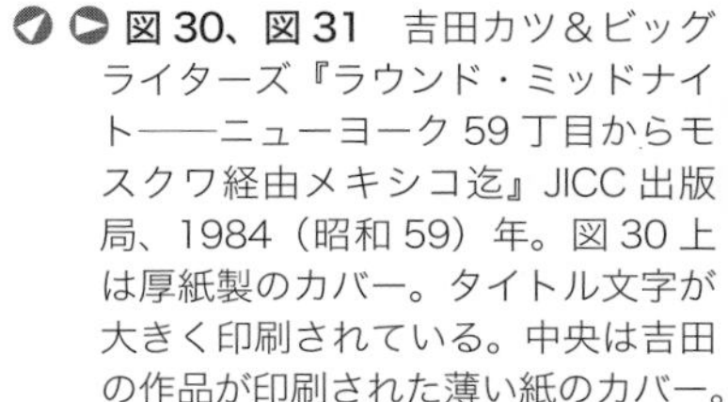

◀▶図 30、図 31　吉田カツ＆ビッグライターズ『ラウンド・ミッドナイト――ニューヨーク 59 丁目からモスクワ経由メキシコ迄』JICC 出版局、1984（昭和 59）年。図 30 上は厚紙製のカバー。タイトル文字が大きく印刷されている。中央は吉田の作品が印刷された薄い紙のカバー。下の左側は本文表紙の片観音を開いた状態での表紙裏の絵。中央にハガキ大の用紙が挟み込まれているのがわかる。右側が本文の 1 ページ目になる。図 31 は小冊子が綴じ込まれた本文のセンターページ

集ではなく、「ニューヨーク 59 丁目からモスクワ経由メキシコ迄」とサブタイトルにもあるように、「ビッグライターズ」と名づけられた 36 人が、それぞれの絵にテキストを添えた雑誌的な体裁を有している。造本のうえでも、厚紙製カバーの下にはもう 1 枚、天側が 4cm ほど欠けた薄い紙のカバーが巻かれ、その下の表紙は表 1 側の袖が折り曲げられている（片観音折り）。本文にも小冊子やハガキサイズの用紙が綴じ込まれていたりして、読者を飽きさせない。何より、ザラ紙に吉田

▲図 32　松田行正『Code Text and figure』牛若丸発行、星雲社発売、2004（平成16）年。本を開いた見開きの状態。2冊の並製本が表紙に貼付されている。右側が黒、左側が朱色の並製本の表紙で、左端のストライプは折り返されたカバー袖。中央の背部分の裏には色についての論考が極小のテキストで印刷されている

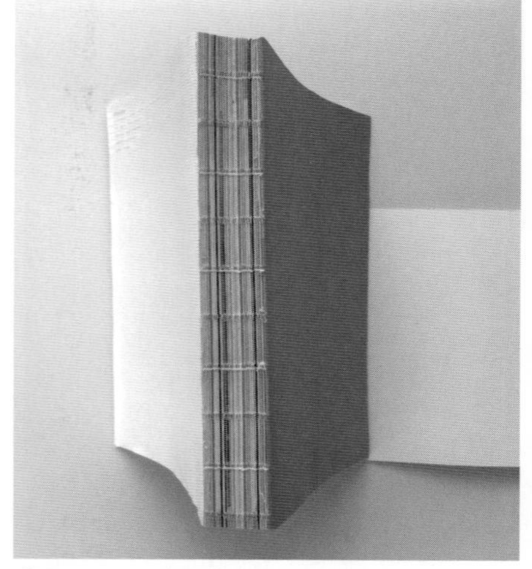

▲図 33　東京藝術大学建築科百周年誌編集委員会編『ケンチクカ――芸大建築科 100 年建築家 1100 人』建築資料研究社、2007（平成 19）年。この上にカバーに相当する厚い帯が巻かれる

の大胆なタッチの作品が生き生きと印刷されている点が良い。作り手の迷いはまったく感じられず、「絵とデザインと言葉」がザラ紙の匂いと合わさって、音楽が聴こえてくるような1冊に仕上がっている[*26]。

対照的に、松田行正（1948～）による『Code Text and figure』（2004年）はきわめて硬質な仕上がりをみせる1冊だ。グラフィックデザイナーの松田は1985年にプライベート出版社「牛若丸」を立ち上げ、内容と造本が一体化した実験的な本を多数発行している。それらは作家性のみに偏った刊行物ではなく、流通を前提とした本であることも特徴だ。本書ではストライプのカバー（ジャケット）が巻かれた角背ハードカバーの表2と表3に、判型の異なる2冊の並製本を貼りつけた体裁が目をひく（図32）。当然内容も2冊で異なる構成となっていて、朱色の表紙をもつ本文「text」では、松田による文章が縦組み・右開きでレイアウトされ、黒い表紙をもつ本文「figure」では、ダイアグラムや年表が横組み・左開きでグラフィカルに紹介されている。

まず内容ありきの「編集的視点」から効果的な造本形態が生み出されるさまが見てとれる、興味深い1冊といえよう。松田の用紙選択のこだわりはもちろんだが（使用用紙銘柄もクレジットされている）、執筆・編集から造本設計までを行なう彼の立ち位置は、DTPによって本がつくられるこの時代を象徴しているようにも感じる。

図34　Vojtěch Kubašta『Puss in Boots』ARTIA、1972（昭和47）年（掲載図版はMurrays Sales & Service Co版）

図33の『ケンチクカ——芸大建築科100年建築家1100人』は、4節で述べた「折丁ごとに用紙を変える」手法を忠実に実践している1冊である。主に使用用紙の色を変えながら8・16・32ページの折を巧みに構成した416ページの本は、建築家の思想や仕事を紹介した内容にふさわしい規則性と構築美をもつ。加えて、造本的にも糸綴じの背中部分をそのまま見せる「コデックス装」＊27を用いて本の構造部分を露出させた外形が、建築物の構造をイメージさせる効果を生み出している。コデックス装はいわゆる「仮製本」と呼ばれる様式の一つだが、モノとしての本の機能美が感じられ、また「丁合い」を生み出す黄色いかがり糸が「本の背骨」であることもよくわかる。

さて、紙の本のモノとしての魅力が顕著に感じられる例として、わかりやすいのは「飛び出す絵本（Pop-Up Book）」かもしれない。これは仕掛け絵本と呼ばれることもあるが、本を開くと折り畳まれた構造物に描かれた絵が飛び出すようになっている、立体的な仕組みをもつ絵本である。用紙には構造物を支える強度のある板紙や厚紙が使用され、また、繰り返しの曲げ伸ばしに耐えられる強い紙が使われる。

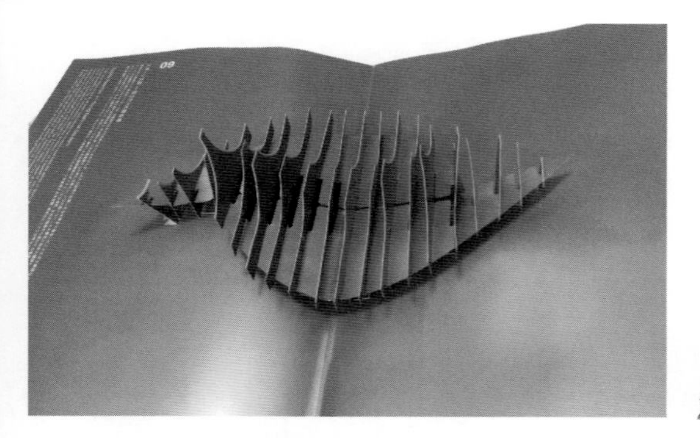
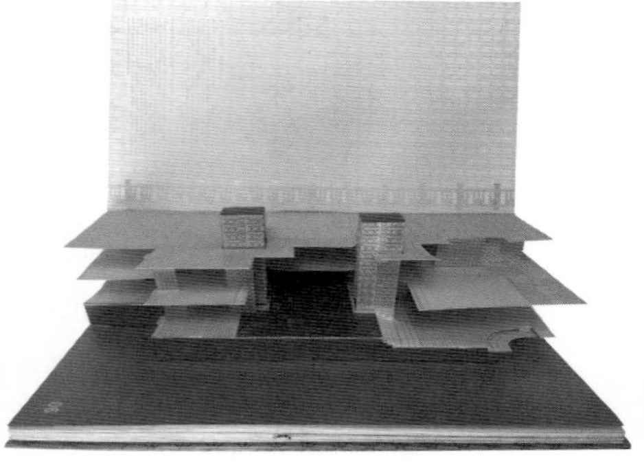

▲図35、36　米山勇監修、江戸東京博物館編、江戸東京たてもの園編『東京――建築・都市伝説』TOTO出版、2001（平成13）年

本の印刷後に仕掛け部分をプレス加工で打ち抜き、これを手作業の流れ作業で各ページに接着して組み立てるといった、独特の工程を経て製品として完成する。折丁という次元を超えた紙の構造物、といえるだろう。

19世紀の「仕掛け絵本の巨匠」アーネスト・ニスター（Ernest Nister）から、近年の「オズの魔法使い」や「不思議の国のアリス」の仕掛け絵本で知られるロバート・サブダ（Robert Sabuda）まで専門の作家は数多いが、図34は1970～80年代のチェコで活躍したヴォイチェフ・クバシュタ（Vojtěch Kubašta　1914～1992）の『Puss in Boots（長靴を履いたネコ）』（1972年）である。当時のチェコは表現の自由が制限されていたこともあり、クバシュタの絵本は主に外貨獲得のために制作された。20を超える言語に翻訳され世界中に輸出されて親しまれたが、これはその作品性が認められたということであろう。チェコの民主化後は仕掛け絵本を制作する職人が減り、クバシュタも亡くなって入手が難しくなったが、ポップアップの構造がシンプルで表現力に富み、画の完成度も高いクバシュタの仕掛け絵本は近年再評価が高まっている。

一方、まったく異なるポップアップのアプローチとして『東京――建築・都市伝説』（2001年）を紹介したい。これは江戸東京博物館での「東京建築展」の開催に合わせて出版された、東京の11カ所の建築を

▲◀図 37、38 『広告』Vol.415、博報堂、2021（令和 3）年。図 37 右側は、表紙になる段ボールのパッケージを開封しているところ。左側は開封後の上からの写真。図 38 の雑誌左側ページがクラフト紙による袋綴じページ（小口の色が変わっている部分）。右側ページはスミに文字白抜きの中扉

ポップアップによって再現した本だ。仕掛けに派手さはなく、使用色も単色を基本としたグラフィカルで抑制された表現が、新時代のピクチャーブックとしての魅力にあふれている。なかでも「国立代々木競技場」（**図 35**）や「帝国ホテル」（**図 36**）などは建築模型と飛び出す絵本の魅力がうまく合わさって、既存のポップアップブックにはない存在感が感じられる。綴じられた本と仕掛けの構造的な表現の組み合わせには、まだ可能性がありそうだ[*28]。

そしてもう一つ、2021 年 2 月に出版された雑誌『広告』Vol. 415 を紹介したい。まず驚かされるのが、外観が厚さ 4cm 弱の段ボールのパッケージで、上面にラベルが貼られている。そして側面の「OPEN」という点線に沿って三方を切り離すと、段ボールのなかから並製本が

あらわれるという、凝った造本だ（図37）。表4側の一部が表紙段ボールと接着されているため、本文が外れるということはない。また、外側の段ボールの表4には折りスジがついており、本を読む際はここが折れ曲がって読みやすくなる。本文センターの80ページ分は、クラフト紙に写真がカラー印刷されたビジュアルページとなっている（この部分は小口側アンカットのいわゆる「袋綴じ」の状態。図38）。本をパッケージとして解釈したデザインはすこぶる新鮮だ。本号の特集が「流通」のため、表紙に相当するラベルにはその本の取次や運送会社、書店などが記載（しかも販売ルートごとに異なる全250種類の流通経路が可視化）されるという、意欲的なつくりになっている。書店店頭で中身が見えないパッケージブックというアイデアも、色々な本に応用できそうな気がするし、段ボールを外してオリジナルのカバーをつけるといったデザイン的展開も考えられる。この造本をみていると、まだまだ多くの新しいかたちの「紙の本」が生み出されていく可能性があるように思えてならない。

◉「紙」の本の未来を考える

本章では、書物と紙について駆け足で、なるべく多方面の切り口から実例をみながら考えてきた。紙の本は今後どのように変化していくのだろう。岡田英三郎は「紙は、究極は焼却されるか、腐朽することになる。そのことを化学的にいえば、紙の主成分であるセルロース繊維が炭酸ガス（CO^2）と水（H^2O）になってしまうということである。炭酸ガスと水といえば、太陽エネルギーを受けて再び草木に再成され、紙として利用できるものである」[*29]と述べる。やや唐突な引用と思われたかもしれないが、この指摘は、紙は鉱物資源などとは異なり、光合成を利用して原料の木材に戻すことができるという、シンプルながら本質的な事実だ。我々は紙という素材の特徴をよく理解し、書物

🅐図 39 『takeo paper show 2018 precision——精度を経て立ち上がる紙』竹尾、2018（平成 30）年

の利点と欠点についていっそう意識的になる必要があるだろう。

図 39 は紙の専門商社「竹尾」が発行している『precision』という本である。普通の並製本なのであるが、表紙に印刷されている文字が 3 方の小口にまで連続して印刷されている。一見何の変哲もなく見えるが、これは水分による紙の伸縮や、表紙と本体をつなぎ合わせる際のズレなど、技術的に相当難易度が高い造本である[*30]。が、何よりもこのデザイン処理を見て、「厚さ」をもつ本という「紙の本のモノとしての存在感」をあらためて意識した。期せずして本章の冒頭で述べた紙の本の特徴である「厚さ」について、最後に再び意識することになった。そして、この「厚さ」は紙という素材によって物理的に形づくられているのだが、そこには質量の伴わない無数の言葉や図像、作者の思いが定着し、綴じられている。そんな「言葉の受け皿」である書物における紙を、この先どのように進化させて、利用していくかは我々次第であろう。

註

＊1　歴史の教科書などでは、紀元105年に後漢の蔡倫が帝に「蔡候紙」を献上して賞賛された＝紙の発明者として記されていることがあるが（『後漢書』)、現在では前漢時代の紙の発見により、蔡倫は“紙の改良者”として位置づけられている。

＊2　島根県の西部、石見地方で製造される和紙。重要無形文化財、伝統的工芸品、ユネスコ無形文化遺産（石州半紙）の指定を受けている。

＊3　寿岳文章『図説　本の歴史』日本エディタースクール出版部、1982年、p.142

＊4　三菱製紙中川工場。1917（大正6）年開業、2003（平成15）年閉鎖。

＊5　紙と紙を貼り合わせて1枚の紙にする加工。印刷済みの用紙と厚い板紙を貼り合わせることが多い。

＊6　子ども向けの本の場合、「読み聞かせ」が重要な要素となる。小さい本は迫力などで紙芝居や大判絵本などに劣るが、少人数で体を寄せ合い、本を覗き込むことによって得られる読書体験もまた、紙の本の得難い魅力といえる。

＊7　『第49回造本装幀コンクール公式パンフレット』造本装幀コンクール事務局（一般財団法人出版文化産業振興財団)、2015年、p.13

＊8　「日本経済新聞」電子版、2018年1月12日付。

＊9　最も美しく、状態が良いものの一つとして知られている「グリーンフィールド・パピルス」(Greenfield Papyrus）は全長が37mもある。日本では東京と福岡で開催された「大英博物館 古代エジプト展」で初公開された（2012年)。·

＊10　マイケル・コリンズ他著、樺山紘一監修、藤村奈緒美訳『世界を変えた本』エクスナレッジ、2018年、p.18

＊11　箕輪成男『中世ヨーロッパの書物――修道院出版の九〇〇年』出版ニュース社、2006年、pp.30-36

＊12　凸版印刷株式会社印刷博物誌編集委員会編『印刷博物誌』凸版印刷発行、紀伊國屋書店発売、2001年、p.305

＊13　箕輪成男『紙と羊皮紙・写本の社会史』出版ニュース社、2004年、p.290

＊14　凸版印刷株式会社　印刷博物誌編集委員会編、前掲書、p.311の松枝到の記述による。なお、今日、経木はその厚さによって、「厚づき（0.5～1.0mm)」、「薄づき（0.1～0.3mm)」、「会敷（0.1～0.05mm)」と分類されている。

＊15　ピエール＝マルク・ドゥ・ビアシ著、丸尾敏雄監修、山田美明訳『紙の歴史――文明の礎の二千年』創元社、2006年、p.16

＊16　紙を漉くこと。簡単な漉具を使って人力で漉く手漉きと、製紙工場において抄紙機を使って紙を連続的に漉く機械漉きに大別される。

＊17　デジタルになってもページめくり（flip）は健在である。端がめくれ、ページの裏には透けた文字が表示される。Instapaper開発者のマルコ・アーメントは「この方式は、たくさんの人にとって強い魅力がある。表示が美しいし、非常に触感的だ」と述べている。WIRED.jpの次の記事より引用。 https://wired.jp/2012/05/15/why-flipping-through-paper-like-pages-endures-in-the-digital-world/

＊18　宍倉佐敏編著『必携　古典籍・古文書料紙事典』八木書店、2011年、p.380

＊19　金子至「私とデザイン　そして、その人たち」『デザインKANAGAWA』NO.30、神奈川県商工指導センター、1993年、pp.19-20

＊20 本のノド部分に穴をあけ、針金を螺旋状にしたワイヤーを使って本文や表紙を綴じる製本方法。スケッチブック、ノート、カレンダーなどに多く用いられる。見開き時に左右のページがズレるのが難点。

＊21 この部分、岡部祥子の論文「電子書籍とアーティスト・ブックの関係」『岐阜市立女子短期大学研究紀要』（第60輯、2011年3月）が詳しい。

＊22 サンドラ・サラモニー、ピーター・トマス、ドンナ・トマス編『アーティストブック1000——特別な素材、装丁、手製本のアイデア』グラフィック社、2012年、p.7

＊23 木質素とも呼ばれる高分子物質。ほとんどの地上植物の主要成分の一つで、セルロースなどとともに植物の木化に関与する。

＊24 中嶋隆吉「紙への道」ホームページ、コラム（25-2）紙と白さ（その3）「紙の退色について」より。https://dtp-bbs.com/road-to-the-paper/

＊25 黒インキは通常「スミ」と呼ばれ、これに網点の「アミ」を組み合わせた業界用語。黒インキの濃度を淡く（10～30％程度に）することによって、みた目がグレーの色面を印刷する際に用いる。

＊26 編集・森永博志、アートディレクション・山口至剛、製版・皆川昌夫。

＊27 糸綴じの背中をそのまま見えるように本を仕立てる仮製本様式。糸綴じ並製本とも呼ばれる。本の開きがとてもよくノド元まで開くため、手で押さえなくても開いたままの状態を保つことができ、図録・写真集など見開きページの多い本に適した製本方法。“バックレス製本”とも呼ばれる。参考：渡邉製本製法株式会社ホームページ、http://www.watanabeseihon.com/article/15472691.html

＊28 ブックデザイン・生意気、イラストレーション・伊藤桂司／UFG、ポップアップ・高橋孝一＋金川恭子／高橋P.D.

＊29 岡田英三郎「紙のエコロジー——紙は環境を破壊するのか？　紙は環境を保護するのか？」日本・紙アカデミー編『紙—昨日・今日・明日——日本・紙アカデミー25年の軌跡』思文閣出版、2013年、p.132

＊30 『誰も教えてくれなかったブック印刷のこと』Vol.4、株式会社アイワード編集発行、2021年、p.6

参考文献（註に記したもの以外）

◉中野三敏『書誌学談義 江戸の板本』岩波書店、1995年

◉ニコラス・A・バスベインズ著、市中芳江・御舩由美子・尾形正弘訳『紙　二千年の歴史』原書房、2016年

◉貴田庄『西洋の書物工房——ロゼッタ・ストーンからモロッコ革の本まで』芳賀書店、2000年

◉ウィリアム・モリス著、川端康雄訳『理想の書物』晶文社、1992年

◉尾鍋史彦総編集、伊部京子・松倉紀男・丸尾敏雄編『紙の文化事典』朝倉書店、2006年

◉ローター・ミュラー著、三谷武司訳『メディアとしての紙の文化』東洋書林、2013年

◉マーク・カーランスキー著、川副智子訳『PAPER 紙の世界史——歴史に突き動かされた技術』徳間書店、2016年

◉湯本豪一『図説　明治事物起源事典』柏書房、1996年

◉庄司浅水、吉村善太郎『目でみる本の歴史』出版ニュース社、1984年
◉マーティン・ライアンズ、蔵持不三也監訳、三芳康義訳『ビジュアル版　本の歴史文化図鑑——5000年の書物の力』柊風舎、2012年
◉東京洋紙店、日本エディタースクール編『印刷発注のための紙の資料 2017年版』日本エディタースクール出版部、2017年
◉王子製紙編著『紙の知識100』東京書籍、2009年
◉「特集・装幀」『デザインの現場』第8巻第37号、美術出版社、1989年
◉「特集・本づくりと紙」『デザインの現場』第14巻第90号、美術出版社、1997年

Webサイト

本に使われる最新の紙に関する情報は、メーカーなどのホームページで知ることができる。ここでは代表的な洋紙系Webサイトを紹介する。

■紙の専門商社

◉竹尾

https://www.takeo.co.jp

◉平和紙業

https://www.heiwapaper.co.jp

◉ペーパーモール（国際紙パルプ商事）

https://www.kpps.jp

◉紙名手配（梅原洋紙店）

https://www.shimeitehai.co.jp

■メーカー

◉特種のタネ（特種東海製紙）

https://secure.tt-paper.co.jp

◉王子エフテックス

http://ojif-tex.co.jp

本の基礎知識

本をかたちづくる「紙」を知る

このコラムでは、「紙の基礎知識」として、本に用いられる紙について考える際に、基本となる５つのポイントを解説する。

紙の種類

紙は表面加工の有無によって、主にカバーなどに用いられるアート紙、コート紙などの「塗工紙」と、本文などに用いられる上質紙、書籍用紙などの「非塗工紙」に分類される。塗工紙には表面がツルツルした「グロス」、艶消しの「ダル」「マット」などの銘柄があり、非塗工紙にはマンガ雑誌などに用いられる下級用紙（更紙（ざら））やグラビア用紙なども含まれる。近年は塗工紙と非塗工紙の中間的な特徴をもった「微塗工紙」も多く使われている。書籍用紙も表面がザラザラした紙や、ツルツルした紙、色もクリーム系から白系まで、赤味の強いもの、黄味の強いものなど多様な銘柄が存在するので、じっくりと見てみよう。また、上製本の表紙に用いられる厚紙は「板紙」として印刷用紙とは異なる規格寸法で生産される。

紙のサイズ

本に使用する紙のサイズは、仕上がりの判型によって決まる。例えば、「四六（しろく）判」（一般的な文芸書の単行本の判型）の本には「四六判」の全紙を使うと、ページの取り都合が良い。同様にＡ判の本には「Ａ列本判」、Ｂ判の本には「Ｂ列本判」の用紙を使う。この３種に加えて、新聞用紙に使うためにアメリカから輸入された紙のサイズがもとになった「菊判」、ハトロン紙という包装紙のサイズが名称の由来である「ハトロン判」の計５種がJIS規格（日本工業規格）で定められている。

紙の目

紙はパルプ繊維を抄紙機に流して製造するため、繊維が必ず一定方向に並ぶ性質がある。この繊維が長辺と平行の紙を「縦目」（Ｔ目）、短辺と平行の紙を「横目」（Ｙ目）と呼び、本は紙の目が必ず天地方向に流れるように印刷製本する必要がある。これが逆になると「逆目（さかめ）」と呼ばれ、開きが悪

本に使用する用紙の分類

塗工印刷用紙	アート紙	
	コート紙	上質コート紙 中質コート紙
	軽量コート紙	上質軽量コート紙 中質軽量コート紙
	その他	キャストコート紙 ラフグロス用紙
微塗工印刷用紙	微塗工上質紙 微塗工印刷用紙1・2 微塗工印刷用紙1・2	
その他	特殊印刷用紙(ファンシーペーパー)	

非塗工印刷用紙	上級印刷用紙	印刷用紙A その他印刷用紙 筆記・図画用紙
	中級印刷用紙	印刷用紙B 上質紙、色上質紙 セミ上質紙 書籍用紙 印刷用紙C グラビア用紙
	下級印刷用紙	印刷用紙D 印刷せんか紙(更紙)
	薄葉印刷用紙	インディアペーパー タイプ・コピー用紙

板紙、チップボール

本の判型と紙の関係

判型	サイズ(mm)	印刷用紙サイズ	紙の目	1枚の紙から取れるページ数	代表的な本
A4判	210×297	A判、菊判	横目	16	月刊誌
A5判	148×210	A判、菊判	縦目	32	専門書、教科書
A6判	105×148	A判、菊判	横目	64	文庫本
B5判	182×257	B判、四六判	縦目	32	週刊誌
B6判	128×182	A判、四六判	横目	64	単行本
四六判	128×188	四六判	横目	64	四六判
菊判	150×220	菊判	縦目	32	単行本、月刊誌
AB判	210×257	AB判	縦目	32	女性誌
新書判	103×182	新書判	横目	80	新書

*四六判は出版社によって数ミリ前後の差異がある。

紙の規格寸法(mm)

A列本判	625×880
B列本判	765×1,085
四六判	788×1,091
菊判	636×939
ハトロン判	900×1,200
AB判	880×1,085

板紙の規格寸法(mm)

L判	800×1,100
K判	640×940
M判	730×1,000
F判	780×650
S判	820×730

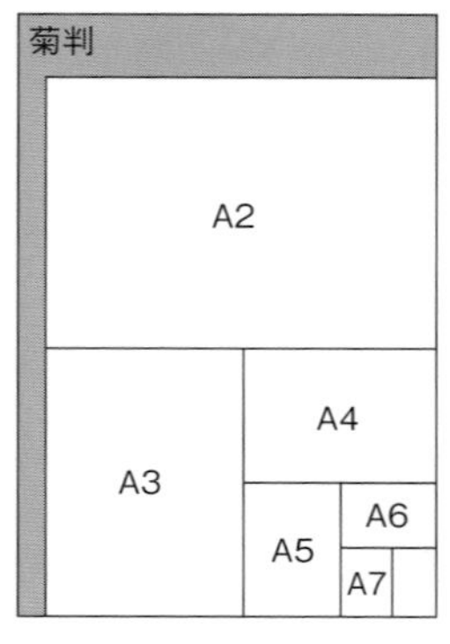

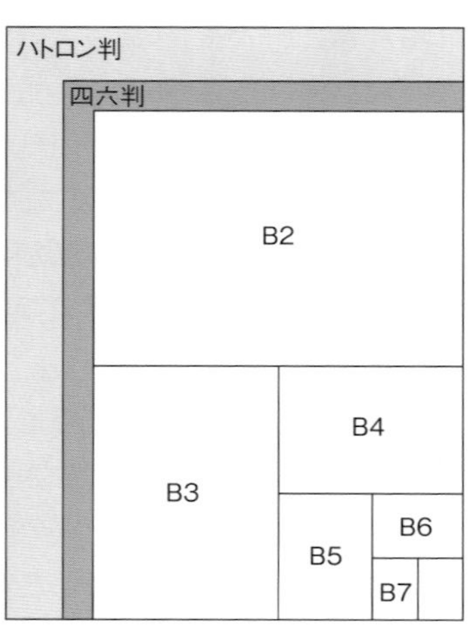

くなったり、折り部分が割れたりする。つまり本は仕上がりの判型によって使用する紙の目が決まるということである。

連量（斤量）

紙の重さは1枚のグラム数では軽すぎて計りにくいため、1,000枚の重さを基準に考える。用紙1,000枚は「連（R）」という単位で表わされるため、1,000枚の重さは「連量」と呼ぶ。また、「斤（きん）量」と呼ぶことも多い。

一方、紙の厚さも連量を判断材料とすることが多い。「1,000枚の重量が重いほど厚い」ので、例えば同一銘柄であれば四六全判90kgの紙よりも135kgの紙ほうが厚い、つまり束のある紙となる。言い換えると、同じ連量でも銘柄が異なれば厚さが異なるということである。なお、本の束幅を計算する際などに必要となるため、紙1枚の「紙厚」も多少の誤差を含む「標準値」として（「0.096 ± 0.005mm」といった感じで）数値化されている。

また、A判とB判のように紙のサイズが異なる場合は、連量による比較が難しいため「米坪量（べいつぼりょう）」と呼ばれる数値を使用する。これは「1平方メートルの重さをグラム数で表わした数値」である。

様々な特殊紙

本の見返しや表紙、帯などには「特殊紙（ファンシーペーパー。ファインペーパーと呼ぶ会社もある）」と呼ばれる質感や見た目などに特徴がある紙が用いられる。エンボスと呼ばれる表面加工や荒い繊維を漉き込んで手触り感を出した紙、フロック（地模様）やレイド（縞）といった加工が施された紙、パール調の鏡面・光沢加工がなされた紙、透明紙（トレーシングペーパーなど）、未晒のクラフト紙、何十色と多色展開された紙など、多様な紙が製品化されている。紙に樹脂などを塗工・含浸して、強度をもたせた特殊紙は「紙クロス」と呼ばれている。

また、近年は環境負荷の低減を目指した紙の開発も進んでいて、適正管理された森林木材を使用した製品が「FSC認証紙（森林認証紙）」として販売されているほか、古紙パルプや非木材パルプ（サトウキビバガス、ケナフ、竹など）を配合した紙も、主に本の装丁関係や雑誌などに使用されることがある。

用紙連量対照表（北越紀州製紙「ミューコートネオス」の例）

米坪量	A列本判	菊判	B列本判	四六判	紙厚（mm）
73.3g/㎡	40.5kg	43.5kg	61kg	63kg	0.06
79.1g/㎡	43.5kg	47kg	65.5kg	68kg	0.066
84.9g/㎡	46.5kg	50.5kg	70.5kg	73kg	0.07
104.7g/㎡	57.5kg	62.5kg	87kg	90kg	0.084
127.9g/㎡	70.5kg	76.5kg	106kg	110kg	0.107
157g/㎡	86.5kg	93.5kg	130.5kg	135kg	0.133

「紙の目」の考え方（四六全判横目の例）

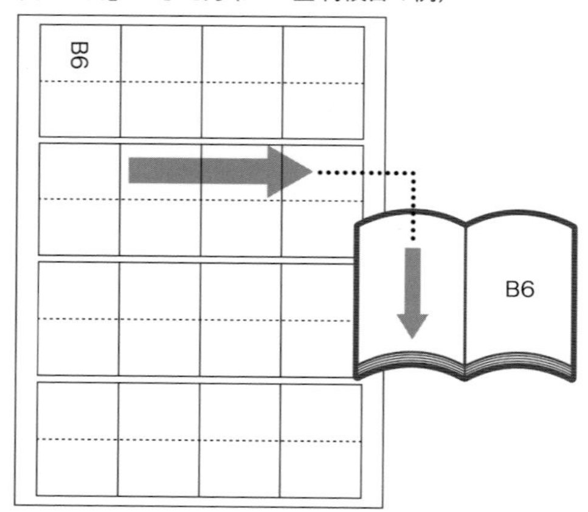

B6判の本の場合、四六判全判の紙から片面32面付け、両面で64ページが取れる。上の図を見ると、横目の紙が使われることがわかる（矢印は流れ目の方向）。

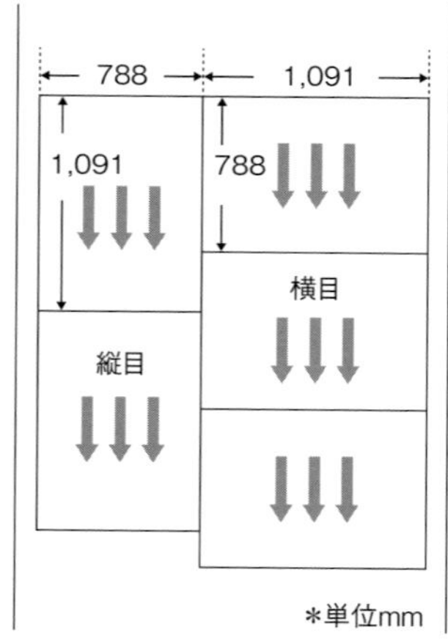

四六全判の紙が工場の抄紙機でつくられる仕組み。矢印が紙の目の方向。上の図のように縦目と横目の紙が同時につくられることも多い。

特殊紙の見本帳

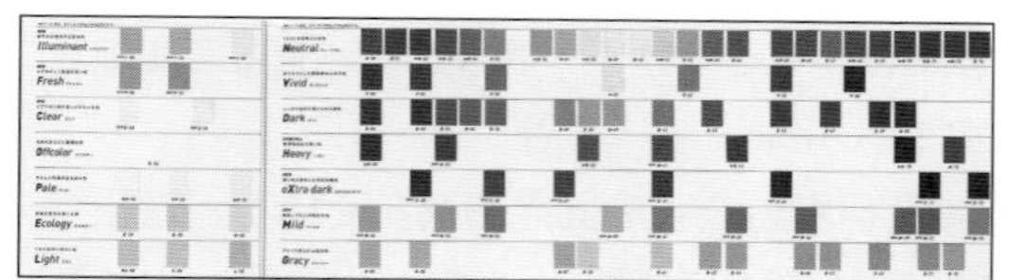

特殊紙は実際の紙を小さく切ったミニサンプル（見本帳）で、色や厚さを確認する。上は特種東海製紙「タント」のカラーチャート形式のサンプル（写真は部分）。右は200色ある「タント」全色が厚さとともに確認できる竹尾の見本帳（写真は開いた状態）。

参考文献：『DTP WORLD』2002年8月号ほか既刊各号、ワークスコーポレーション／ボーンデジタル

第4章

文字組みと装丁

田村 裕

❶ 江戸の整版本と明治の活版本の装丁・レイアウト

◉ 和装本から洋装本へ――明治 10 ～ 20 年代の様態

明治維新による政治的社会的変革と西洋文化の流入は、日本の出版文化にかつてない変革をもたらした。翻訳ものや啓蒙書の流行に代表される本の内容面での変化はもちろん、書き手の文章の文体が変わり、本の製作技術や装丁も、和紙に木版で手摺りする整版から洋紙に油性インクで機械刷りする活版へ、和装本から洋装本へと大きく変化していった。欧化のスピードは早かったが、和装の袋綴じ整版本から洋装の活版本*[1]へ一気に転じたわけではなく、1877（明治 10）年頃まではまだ木版印刷の和本仕立てのものが主で、明治 10 ～ 20 年代には和洋折衷の様々な形態の本がつくられた。例えば本文は活字で組まれていても、装丁は和装の袋綴じや結び綴じの本（図 1）や、ボール紙（板紙）に多色刷り石版画の表紙を貼り付け、背をクロスで包んだボール表紙本（図 2）、そして今日の雑誌に似たくるみ表紙の並製本（図 3）などである。また、第 2 章で述べたように、活版以外にも銅版や石版印刷を表紙や口絵・挿絵・本文に使い、新奇さ、美しさを強調した本も多くみられるようになる。こうした過渡的な様態の本が姿を消し、ほとんどの本が今日のような洋装本へ様変わりするのは、1897（明治 30）年に入ってからである。

その間、本の出版業者の側にも大きな変動が起こった。江戸時代以来の書物問屋や地本問屋*[2]の出版・流通システムを引き継ぐ版元から、活版本を積極的に推進する新興出版社への新旧交代である。明治 10 年代には、有斐閣、春陽堂、三省堂、冨山房、河出書房などが、また明治 20 年代にはのちに「出版王国」と呼ばれた博文館*[3]をはじめ、民

▶図1　結び綴じ／幸田露伴『ひげ男』博文館、1896（明治29）年

▲図2　ボール表紙本／左から、式亭三馬『流転数回 阿古義物語 全』同盟分舎、1887（明治20）年／編者不詳『大岡政談 松田於花之伝 全』正札屋、1886（明治19）年／編者未詳『幡随院長兵衛一代記 全』偉業館、1888（明治21）年

◀図3　くるみ表紙／尾崎紅葉著、武内桂舟画『紅鹿子』春陽堂、1890（明治23）年

友社、東京堂、北隆館、新聲社（新潮社）などが続々と創業し、それまでの出版市場を塗り替えていく。また読者層の広がりや読書熱の高まりを背景に、活版の書籍や雑誌販売の増加に伴い、旧来の版元が行なっていた、本の出版から卸（取次）、書店（小売）、古書販売、貸本業に至るまでの生産・流通全般にわたる業務機能が見直され、卸と小売がしだいに分かれて今日につながる近代的な企業になっていくのである[*4]。

活版本で使用する紙が和紙から洋紙に移るに伴い、本のサイズにも変化が起きた。江戸時代には、本のジャンルと「書型」（大きさ）とが対応していて、美濃判（約28cm×約40cm）二つ折りの大きさの「大本」は歴史書や儒書、仏書など内容の固い本に、半紙（約24cm×約

図4　左から大本、半紙本、中本

33cm）二つ折り大の「半紙本」は読本や謡曲本などに、また大本の半分の大きさの「中本」は草双紙や人情本、滑稽本など通俗的娯楽的な本に使用されていた[*5]（**図4**）。明治維新以降は、こうした本の格付けによる書型の制約は払拭された。そして、明治初期には、洋紙商が活版印刷用にイギリスから輸入していたクラウン判の洋紙をもとに大八つ判の紙がつくり出されて、その紙から四六判の大きさの本[*6]が登場する。さらに明治の半ばには、アメリカから新聞用紙として輸入した紙を出版物にも使うようになり、そこから菊判の本[*7]が生まれた。菊判の本は江戸時代の読本の半紙本の大きさに近く、また四六判の本は草双紙の中本サイズに近いせいもあり、明治の小説本には、この四六判と菊判が多く使われることになった。

◉ 江戸時代後期と明治時代初期〜中期のレイアウト比較

さて、こうした様々な変革によって、江戸時代と明治初期〜中期とで、本の見え方はどのように変わったのだろうか。まずは江戸と明治初期の草双紙（合巻）のレイアウトを比較してみよう。この草双紙とは、江戸時代の戯作文学の一種で、絵を中心にひらがなで筋書きが書き込まれた物語のことである。17世紀後半頃に発生した草双紙は「赤本」や「黒本」と呼ばれる子ども向けの絵解き本であったが、江戸後期になると、大人向けの洒落・風刺・滑稽を特色とする「黄表紙本」が現われた。１冊で５丁（10ページ）程度、やがて10丁になって、これが通常２冊、３冊で出版された。その後は、「合巻」という仇打ち物や怪談物、古典の翻案などの長編ストーリーの本が、これも１冊10〜15丁を３冊、５冊とまとめて綴った冊子スタイルで出版されるようになった。

草双紙は、前述のとおり「書型」の多くが比較的小さな「中本」型であることと、絵と文が渾然一体となったレイアウトに、大きな特徴がある。物語の文章が絵の背景にびっしりと書き込まれることで「地」と「図」の関係が生まれる。「地」の文の特徴は、行間が極端に狭く、ほぼひらがな続け字の連綿体で書かれているために濃淡が比較的均等で、地紋のように見えることである。また、匡郭（きょうかく）（本文を囲む四周の枠）上部の、罫に沿った行頭揃えの直線的なラインをのぞけば、行頭も行末もほとんど直線的に揃えることがないため、文字の塊は、描かれた人物や物などの輪郭に沿って、曲線的で不定形な「島」のような形態を生成する。見開きページの半分以上を占める「図」は、こうした背景の「地」の視覚効果によって、浮き立って見えることになる。

もう一つの特徴は、読み手に不規則な視線の移動を生じさせることである。現代の本の多くが、１ページ目を読んでから次ページに移るのに対し、草双紙では、見開きで１枚の絵と見て、両ページにまたがった上段の文章は、おおむね右ページから左ページへとそのまま移って読むスタイルである。そして、左ページの左端までくると、その行末に小さく記された三角や丸や瓢箪型などの様々な形の目印を手掛かりに、それと同じ記号が行頭に記されている「島」（文章の塊）を探し出して、物語の続きを読んでいく（**図5**）。こうして上下左右に蛇行しながら字を追う視線運びの痕跡は、やがて絵の背景を埋めつくし

◀図5　草双紙（合巻本）のレイアウト（矢印方向に視線を移動しながら読んでいく）
為永春水著、一勇斎国芳画『仮名読八犬伝』五編上、文渓堂、1850（嘉永2）年

▼図6　武田交来著、大蘇芳年画『霜夜鐘十字辻筮』錦寿堂、1881（明治13）～1882（明治14）年、5編各編3冊、掲出は初編上中下の摺付表紙

て「図」の存在を一層際立たせるのである。

このようなスタイルが、明治に入ると一変する。表紙は江戸時代の合巻と同様の摺付表紙[*8]（図6）だが、化学染料などを用いて色鮮やかになり、見返しの図案や口絵、挿絵も、色摺りが許されなかった江戸時代と違い、重ね摺りの技法が多用されるようになった。また、従来の木刻整版本に加えて、銅版本や、文字部分を活字で組んだものも登場した。加えて明治時代の草双紙で特徴的なのは、整版本も活版本も等しくひらがなのみの文章を改め、江戸時代の読本のように、ルビ（振り仮名）付きの漢字ひらがな混じり文に移行したことである。これには、新しいメディアとして登場した新聞の、挿絵入り記事や新聞小説

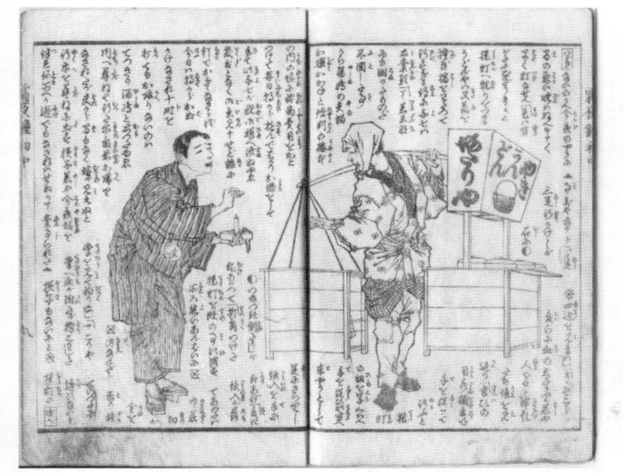

図7　図6の初編中の本文ページ（製版本）

図8　活版草双紙の本文ページ／琴亭文彦著 、歌川国松画『佐の松事件 縫綉葵裲襠(ぬいかざりあおいのうちかけ)』文苑閣、1884（明治17）年

の読者をも取り込んでいく読者層の拡大が狙いとしてあった*[9]。新聞錦絵で活躍していた大蘇（月岡）芳年や落合芳幾、梅堂国政などの絵師たちが、活版草双紙でも手腕を発揮し、人気を呼んだ。

しかし、整版本も活版本も、漢字にルビを付けたために、行間が広がって「図」と「地」のコントラストが弱まり、絵がしまらなくなったのも事実である*[10]（**図7**、**図8**）。また、活版草双紙は、文字が読みやすくなった反面、連綿体のような書体の表現や、木版挿絵の輪郭を囲むようにして自在に活字を組むことが難しいため、多くは直線的な矩型の図版として配置されることになる。さらにはすべての見開きに図版を入れていたページ構成を改め、本文のみのページを大幅に許容したことで、従来の草双紙の魅力が失われて、しだいに挿絵入りの読本や、新聞の小説や雑報の挿絵（**図9**）と区別しがたくなっていき、1887（明治20）年以降は姿を消していくのである。

次に、明治10～20年代前半にかけて盛んにつくられた、上製本に似せた活版本の「ボール表紙本」の場合をみてみよう。内容は、小説や伝記、歴史ものをはじめ教科書や実用書など多岐にわたる。本の大きさは、草双紙の「中本」に近い四六判サイズが多いが、中には菊判

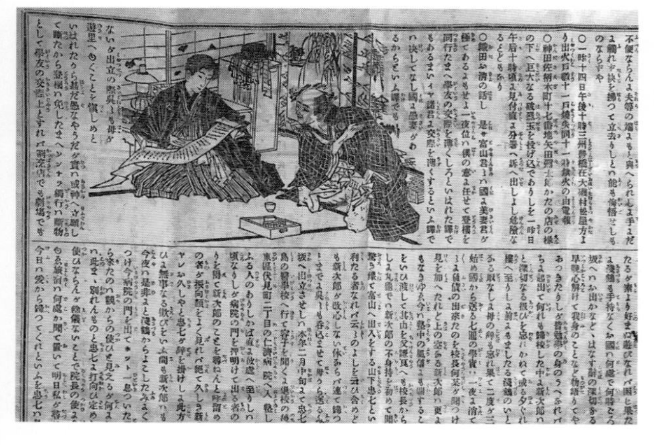

◀図9 「雑報」欄の記事の挿絵／『東京絵入新聞』絵入新聞両文社、1882（明治15）年3月16日

▲図10 図2のボール表紙本の小口マーブル

や四六判半截のものもつくられた。小説や伝記などのボール表紙本を例に特徴をみていくと、石版画の表紙は額縁絵のように華やかな文様などの装飾で囲んだ絵画的なデザインが多いことや、小口の三方や見返しを、洋風にマーブル（大理石模様）染めで仕上げた本も少なくないことがわかる（図10）。

また、木版印刷の口絵や挿絵が付き（銅版画や石版画の場合もある）、序文→口絵→目録（目次）のあとに本文が続く（所どころに挿絵を挿入）ページ構成は、江戸時代の読本と変わりがない。その挿画には尾形月耕や安達吟光、水野年方ら浮世絵師のサインが見える。文章は漢字ひらがな混じりで、漢字はおおむねルビ付きである。文字組みは、5号活字*11のベタ組みが基本であり、書体は主に明朝体で、これに毛筆書きの字形に似た楷書の清朝体が加わる。

装丁以外に特徴的なのは、紙質が悪く、刷りムラが目立つことや、四周の余白が少ないことだろう。文字組みは、字詰めが40字前後。行間は1行空きで1ページに13行程度と比較的ゆったり組まれているものもある一方で、行間を狭くして18行も押し込んでいる例もある（図11）。ノド側のアキが狭く、改行がないことも手伝って、文字で埋め尽くされているような窮屈な印象の本を時々見かける。ある意味で、江戸時代の草双紙の地の文を思い起こさせる文字組みである。一世を

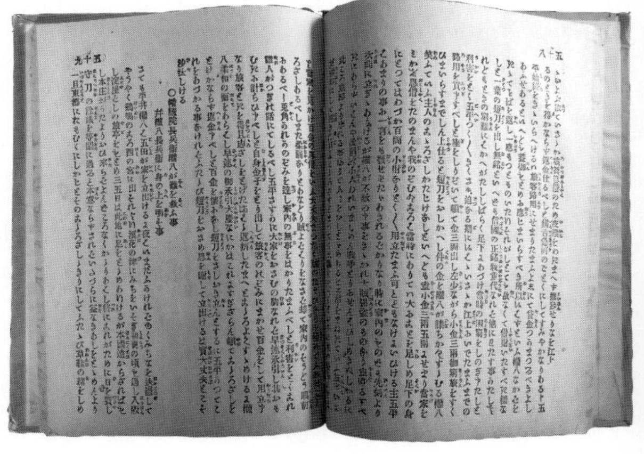

図11　図2『幡随院長兵衛一代記 全』・本文

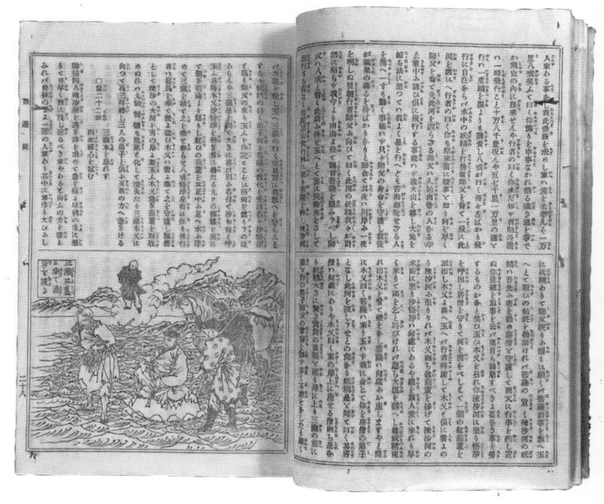

図12　大蘇芳年画『絵本西遊記全伝』初編巻5〜10、清水市次郎版、1883（明治16）年・本文ページ。ほかに1段組の本もある

風靡したこのボール表紙本も、明治20年代後半には次第に少なくなって消えていった。

活版草双紙やボール表紙本よりも大きい半紙本サイズの江戸時代の「読本」（小説本）は、菊判の小説本や文芸雑誌に引き継がれた。例えば和装袋綴じの活版本『絵本西遊記全伝』では、5号活字25字詰2段組みにしたもの（**図12**）や、ページの上の余白を広くとって5号活字1段47字詰めで組んだものがつくられている[*12]。また、坪内逍遥（春のやおぼろ）の『一読三歎　当世書生気質（かたぎ）』では、5号より一回り大きい４号活字が使われ、字間４分アキの37字詰め×14行で組まれている[*13]。

以上の活版本に多く共通する、江戸時代から引き継がれたレイアウトの特徴としては、ページ上部の余白を広くあけて、版面（印刷面）を中心より下げていることである。これは、匡郭の上に、注釈を記載したり、読者が書き込みをするスペースをとっているからである。また、ノンブル位置を、整版本の「丁付け」が記される前小口側にしているケースや、口絵を囲む花枠（飾り枠）が、活字の飾り罫に引き継がれているものも多く、こうした傾向は明治後期に入ってからも続いた。またこの当時の表紙絵や挿画の描き手を、いまだ浮世絵系の絵師が占めていたことも特徴の一つだろう。『一読三歎　当世書生気質』の５号、８号の挿絵を担当した洋画修業中の長原孝太郎（長原止水。のちに東京美術学校教授）の挿絵が新しすぎて世間受けせず、武内桂舟に交代した話を、のちに坪内逍遥が語っている[*14]。長原はじめ洋画家たちが積極的に装丁や挿画に関わり、本格的な洋装本の装丁がみられるようになるのは1897（明治30）年以降のことである。

❷ 夏目漱石の橋口五葉装丁本〜和洋混淆の妙味

◉ アール・ヌーヴォーの隆盛と漱石本の「美術的なる」装丁

明治時代を通じて出版量はおおむね増加し続け、1897（明治30）年以降の年間出版図書数は、当時の内務省調べで毎年ほぼ2万点を超え、1911（明治44）年には約2万3,000点に達している*[15]。明治30年代以降の文芸系出版物の装丁・挿画にみられる傾向としては、先述のとおり版元が浮世絵系の絵師以外の画家、とりわけ洋画家を起用するようになったことがあげられる。例えば1896（明治29）年に黒田清輝等が設立した白馬会・光風会の会員（中澤弘光、長原孝太郎、橋口五葉、杉浦非水など）や、同年、東京美術学校に新設された西洋画科・図案科の教授陣（白馬会の藤島武二・和田英作・岡田三郎助など）である。そして1900（明治33）年のパリ万国博を機に、彼らによって当時の西欧文化の象徴的なデザイン表現であったアール・ヌーヴォー様式が、日本の本の装丁や挿画に盛んに取り入れられていく。雑誌『明星』や、与謝野晶子の『みだれ髪』や『夢の華』、アンデルセン作・森林太郎鷗外訳の『即興詩人』、薄田泣菫の『二十五絃』などはその典型である*[16]（図13）。

▲図13　岡田三郎助装丁：薄田泣菫『二十五絃』春陽堂、1905（明治38）年

中でも美麗かつ奇抜な装丁で脚光を浴びたのは、夏目漱石や二葉亭四迷、尾崎紅葉等の本を多数手がけた橋口五葉*[17]である。五葉は、はじめ橋本雅邦門下で日本画を学び、のちに遠

▲図 14　夏目漱石『吾輩ハ猫デアル（上・中・下編）』大倉書店・服部書店版「新撰 名著複刻全集　近代文学館」、日本近代文学館、1981（昭和 56）年

縁である黒田清輝の勧めにより東京美術学校で洋画を学んだ人物である。在学中に兄・貢の第五高等学校時代の恩師であった夏目漱石を通じて句誌『ホトトギス』の挿絵を担当。その縁で本科卒業後すぐに漱石から『吾輩ハ猫デアル』の装丁依頼を受け、この本が大好評を博して、以後、多くの漱石本の装丁を担当した。本節では、漱石の本をとおして五葉作品の特徴をみていこう。

1905（明治 38）年発行の『吾輩ハ猫デアル』*[18]（書名が長く頻出するため、以下、「猫」と略す）は、大倉書店と服部書店の共同出版である（図 14）。この大倉書店（初代社主・大倉孫兵衛）のルーツは、幕末から明治にかけて豊原国周、三代広重、月岡芳年等の錦絵や草双紙を版行、販売していた「萬屋」という絵草紙屋である。1875（明治 8）年の書店創立後も、喜多川歌麿の『虫類画譜　全』や渡辺省亭の『花鳥画譜』などの彩色木版画帖を数多く発行している*[19]。また服部書店は、元「大倉分店服部書店」という書店であり、社主の服部國太郎は、大倉書店の元番頭であった。漱石に「猫」の出版の申し出を行なったのはこの服部である。

漱石は「猫」の発行に当たって、フランス留学から帰ったばかりの洋画家・中村不折（ふせつ）に挿絵を依頼した。不折も、五葉同様『ホトトギス』の挿絵や表紙絵を担当していた。不折宛の漱石の持参状に「製本も可成（なるべく）美しく致し美術的のものを作る書店の考につき君の筆の雅致滑稽的のものをかいて下されば幸甚と存候」（1905［明治38］年８月７日）[*20]と書かれている。版元である大倉と服部が、装丁や挿画を重要視し、「美術的」にみても優れた本を期待していたことがわかる。ちなみに漱石が生前、小説を最も多く出版した春陽堂や、五葉が二葉亭四迷訳『浮草』の装丁を担当した金尾文淵堂もまた、多色摺り木版口絵に力を注ぎ、美麗な本づくりに情熱をかけていた版元である。

もとより漱石自身、書画への造詣が深く、「猫」の初出誌である『ホトトギス』などの挿絵を書簡で評したり、自らも水彩画を描いたり、後年は自著の装丁をも試みるほどであったから、「猫」やそれに続く『漾虚集』の装丁や挿画に対してはひときわ強いこだわりがあったことだろう。英国留学を機に高まったラファエル前派などの世紀末芸術への関心は、ウィリアム・モリスのケルムスコットプレスの出版物やアール・ヌーヴォーの影響が明らかにみられる五葉の装丁に反映されることになる。

漱石が五葉へ宛てた葉書には「其節御依頼の表紙の義は矢張り玉子色のとりの子紙の厚きものに朱と金にて何か御工夫願度」（同年８月９日）[*21]と、本表紙の和紙の種類と図案の色彩への要望が書き記されている。また「猫」の発行後に内田魯庵に宛てた書評への礼状にも「表装の事も小生の注文により橋口氏の工夫したるものに有之」（同年12月29日）[*22]と書かれていることから、漱石が自分のイメージを五葉に伝え、五葉はそれに応じてアイデアを練りながら下絵を描き進めていたことがわかる。そうした漱石の姿勢は「猫」の翌年に出版された『漾虚集（ようきょしゅう）』の場合にも同様にみられ、漱石が不折と五葉に宛てた手紙や葉書には、漱石自身が彼らに挿絵や装丁を依頼し、求めに応じて必要な資料を送ったり、出来上がった絵を確認して賛辞を送ったり、印刷での色の出具合を心配したりしている様子が書かれている。また版元の服部は、漱石の意向に基づいて、不折や五葉の家を行き来し、出来上がった挿絵を漱石に届けたり、印刷所と折衝したりしながら制作を進めていたことも、書簡から推察できる。その意味では漱石は、服部同様に編集者であり、作家を中心に、出版社、装丁家、画家が一丸となって「美術的」な本づくりを目指していたといえるだろう。

◉ 橋口五葉の装丁論

最初の装丁作品である「猫」の出版から8年後の1919（大正2）年3月、それまで約50冊の本の装丁を手がけてきた32歳の五葉は、『美術新報』の寄稿記事で、自らの装丁論を語っている[*23]。そこには、本という立体物を手にとって眺める読み手の視線の動きや、表紙から順にめくっていく所作や、本の形に対する版面の見え方や、本が本箱に背を向けて並んでいる室内風景をも考慮した装丁の必要性が論じられている。その点では、人とモノとの有機的な関係性を説いたウィリアム・モリス以降の近代デザイン思想と重なる考え方が感じられる。また装丁家は、個人の表現を物理的に支える材料や、製本の形態、綴じ方、製版・印刷などに注意し、これらを「善用」して「製本装幀」の「美術的なる物」を生み出す必要があるとし、ひいては日本の出版物の製本の綴じの弱さやクロスの種類が少ないことなども指摘していて、このあたりの工芸的な「製本」を重視した主張には、内田魯庵や後年の寿岳文章（じゅがくぶんしょう）等の装丁論に通ずる思想性がかいまみえる。

こうした考え方は、むろん8年間のうちに経験を積み、西欧の書物を研究したなかで培（つちか）われたものに違いない。ただ、その基本的な実践は、最初の段階からすでに試行されていたように思える。例えば「猫」の装丁には、本を立体物としてとらえ、読み手の視線の連続性やページの流れの変化を考慮したデザイン上の工夫が多くみられる。ラシャ紙（洋紙）のカバーには、表・背・裏にそれぞれ木版刷りのイラストや文字・記号が配され、カバーをはずして現われる鳥の子（和紙）の

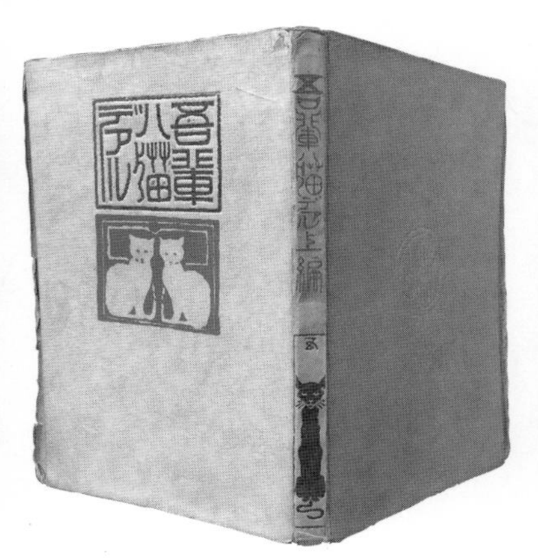

図15　夏目漱石『吾輩ハ猫デアル（上編）』表紙、大倉書店・服部書店、1907（明治40）年、初版は1906（明治39）年

図16　同書・扉ページ

図17　同書・石版挿絵（中村不折画）

本表紙には、表（ヒラ）に金箔押しの書名と木版朱刷りの猫のイラストが、背には朱の書名と金箔押しの猫のイラストが描かれ、裏には篆書体で図案化された「漱石」の文字が空押しされている（図15）。そして、表紙をめくると黒の見返しと白の見開きが続き、次いで現われる扉には、木版刷りの黒々としたアール・ヌーヴォー風の縁飾りのなかに、朱刷りで書名が記されている（図16）。また、中村不折（下編は浅井忠）が描いた、ユーモラスで温かみのある５枚の挿絵は、これも物語の展開に合わせてバランスよく要所に挿入され[*24]（図17）、簀の目入りの洋紙に多色刷り石版の絵面が、活字面の連続する矩型（くけい）の表情を明るく和らげている。

◉装丁に特徴的な両洋の対比

五葉の装丁にみられる視線の連続性と変化は、本を構成する様々な要素同士の関連性と対比の構造によって形成されている。例えば1908（明治41）年の小説『草合（くさあわせ）』（春陽堂、図18）には、１冊のなかに「坑夫」と「野分（のわき）」の２作品が収録されている。漱石が採用した書名の

◀図18　夏目漱石『草合』春陽堂、1908（明治41）年

「草合」とは、古くは平安時代の貴族たちの間で流行った「もの合わせ」の一種で、草花を持ち寄って優劣を競う遊戯のことである。この本では、小説のなかの家出青年と、文筆家と若き学士たちの生き難さの「対比」が、『草合』という書名につながっていると思われる。異なる性質同士を引き合わせることで生じる真新しさや美しさという知覚体験を伴うテーマ性は、この本の製本様式の、東洋の「帙（ちつ）」に抱かれた「洋装本」という両洋の対比をはじめ、装丁や挿絵のいたるところに仕組まれた様々な「対比の妙」として表現されている。例えば、表紙・背・裏表紙を一枚の絵に見立てて、中央に流れる青海波を境に、上下に配した「鳥・蝶」（動物）と「桜」（植物）や、「青海波」（海）とそれを見下ろすように大きく図案化した「ツワブキの葉」（野）、見返しの「草花」（植物）と「蝶・蝉」（動物）、２つの小説の中扉に挿入された五葉の石版画図版にみられる「男二人の坑夫」と「文筆家夫婦」といった具合に、随所に対比の構造が強調されているのである。

　なかでも五葉の初期の装丁で明確に読み取れる対比は、和と洋もしくは東洋と西洋の対比の妙として現われている。例えば「猫」や『漾虚集』で言えば、西洋の伝統に基づく活字や洋紙、天金、アンカット、空箔押し、石版画などに対して、日本や東洋文化を暗示させる印影や篆書風の文字、和紙、手摺り木版画、漆の型引きや藍染の織物、題簽（だいせん）[*25]などの使用である（図19、20）。これらの要素をそれぞれの本のなかに混在させ、和のなかに洋の要素があり、洋のなかの和の要素が介在するようなデザインを試みているのである。その効果については、江藤淳がその著『漱石とアーサー王傳説』のなかで次のように言い表わしている。

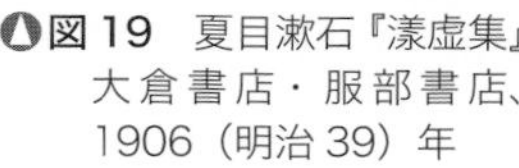

図19　夏目漱石『漾虚集』　大倉書店・服部書店、1906（明治39）年

図20　同書・扉

「『漾虚集』のデザインが、一種東洋風な趣をただよわせていることは否定しがたい。それは、篆刻風の文字から生じる効果であり、さらには朱という色調から生じる印象である。ボーダーが西洋をあらわし、朱文字が東洋をあらわしているともいえるし、また朱文字に暗示された漱石の内面の秘密を、アール・ヌーヴォー風に様式化された装飾が抱きかかえているともいえるが、全體として東洋とも西洋ともつかぬ夢のような印象をあたえるのが、『漾虚集』のために試みられた橋口五葉のデザインの際立った特徴である」[*26]。

この場合は、「薤露行（かいろこう）」をはじめとする『漾虚集』所収の７つの短編小説と、五葉や不折による装丁・挿絵の視覚芸術との相関関係に対する評価であるが、「東洋とも西洋ともつかぬ」ような不思議な知覚体験は、「猫」や『草合』『四篇』など、五葉のほかの本の装丁にも感じられる。印判や版画に陰刻・陽刻があるように、両極を持つモチーフや色彩や形態や構図や素材が、時に同居し、連続し、あるいは反転して、知覚に刺激をもたらしつつ調和をみせているのが特徴である。そしてそこには、西洋と東洋の文明の間と、近代と前近代の間で絶えず引き起こされる漱石の葛藤と、日本画と洋画双方を学んだ経歴を持ち、画家の道と装丁家の道との間で揺れながらも新たな表現の地平を切り開いていこうとする五葉の内面が投影されているように思えるのである。

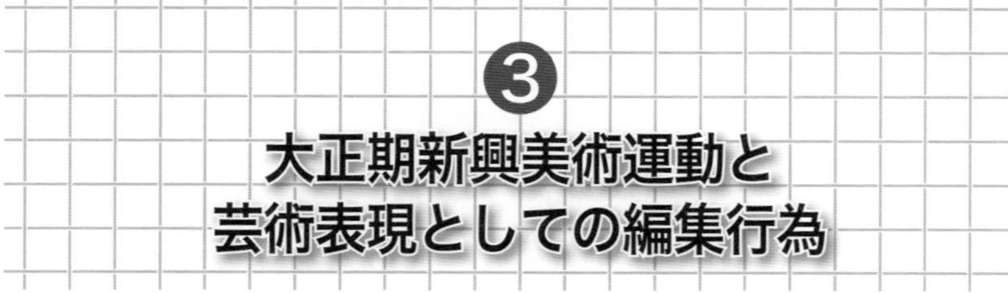

❸ 大正期新興美術運動と芸術表現としての編集行為

◉ 1920 年代の新興美術運動と同人機関誌『マヴォ』

大正時代の特徴的な装丁としては、画家・津田青楓の手がけた夏目漱石の『道草』（岩波書店、1915［大正４］年）や鈴木三重吉の『三重吉全作集』（春陽堂、1915［大正４］～ 1916［大正５］年）、小村雪岱による泉鏡花の『日本橋』（千章館、1914［大正３］年）、竹久夢二の自著自装『夜の露台』（いずれも木版装、千章館、1916［大正６］年）、そして「月映」の版画家・恩地孝四郎の初期の装丁で萩原朔太郎の『月に吠える』（感情詩社、1917［大正７］年）や室生犀星の『愛の詩集』（感情詩社、1918［大正８］年）など、数多くあげられる。この節ではそれらのいずれの傾向とも異なる、1920 年代の新興美術運動から生まれた異色のブックデザインとして、『マヴォ』と『死刑宣告』を取り上げる。

大正期は、20 世紀初頭の表現派、未来派や、1910 ～ 1920 年代に興隆したダダイズム、新造形主義、ロシア構成主義などの前衛的な美術運動が、日本の造形界へ一気に流れこみ、その急進的な理論と作品に共鳴した若い美術家たちが、新たな表現を模索し切り開いていった時代である。関東大震災前後の大正後期には、未来派美術協会（1920［大正９］年）や「アクション」（1922［大正 11］年）、「DSD（第一作家同盟）」（同年）、「マヴォ（MAVO）」（1923［大正 12］年）、そして前衛作家たちが糾合した「三科」（1924［大正 13］年）などの美術団体が相次いで誕生し、先鋭的な芸術運動を展開した。なかでも「意識的構成主義」の造形理論を掲げてドイツから帰国した村山知義が率いる「マヴォ」グループの活動は、出版物やポスター、舞台装置、建築、舞踏など、分野を超えた総合芸術へと向かっていった。奇抜な着想がふん

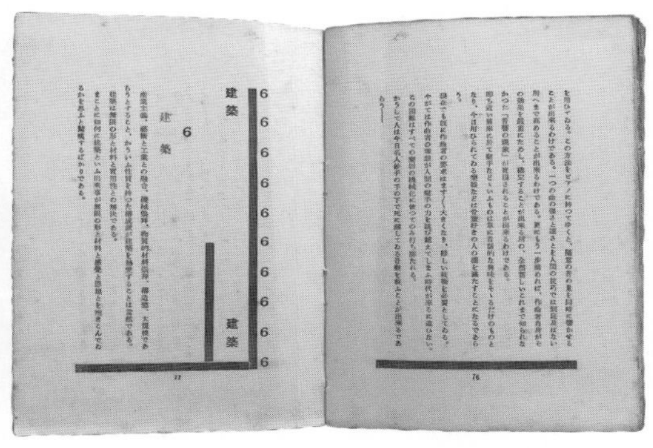

◀図21 『マヴォ』1号表紙

▶▼図22 村山知義『構成派研究』中央美術社、1926（大正15）年

だんに盛り込まれた機関誌『マヴォ』（図21）や、村山や岡田龍夫の本の装丁・レイアウト（図22）もその「構成」作品の一つである。

機関誌『マヴォ』は、1924（大正13）年7月に創刊して、翌年8月に第7号をもって終刊した短命の冊子である。だが雑誌の構成や太い罫線や活字を縦横に配した誌面のタイポグラフィには、ロシア構成主義や、マヴォが交換していたハンガリーの芸術運動グループの機関誌『MA』や、ドイツのダダイスト、クルト・シュビッタース発行の雑誌『メルツ』や、オランダのテオ・ファン・ドゥースブルフによる『デ・ステイル』など、ヨーロッパの革新的な前衛雑誌の単なる影響にとどまらない同時代性を感じさせる。

特筆すべきは3号である（図23）。表紙の高見澤路直（『のらくろ』の作者・田河水泡）の作品「ラシャメンの像」には、髪の毛やカンシャク玉や印刷物やテープが貼り込まれ、なかの用紙には新聞紙が使われ

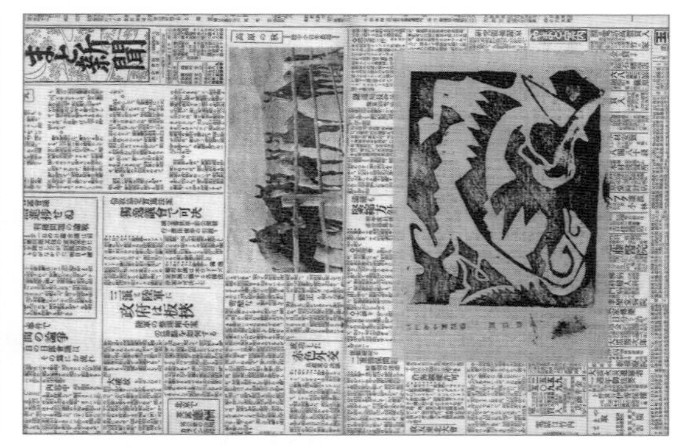

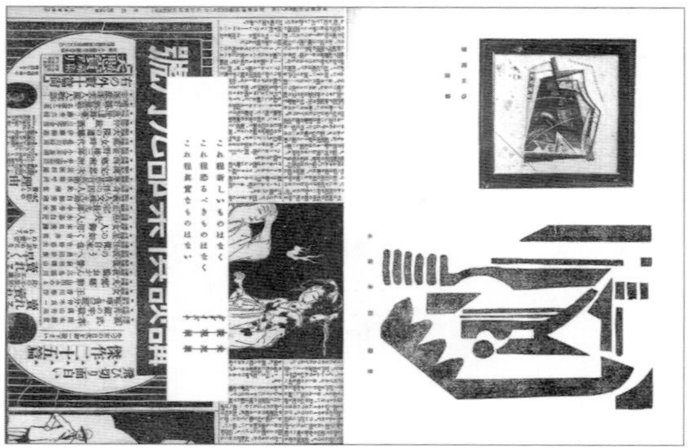

▲◀▶図23 『マヴォ』３号表紙と中面
中面：『マヴォ』復刻版、マヴォ出版部、長隆舎書店、日本近代文学館、1991（平成3）年

た。このカンシャク玉は法に触れて３号が即刻発禁処分となった。

編集は１号から４号までを村山知義が担当し、８カ月の休刊を挟んで、５号から７号は村山のほかにダダイスト詩人・萩原恭次郎と美術家の岡田龍夫が加わった。５号からは発行所が村山の自宅から長隆舎書店に変わり、岡田色が色濃く反映されて、ロゴと誌面が大きく変化した。

◉『マヴォ』の特異な造本と誌面の構造

村山知義編集の『マヴォ』３号（1924［大正13］年９月１日発行）の製本は、菊判アート紙１折８ページと、ブランケット判の新聞紙２折16ページの計３折を、重ね合わせて背で綴じた「中綴じ製本」である。日本近代文学館の『マヴォ』復刻版を見る限りでは、使われた新聞は、

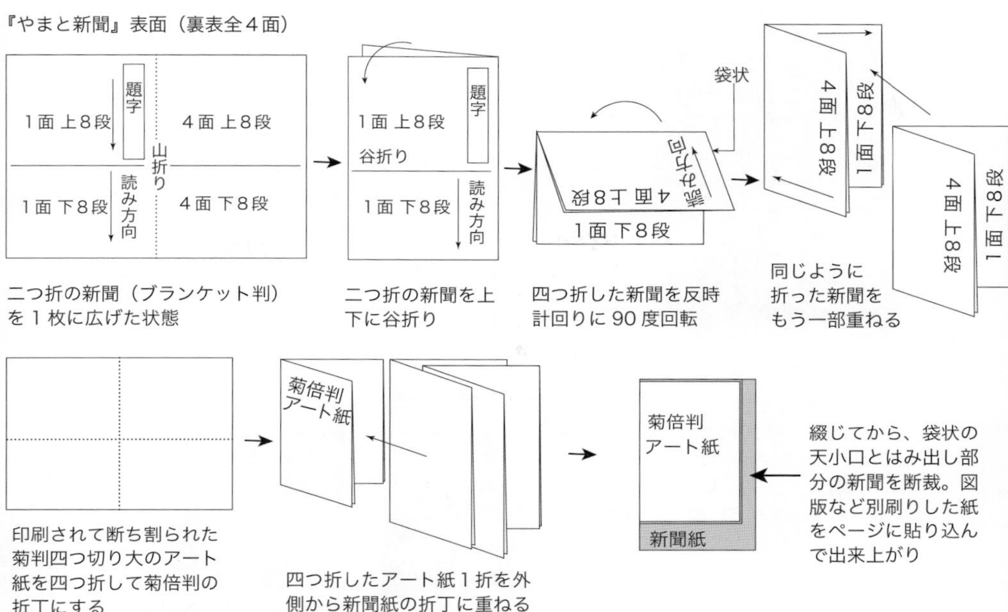

図 24 『マヴォ』３号の製本過程の想像図

発行日わずか９日前の８月 23 日付の『やまと新聞』夕刊である＊[27]。村山は４面建てのこの新聞を、**図 24** のように２部用い、それぞれ上下に谷折りして反時計回りに 90 度傾け、８ページ１折の折丁を２折分つくり、アート紙の１折と一緒に束ねて綴じるという独特の製本法を試みたと思われる。

新聞を 90 度回転させることで、記事の活字が横倒しになり、畳んで中綴じに仕立てることで、活字の組み方向は、折の中央を除くすべての見開きページで左右逆向きとなる。加えて上下に折る方法により、例えば左ページには１面上段の記事が、右ページには４面上段の記事が隣り合う、といった、見開き７とおりの組み合わせが自動的に生成されるのである。村山はこのように折を工夫することで、ページ空間に拮抗するベクトルや緊張感や動的な変化を与えようとしたに違いない。

したがってここでの新聞は、単に作品図版の下地や背景として採用

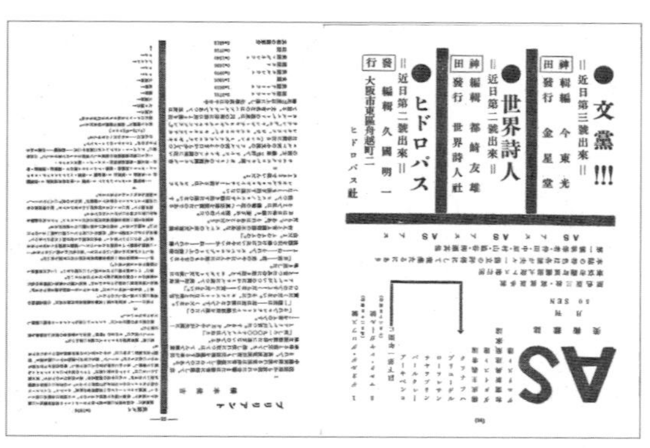

文黨!!!
近日第三號出來
編輯 今東光
發行 金星堂

世界詩人
近日第二號出來
編輯 都崎友雄
發行 世界詩人社

ヒドロパス
近日第二號出來
編輯 久國明一
發行 大阪市東區舟越町二 ヒドロパス社

AS

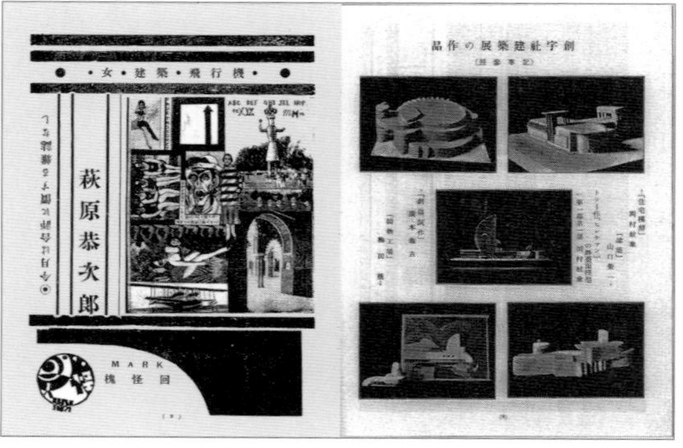

機行飛・築建・女

萩原恭次郎

MARK

創字社建築展の作品

図25 『マヴォ』7号表紙と中面
中面：『マヴォ』復刻版、マヴォ出版部、長隆舎書店、日本近代文学館、1991（平成3）年

されたのではあるまい。刺激的で挑発的なマヴォの言語メッセージやメンバーの作品が刷られた紙片とともに、コラージュ素材の一つとして扱われていたといえるだろう。活字の印刷物である新聞紙の上に、紙質の異なる版画を貼ったり、アート紙に印刷された作品図版や活字の文章を貼り込んだりすることで、重層的な視覚効果や皮膚感覚がもたらされる。矩形の作品と、日常の新聞報道の写真や広告が共振して緊張関係を生み出す。見出しや広告の文字や物語の挿絵や図形から引き起こされるイメージを利用し、マヴォの作品図版と一緒に再構成することで、さらに複雑なイメージが引き起こされる。このように村山の編集した機関誌は、マヴォの主張を宣伝する「意識的構成主義」の作品そのものとして提示されているのである。

これに対して、萩原恭次郎と岡田龍夫の編集による5号以降では、記事数やページ数の大幅な増加に伴って、「読む」機能を重視した今日のブックデザインに近い意識がうかがえる。7号（**図25**）では右綴じ右開きで目次が付き、ノンブルの順に読んでいく従来型の編集がなされている。文字組みでは活字の横倒しや天地逆さの組み方が多くを占めているとはいえ、よく見ると、様々な組み方向が混在するページは、広告やお知らせのような短い文に限られているのがわかる。横倒しのページでも、ほぼ右倒しの文字組みに統一されて、文章の流れがページの右端から左方向へと、本を読み進める方向と合致するように構成されているのである。

◉『死刑宣告』の装丁とレイアウト

7号から2カ月後の1925（大正14）年10月には、萩原恭次郎の第一詩集『死刑宣告』が、『マヴォ』と同じ長隆舎書店から発行された[*28]（**図26**）。萩原はこの詩集の新しい形式の詩表現と、マヴォの協力による尖端的な視覚表現によって、一躍脚光を浴びることになった。

恩地孝四郎は『本の美術』のなかで「（村山知義と）その仲間で合作した萩原恭次郎の詩集“死刑宣告”は、そのダダイズム的信条を発揮した字組も奔放但し細心であったが、その装本も甚だ異色があつた。本文の中にすべて図案的な配慮になる装備を施し、多数の新傾向絵画その多くは版画を挿入している。現在まであれ程本全体を図案化したものは他にはないだろうと思える」[*29]と絶賛している。

装丁と紙面構成は岡田龍夫が担当し、挿絵のリノカット（リノリウム版画）は、岡田を筆頭にマヴォとNNK（都市動力建設同盟）の

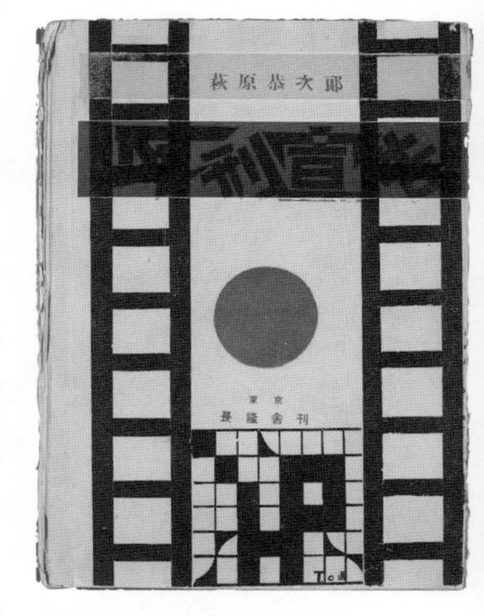

◭**図26**　萩原恭次郎『死刑宣告』表紙、長隆舎書店、1925（大正14）年。早稲田大学図書館蔵

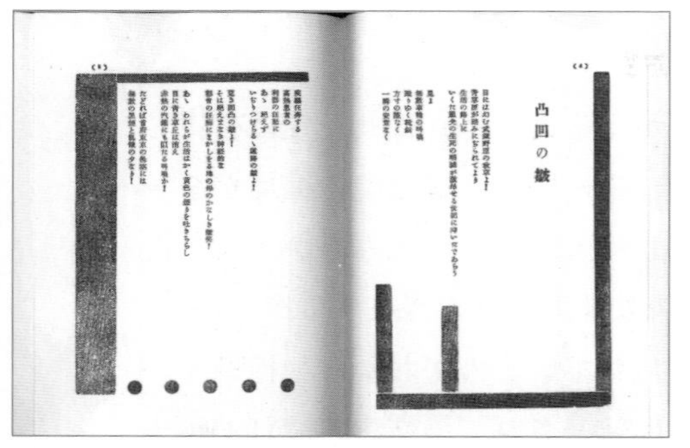

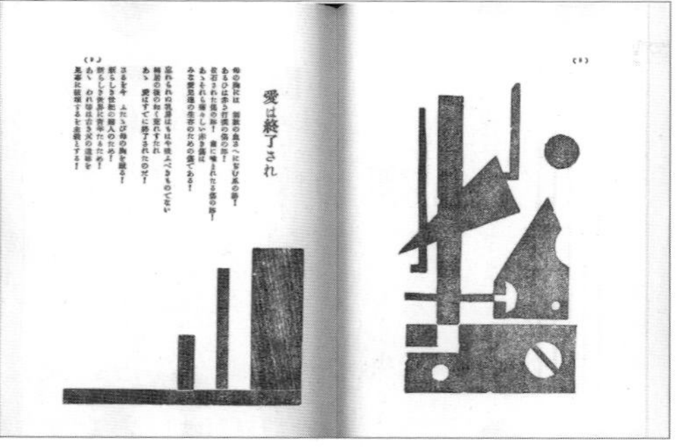

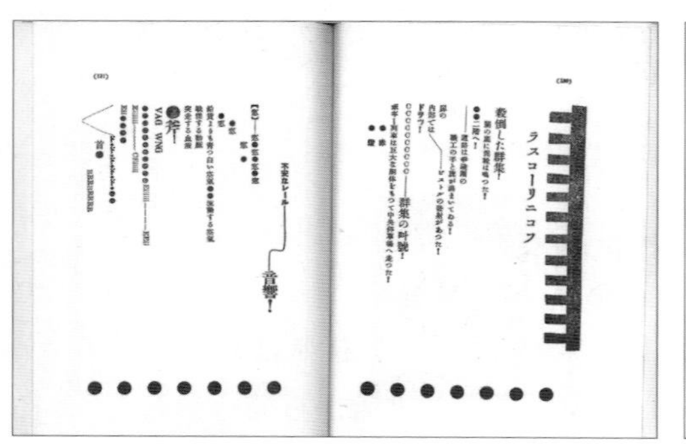

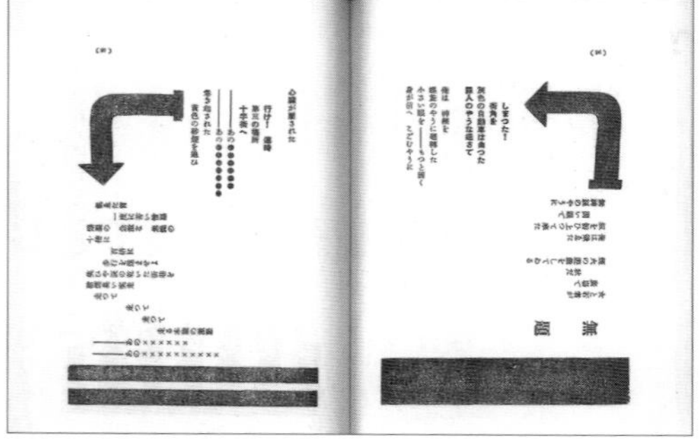

図 27　萩原恭次郎『死刑宣告』中面。早稲田大学図書館蔵

メンバー 19 名が制作した。詩集前半に挿入されているアート紙に写真凸版の作品図版も、『マヴォ』から８点が転載された。前衛美術家たちの個々の作品と萩原の詩が併置されたことで、いっそう新奇なオーラを放っている。

この詩集の紙面構成について、巻末で岡田は、「活字とインテルの配置、詩と画の組合せ方、即ち、全体から見た場合の巧果（構成）に重きをおいた」*[30] と語っている。幅や長さの異なるインテルとリノカットを『マヴォ』以上に多用し、インテルの罫線を平行、垂直、二重、L字型に配置したり、リノカットと組み合わせるなどして、見開いた時に同一パターンのレイアウトが生じないように構成している（図 27）。

また、この詩集は本の後半に位置する「日比谷」の詩のあたりから、革新的な詩の形式が色濃くなり、擬音語や擬態語の書体や活字の大きさが変化したり、黒丸などの約物や記号類、曲線の罫線が目立つよう

◯図 28　同書・真上から小口側を見た様子

◯図 29　同書・初版本の函（左）と再版本の函（右）。初版本函：名著復刻全集編集委員会編「特選　名著復刻全集　近代文学館」、日本近代文学館、1976（昭和 51）年／再版本函：早稲田大学図書館蔵

になって視覚表現が強調されていく。そしてその「日比谷」の詩に向かって突き進むように、右横倒しの詩が5見開き連続で配列されているのである。「印刷術に依る綜合運動の小さな試み」[*31]と、岡田が言うように、ここでの詩の表現は、筆やペンなどの筆写行為では成立しにくい、活版印刷や写真版や版画という複製技術を活用することで構築されている点が特徴である。

装丁には、さらに奇妙な試みが随所にみられる。例えばこの本は、アンカットの仮製本（並製本）[*32]でありながら、本製本（上製本）のように函に収めるスタイルである。しかも函は差し込み口が左右逆で、裏返さないと本が入らない。また本文ページは、前小口が、**図 28** のように表紙からはみ出し、一方で、アンカット部分のページは逆に大きく引っ込んでいて、本の頭を真上から覗くと、折ごとにページが凸凹を繰り返している。これは印刷した刷本を折丁の形に折り畳む際に、3度目の折を正確に半分に折らず、12mm 程度わざと横にずらして折っているためである。むろん機能的な意味はない。あえて変則的な所作を加えることで、従来の固定観念を解き放つという、ユーモアを併せ持った企みとして仕組まれているのである。

しかし、初版発行から約4カ月後の、1926（大正 15）年2月発行の再版本*[33]では、小口のはみ出し部分は断裁されて、函の口の向きも裏返すことなく挿入できるように変更されている。本は断裁されたぶんだけ縦に細長くなり、函も合わせて左右幅を短くカットしたために、書名の『死刑宣告』の「告」の右側が欠けてしまっている（**図29**）。函や表紙の色については、萩原が「第二版の序」で、「初版の装幀よりも、少し明るくするために、箱・表紙・扉・カット二枚、写真版の挿入等変更された」ことが告げられているが*[34]、小口側の凹凸や函の口の位置の変更には言及されておらず、意図は不明である。

1931（昭和6）年の第2詩集『断片』*[35]では、表紙に描かれたボルト以外には挿絵を用いず、強烈な前衛的詩形式の作風も変わっており、初版発行直後の思想的な変化が影響していることが想像できるのである。

❹ 文字と編集～書体と字形

◉ 文字組み前の編集作業――原稿整理と原稿指定

本の制作で、文字組みの指定がなされる前の原稿のことを「生原稿(なま)」と呼ぶ。今は原稿データをメールで受け取るケースが多いが、かつては著者が原稿用紙に書いた生原稿に、編集者が赤鉛筆や赤ペンなどで文字や記号の指示を書き入れて印刷に回していた。文学館や記念館などに展示されている著名人の直筆原稿には、その痕跡が残っているものが少なくない。2017（平成29）年に新潮社の元会長の遺品から発見された、太宰治の『斜陽』の直筆原稿4枚もその一つである*36。『斜陽』は1947（昭和22）年に、文芸雑誌『新潮』に4回連載されたが、発見された原稿はそのうち3回目（9月号）と4回目（10月号）の冒頭の各2枚であった。9月号の原稿の1枚目には、余白に「8ポ二段組」「1段25行　31字」とある。「斜陽」と「太宰 治」の文字の傍には、それぞれ活字の大きさを示す「1」「4」（1号、4号活字のこと）の数字が書き入れてあり、標題の上には「12行分トル」「標題ハ段抜キ」という文字もみえる。連載の番号「五」の数字の傍には「8ポゴ」「二行アキ」と赤入れされている。これは、活字を組む際に、左右12行分のスペースをあけ、そのなかに標題と作家名と連載番号を配置して、「五」の数字は8ポイントのゴシック体で2行分の中央に置くという指定である（**図30**）。また、本文には総行数とページ数を割り出すために、31文字ごとに「✓」の印がマーキングされている。実際に印刷された誌面と比べてみると、最初のページは上にカットがくるため、2段組を1段（段抜キ）にして31文字以上になっているが、これはカットの天地の寸法が決まっておらず、だいたいの行数を割り出したもの

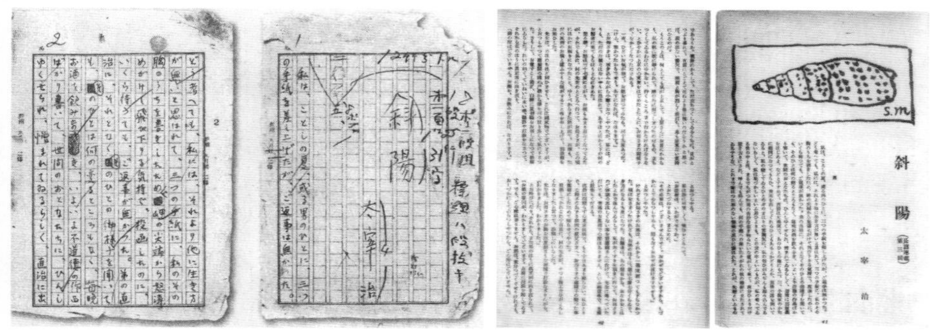

図30　左：『斜陽』の原稿（新潮社蔵）。『「文豪とアルケミスト」文学全集』新潮社、2017（平成29）年、p.128 所収。右：『新潮』第44巻第9号、1947（昭和22）年9月、新潮社。「s.m」のサインのあるカットの作者は武者小路実篤。国立国会図書館蔵

と考えられる。

こうした原稿への書き入れは、「原稿整理」と「原稿指定」といい、組版作業の担当者に原稿を渡す前の大事な業務として、今に引き継がれている。

原稿整理とは、原稿内容の点検・吟味と表記・体裁の統一や訂正の作業を指す。内容が企画の意図に合致しているか、読者に対して表現が適切か、執筆者の思い違いで不正確な記述や、差別につながる表記がなされていないかなどの確認がなされる。また、意味がとおりにくい記述や誤字や脱字の訂正、送り仮名や数字や外来語など用字・用語の表記統一を行なうのである。今は不要になったが、手書き原稿の時代には、オペレーターなどの組版作業者が作業しやすいように、読みにくい文字を楷書で書き直し、句読点には「<」のような記号で「赤入れ」を行なっていた。作家の直筆原稿に、促音が○印で囲まれていたり、改行箇所に階段状の印がみえたりするのは、原稿整理を経た証である。

一方の原稿指定とは、原稿をどのように組むのかという、組版作業者に組版情報を指示するものである。先の「8ポ二段組」「1段25行31字」など、文字の大きさや組み方などの指定はこの「原稿指定」に相当し、ほかにも書体指定や行間、組み方向、また判型・版面の寸法や図版の位置指定など、諸々のレイアウト（配置・割付）指定が含ま

れる。かつては組み体裁の大枠を記載した組版指定書や、レイアウトの複雑な雑誌などの場合はデザイナーが担当してレイアウト用紙に細かな指定を書き、印刷所や写植版下会社の組版作業者に渡していたが、これも編集者やデザイナーがPCで組版作業ができるようになってからは簡素化され、見本組み（フォーマット）などで編集する側と原稿を組む側に組み方の取り決めが共有できていれば、原稿に直接書き入れなくてもすむようになっている。

いずれにしても、原稿の整理と指定の作業が読者の目に触れることはない。だが、編集に関わる人たちは、原稿素材を吟味し、組版情報をデザイナーや組版作業者に伝えるこれらの作業をとおして、つくり上げる本の内容にふさわしい容姿を与えていくのである。

◉ 金属活字から写真植字へ、そしてDTP時代のデジタルフォントへ

先ほどの『斜陽』の活字指定には、本文用の「8ポ」のポイント制活字と、標題・著者名用の「1号」「4号」の号数制活字の混用がみられた。号数制活字とは、明治初期に中国の美華書館という印刷・出版所から、館長のウィリアム・ギャンブルを日本に招聘して活版印刷技術を習った際の、明朝体活字のシステムを参考にした日本独自の「活字の大きさの基準」である。一番大きい初号に始まり、1号〜8号まで順次小さくなっていく。明治・大正の本の多くはこの号数制活字で、本文は5号活字（約10.5ポイント）で組まれることが多かった。

一方のポイント制は、欧米で採用されていた活字の大きさの基準を1903（明治36）年に導入したものである。明治末期からアメリカン・ポイント制（パイカ活字の1/12 = 0.013837inch = 0.35146mmを1ポイントとする）に次第に移行し、大正時代の関東大震災以降急速に普及していった[*37]。戦後はポイント制が主流となり、号数制はやがて廃止されたが、資材の残っている印刷所では、見出しなどに号数活字が長く

12 ポイント

いろはにほへと

20 ポイント

いろはにほへと

28 ポイント

いろはにほへと

▲図 31　同じ秀英体の明朝活字でも、大きさによって字形が異なる。大日本印刷クリエイティブセンター『和文活字』大日本印刷、1971（昭和46）年

使われた。

活字は今日のデジタルフォントと違って、物理的実体のある鉛・スズ・アンチモンの合金である。同じ明朝体やゴシック体でも大きさが異なれば、その大きさに従った字形の活字をつくらなくてはならない。また、本文用の字形と見出し用の字形は異なっている＊38（図 31）。日本では漢字の字数が多く、加えてカタカナやひらがな、ふりがな用の小さな活字など、膨大な数の活字が必要である。大手の印刷会社では独自の書体の活字を開発していたが、中小の会社では活字メーカーから母型や活字を購入して揃えていった。いずれの場合でも、一社で何種類もの書体を保有することは難しい。したがって編集者は、これからつくる本の本文に秀英体を使うのであれば大日本印刷、精興社書体であれば精興社、岩田書体であれば岩田母型製造所の活字をもっている印刷所を選ぶ必要があった。

活字から写真植字（以下、写植と表記）の時代に移行していったのは、高度経済成長を背景に出版活動が盛んになる 1960 年代から 70 年代にかけてである。写植はオフセット印刷との組み合わせで隆盛していく。第 1 章 p.31 や第 2 章 p.68、p.79 でも触れているように、写植とは文字どおり写真の原理を利用した植字システムである。ネガ状の一枚の文字盤から必要な文字を一文字ずつ選び、レンズで拡大･縮小してシャッターを切り、印画紙に感光させて文字を組んでいく。その印画紙を台紙に貼り込んで版下にし、製版用カメラで撮影した製版フィルムをつくり、感光剤を塗布した金属板と重ね合わせて露光して刷版を形成するのである。

文字の大きさの単位は級で、1 級は 0.25mm である（1mm の 1/4 = Quarter の頭文字から「級」と名付けられた）。字間・行間も 0.25mm の

「歯送り」で指定でき、文字組みの指定や版面の位置設定などに計算がしやすいのが利点だった。また、活字のように大きさに合わせた活字母型を用意しなくても、一書体のデザインで、レンズをとおした拡縮や変形が可能なことから、写植機メーカーの石井写真植字研究所（現・写研）やモリサワ写真植字機製作所（現・モリサワ）、リョービ印刷機販売（現・リョービ）などでは様々な書体の開発が進められた。一方で大日本印刷や岩田母型製造所や精興社などの活字書体もまた、写植の文字盤に採用されていった。1印刷所1書体時代の終焉である。

写植文字の難点は、文字盤の文字を拡大すればするほど、弱く、細くみえてしまうことである。そこで、同じ明朝体でも細明朝体・中明朝体・太明朝体・特太明朝体などの、ウエイト（太さ）を変えた書体をつくった。これが現在のフォント・ファミリーにつながっていく。

写植文字が全盛の時代からデジタルデータのフォントに本格的に移行していくのは、1980年代にアメリカでDTPが登場してからで、日本ではおおむね1990年代においてである。印刷用のフォントとしては、モリサワのフォントをはじめ、字游工房やリョービ、フォントワークスなどのフォントが続々と開発・デジタル化され、現在ではデジタルフォントで印刷された本があたりまえになっている。年間契約制のパッケージで、誰でも様々なフォントが使えるようになった点も、写植とは大きな違いである。

DTPソフトでの文字の大きさの単位は、ポイントを標準として級数（Q）も選択できるようになっている。ただし、ポイントの場合は、活字の基準と異なり、1ポイントが0.3528mmである[*39]。ちなみに本書の文字は14級の大きさで組まれている。今日のように、PCのディスプレイ上でAdobe InDesignなどのDTPソフトを使って制作する場合は、文字の組まれた状態を随時、目で確認しながら作業ができ、また、版下をつくる作業も省けるため、格段に効率が上がった。

◉ 書体を比較する

文字の書体や字形は、本の表情をつくりあげる要素の一つである。和文書体には明朝体やゴシック体のほか教科書体や書道で使われている楷書体、行書体の五書体などがあるが、基本的に本文に使われるのは明朝体とゴシック体である。特に文芸書や文庫本などの書籍の本文は、明朝体がほとんどを占めている。だが、同じ明朝体といっても書体を製造するメーカーによって様々な書体があり、字形のバリエーションがある。またその時代の製造技術や印刷方法などとともにデザインは変化し続けている。

前述のとおり、明治から昭和期までの活版の時代には、印刷所や活字メーカーが活字書体をつくっていた。明朝体では、日本の金属活字製造の先駆けである東京築地活版製造所のいわゆる築地体*[40]と、大日本印刷の前身である秀英舎の秀英体が、明朝活字の2大潮流といわれ、いずれも今日のデジタルフォントに影響を与えている。❷（p.152）で述べた『吾輩ハ猫デアル』の本文活字は、秀英舎の明朝体五号である（図32）。そのほか、印刷所の精興社が1930（昭和5）年から3年かけて開発した精興社体や、1950（昭和25）年にベントン母型彫刻機を導入した岩田母型製造所（現・イワタ）が機械の特性を活かして開発した岩田明朝体、活字などの印刷材料を販売するモトヤ商店（現・モトヤ）が1949（昭和24）年に開発に着手し、1952（昭和27）年に最初の明朝体M1を完成させたモトヤ書体の明朝体、1956年に築地書体を源流として開発された凸版印刷の凸版書体の明朝体などがある（図33）。

吾輩は猫である。名前はまだ無い。
どこで生れたか頓と見當がつか
〱泣いて居た事丈は記憶して
を見た。然もあとで聞くとそれは
たさうだ。此書生といふのは時々
し其當時は何といふ考もなかつ
の掌に載せられてスーと持ち上

▲図32　夏目漱石『吾輩ハ猫デアル（上編）』大倉書店・服部書店 1907（明治40）年、第11版

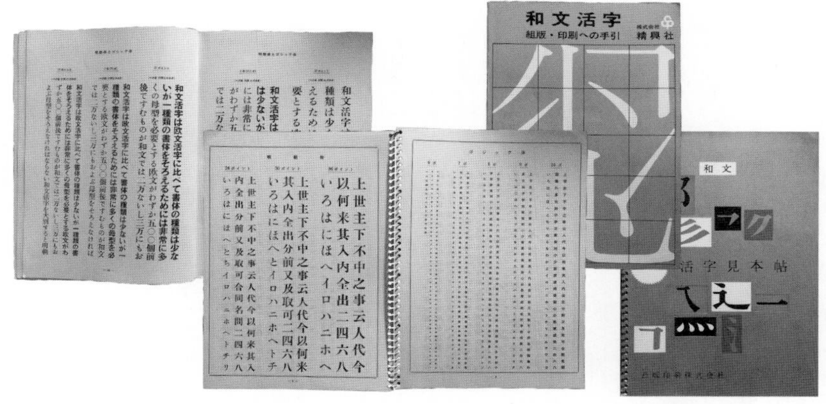

▲図 33　活字書体見本帳。上：藤森善貢編『和文活字　組版・印刷への手引き』精興社、1982（昭和 57）年（第２刷、第１刷は 1966［昭和 41］年）。下：『和文見本帖　活字および組版見本』凸版印刷、発行年記載なし（1950 年代）

写植の明朝体では、写植機メーカーである写研の石井明朝や本蘭明朝、モリサワのリュウミン、そのほかモトヤのモトヤ明朝、活字の晃文堂明朝を元にリデザインしたリョービの本明朝などがある（図 34）。

デジタルフォントの明朝体では、モリサワのリュウミン、黎ミンや大日本印刷の秀英明朝（モリサワにライセンス提供）、字游工房のヒラギノ明朝、游明朝体、フォントワークスの筑紫明朝、イワタのイワタ明朝体オールド、凸版印刷の凸版文久明朝、リョービの本明朝、モトヤのモトヤ明朝などがある。ちなみに本書の本文書体は、リュウミン LKL（コラムには新丸ゴ L）が使われている。

文字には個性がある。書体を変えると雰囲気が変わるのは、PC で経験済みの人も多いだろう。いくつかの文字を様々な書体で比較してみよ

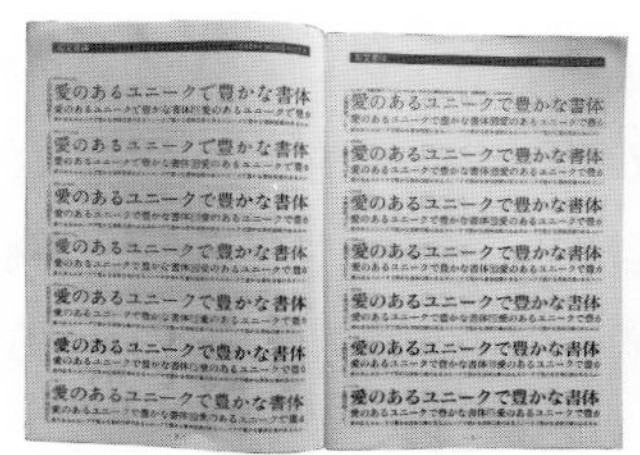

▲図 34　写真植字書体見本帳。左：『写真植字』No.43、写研、1978（昭和 53）年。右：『MORISAWA80 写真植字書体総合見本帳』モリサワ、1979（昭和 54）年

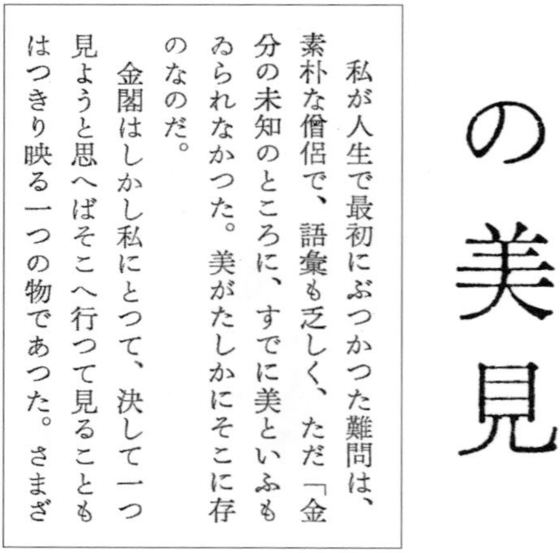

の
美見

私が人生で最初にぶつかつた難問は、
素朴な僧侶で、語彙も乏しく、ただ「金
分の未知のところに、すでに美といふも
ゐられなかつた。美がたしかにそこに存
のなのだ。
金閣はしかし私にとつて、決して一つ
見ようと思へばそこへ行つて見ることも
はつきり映る一つの物であつた。さまざ

▲図 35　三島由紀夫『金閣寺』新潮社、1956（昭和 31）年、精興社明朝体

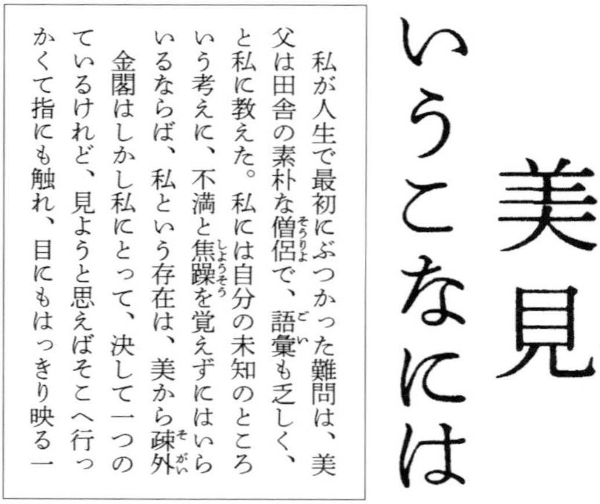

美見
いうこなには

私が人生で最初にぶつかった難問は、美
父は田舎の素朴な僧侶で、語彙も乏しく、
と私に教えた。私には自分の未知のところ
いう考えに、不満と焦躁を覚えずにはいら
いるならば、私という存在は、美から疎外
金閣はしかし私にとって、決して一つの
ているけれど、見ようと思えばそこへ行っ
かくて指にも触れ、目にもはっきり映る一

▲図 36　同書・新潮文庫版、2020（令和 2）年、秀英明朝体

う。比較する際には、横画・縦画・「はじめ」「うろこ」「あたま」「とめ」「はねあげ」「はね」「左はらい」「右はらい」「点」「ふところ」など、文字の構成要素（エレメント）の名称と部位を理解し、かな文字の「字面」（インクが付着する面）の大きさや、「重心の高低」などの骨格のバランスなどにも注意してみるとよいだろう。例えば「ふところ」とは、文字を構成する画と画で囲まれた内側のスペースのことである。デジタルフォントのモリサワの黎ミンやアドビシステムズの小塚明朝、字游工房のヒラギノ明朝はふところが広く、字面が大きいのが特徴である。おおらかで軽やかといった、モダンな印象を与える。

一方、精興社書体、秀英明朝、イワタ明朝体オールドといった、金属活字や、そのデザインを引き継いだ写植やデジタルフォントの明朝体は、ふところが狭く引き締まってみえる。また、かな文字は漢字よりも小さめで、表情が柔らかいのも特徴である。

図 35 は、1956（昭和 31）年の三島由紀夫『金閣寺』の初版本（新潮社）に使用された明朝活字の精興社書体、**図 36** は 2020（令和 2）年の同書の新潮文庫に使われているデジタルフォントの秀英明朝である。前者の精興社の活字書体は、岩波書店はじめ多くの出版社に使われた書体である。一見してかな文字が細めで小さいのがわかる。ベタ組み

うおまもわ

小吉は素直に頭を下げた。
「が、こいしか着るものがなかで、こん
「おはんのような下加治屋町風情(ふぜい)が、な
貫のでくのぼうがおっと、まっこて目ざ
そう言うと少年は、いきなり小吉のふ
「なんじゃ、こんざまは。こげな短か袴
さらに調子づいた彼は、袴に手をかけ
たやすくびりりと裂けた。

図37　林真理子『西郷どん！　前編』角川書店（角川文庫）、2020（令和2）年、イワタ明朝体オールド

あいつら大丈夫かなあ？　僕はそう言っ
で、レイ子には聞こえなかったようだ。ス
なアンプやスピーカーが並んでいる。青い
きとれない声でミーアンドボギーマギーを
ルが揺れるたびに女はビクンと腰を伸ばす
をあけて踊っている。音は会場全体に渦を
を振り降ろすごとに耳がビリビリ震える。
横切る。扇状の会場、ステージから最も遠

図38　村上龍『限りなく透明に近いブルー』講談社（講談社文庫）、2020（令和2）年、ヒラギノ明朝体

だと字間が広くなり、文字組みが明るくみえる。楕円を描くひらがなの「の」など、独特の曲線が印象的である。後者の秀英明朝は、かな文字の「い」「う」「こ」「な」「に」「は」などにみられる粘着性のある筆運びが大きな特徴である。精興社書体と比較すると「美」や「見」など漢字の重心が低いのがわかる。

図37はデジタルフォントのイワタ明朝体オールド、**図38**はヒラギノ明朝である。前者も岩田母型製造所時代からの明朝活字のデザインを受け継ぎ、古風で落ち着いた印象を与える。秀英明朝ほど強くはないが、「う」「お」「ま」「も」「わ」などのかな文字に粘着性がみられる。促音が小さいさいことや、文字の大きさに差があることも特徴である。後者のヒラギノ明朝は、雑誌などのビジュアル要素の高い印刷物を念頭に、漢字と仮名や漢字の画数などの違いによって文字の並びの濃度差が出ないように、均一化を図った書体である[*41]。文字の大小の差がなく、鱗が直線的、「はね」の長さが長いなどの特徴がある。全体的にシャープでクールな印象を与える。

このように、文字の構造と各パーツを細かく観察することと、組まれている状態で文字の連なりを観察することを繰り返しているうち

に、自ずと書体のもつ特徴が理解できるようになる。人それぞれに好みの書体も生まれてくることだろう。ただ、我々は本を読むとき、文字の一字一字をじっくり見定めているわけではない。目で素早く追いながら、文字の形や大きさの違いを手がかりに、言葉を判別しながら読んでいくのである。読みやすさとは、目に映し出された文字列の風景が心地よくとおり過ぎていくことである。したがって文字を組む際には、書体や大きさ、字詰めや行間、一行の長さなどを決める前に、漢字の多い文章や会話文などの改行の多い文章、ルビの多い文章といった原稿のもつ特徴や、印刷や紙質、紙の色などの特性を把握しておくことが大切なのである。

❺ 編集と装丁

◉ 装丁の概念と装丁者

装丁[*42]とは、印刷物や原稿などの紙葉を綴じ合わせて表紙や見返し・扉などを付け、本の体裁を整えること＝装うことを意味している。本来の意味からすれば、製本材料の選択や製本様式などの基本仕様の決定なども装丁の範疇に入るのだが、今日では、装丁といえば、本のカバーや表紙、見返し、扉、帯、函といった「外まわりのデザイン」を指す場合がほとんどである。それ以外の本の紙面のエディトリアルデザインや、製本材料の選択・製本方式までも含めたトータルなデザインを指す場合は、装丁と区別してブックデザインと呼ぶこともある。

装丁の仕事は、編集者が装丁家やブックデザイナーなどと呼ばれる専門のデザイナーに依頼することが圧倒的に多い。そのほかでは、自社内に装丁・デザインの部署を設けて、社内デザイナーが担当するケースや、装丁を得意とするイラストレーターや美術家などに依頼する場合、また近年ではあまりみられなくなったが著者の自装本の場合もある。いずれにしても今日の装丁は、主にデザイナーの仕事とみなされているのだが、明治以降の出版史の長いスパンで眺めると、昭和期前半の1960年代までは編集者が自分で行なうか、画家や版画家・工芸家などの美術家に依頼することのほうがはるかに多かった。編集者が装丁を手がけてきた理由は、臼田捷治が『装幀列伝』で述べているように「『最初の読者』として、ある意味では著者以上に、そのテキストの意義と性格を客観的に把握しているのが編集者である」[*43]からだろう。また、それ以外にも、専門家に外注せずとも、製本の資材や予算の全体を把握している編集者が、装丁も本文の組版指定も含めて

▲図 39　花森安治の自装本（並製本）。carmine（カーマイン）や cobalt blue（コバルトブルー）などの 14 色の絵具の色が、パレットのように並んでいる。『服飾の讀本』衣裳研究所、1950（昭和 25）年

▲図 40　描き文字に特徴のある田村義也の装丁。函（左）はレザック 66 黄色に 2 色刷りの凸版印刷、表紙はレザック 66 白に 3 色のシルクスクリーン印刷。鶴見俊輔『限界芸術論』勁草書房、1967（昭和 42）年

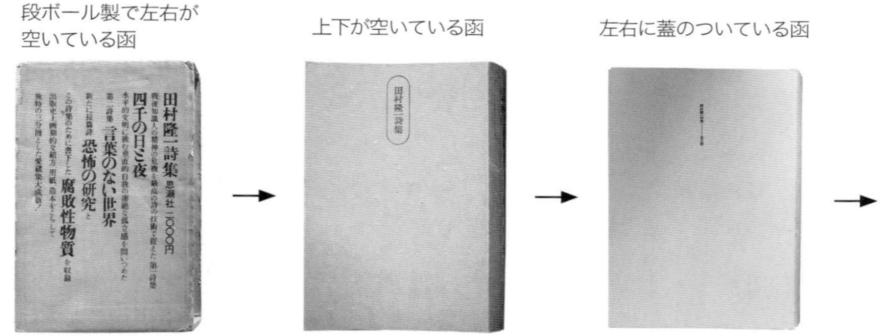

▲図 42　杉浦康平のブックデザイン、三重函・3 冊組み。田村隆一『田村隆一詩集』思潮社、1966（昭和 41）年

全部行なうことで、コストをかけずにトータルなブックデザインが可能だからという理由もあるだろう。

編集者の場合は装丁者として奥付に名前が記載されることはまれなため、人に知られることは少ない。それでも例えば昭和の戦前期では、白水社を退社後に限定版専門の江川書房を創設して造本に情熱をかけた江川正之や、江川の造本スタイルを踏襲し、過度な装飾を排した「純粋造本」をモットーとした野田書房の野田誠三、不要になった番傘や竹、蓑虫などを使った奇抜な造本で注目された書物展望社の斎藤

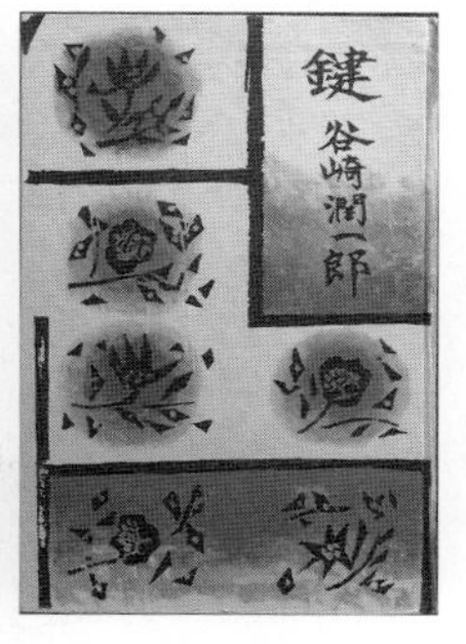

▲図41　板画家・棟方志功の装丁。貼り函（左）は和紙に墨（定価の文字のみ朱色）の木版画、表紙は赤・青・墨の３色オフセット印刷。谷崎潤一郎『鍵』中央公論社、1956（昭和31）年

最後の函を開けると３冊の詩集が現われ、本をすべて取ると、詩人のポートレートが現われる仕組み

昌三などが、また戦後では、カラフルなイラストや描き文字など多彩で親しみやすい装丁を行なった暮しの手帖社の花森安治などが有名である（図39）。ほかにも、昭和後期の1950年代以降では、筑摩書房の編集者で詩人の吉岡実や、67（昭和42）年に筑摩書房の社内装丁から独立してフリーの装丁家・製本工芸家となった栃折久美子、岩波書店で『世界』の編集長などを務めた田村義也などがあげられる（図40）。また美術家で装丁を数多く手がけた作家には、昭和前期では恩地孝四郎、小村雪岱、東郷青児、藤田嗣治、川上澄生、武井武雄、芹沢銈介、

カバーは広げた状態でデザインする。一枚の絵のように配置されている

帯も広げた状態でデザインする。帯をかけたとき、カバーの文字が
隠れないようにしたり、隠れる場合は帯にも文字を入れる

▲図 43　80 〜 90 年代を代表する装丁家・菊地信義の装丁。装画は石丸千里。『ミカドの肖像』小学館、1986（昭和 61）年

佐野繁次郎、棟方志功（図 41）、そして昭和後期では司修、横尾忠則、村上善男など、枚挙にいとまがない。

一方、デザイナーでは、戦前戦中をとおして欧米のグラフィックデザインに刺激を受けた対外宣伝グラフ雑誌などのデザインに携わり、戦後のグラフィックデザイン界の中核的存在となった原弘や亀倉雄策らが、1950 年代半ば以降、本のデザインに積極的に関わっていく[*44]。次いで 60 年代後半から 70 年代には杉浦康平や田中一光、粟津潔、清原悦志、勝井三雄らの世代が続き、このあたりからデザイナーが組版や製本方式も含めたブックデザインの革新的な試みを続けるようになる（図 42）。写植全盛期からやがて DTP 時代へ切り替わっていく 80 年代から 90 年代に活躍したデザイナーには、多田進、中垣信夫、平野甲賀、菊地信義、和田誠、戸田ツトム、工藤強勝、鈴木一誌、羽良多平吉、坂川栄治、祖父江慎らがおり、2000 年以降の白井敬尚、鈴木成一、中島英樹、桂川潤へ、そしてさらには次の世代の名久井直子、尾中俊介らへとつながっていく（図 43）。

カバーの付いている表紙は１色刷りが多い

扉は、この本のように本文用紙と異なる紙を使うことも多い。同じ紙の場合は「とも紙」という

装丁の版下データは、実際の仕上がりサイズに、天地左右 3mm ずつの裁ち落としを含んだサイズで作成されている。また上製本の表紙やカバーは、本の判型よりも「チリ」の分のサイズを加えて大きくつくられ、表紙はさらに芯材の巻き返し部分を考慮して大きくつくられる

◉ 編集者と装丁家の関係

編集者が装丁を行なう機会は少なくなっていった反面、本の売れ行きに関わるデザインを誰に依頼し、どのような個性的な表情に仕立てていくかを決めるのは、重要な判断だけに編集者の楽しみの一つである。本にはいろいろなジャンルがあり読者層も異なるため、いつも決まった人に依頼するわけにはいかない。装画（絵画やイラスト）を使うか、文字中心で構成するのかでも人選は変わる。著者が気に入っている装丁家に依頼したりすることもあるが、そう多くはない。編集者は本の内容がおおむね固まった段階で、その本の魅力を最大限引き出してくれそうなデザイナーを、装丁の実績や一緒に仕事をしてきた経験をもとに絞り込んでいくのである。正式に依頼する時期は、編集作業の最終局面である。装丁を開始するには、本の判型や製本方式などの基本仕様はもちろん、タイトルや帯の文言や本の厚みなどが決まっている必要があるので、ゲラ（校正紙のこと）が出来上がってきてページ数が確定している頃が多い。

装丁の仕事は、編集者とデザイナーのコミュニケーションから始まるといってよい。和田誠は『装丁物語』＊45のなかで、編集者の、良い本をつくろうとする気迫が協力しようという気持ちにつながると言い、装丁の打ち合わせで編集者から受け取る大事なものとして３点あげている。題名や著者名や本のサイズなどが書かれている「依頼書」と「ゲラ」と「束(つか)見本」である。束見本とは、背幅の寸法や開き具合を確認するために、実際に使用する用紙を使って何も印刷していない白紙のまま製本したダミーのことである。これは後述するように、つくらない場合もままあるが、これら３点が装丁依頼に重要なのは今でも変わらない。編集者は装丁依頼時にデザイナーにどんなことを伝えるのか、もう少し具体的に示すと次のようになる。

①**デザインの範囲**……通常「装丁」として依頼するときは、おおむねカバーや表紙、見返し、扉、帯といった本の外回りのデザインを指すが、本文の文字組みのフォーマットやレイアウト、本文用紙などの資材の選定や製本様式を含めたトータルな「ブックデザイン」を依頼する場合もあるので、その範囲を伝える。

②**発行形態・ジャンル**……本といっても単行本ばかりではない。全集や叢書、新書や文庫本など、発行形態が様々あり、また文藝・評論やビジネス・経済といったジャンルも各種ある。つくっている本が、どのような発行形態とジャンルなのかを伝える。

③**企画概要・本の内容**……出版する本の趣旨や著者や書名、読者対象、本の構成、発行予定日などがわかる企画書などの書類を示して、企画の意図や本のおおまかな内容を説明する。また、ゲラを渡して読んでもらう。

④**仕様**……上製本（本製本）や並製本（仮製本）などといった製本方法、判型やページ数、カバーや表紙などの印刷の色数などがある。また用紙や、金銀・箔押しの使用などに関する予算上の制限を伝える。

⑤**綴じ方向**…本文縦組み・右綴じの本か、横組み・左綴じの本かを伝える。表紙やカバーは、表表紙と背と裏表紙の３面を開いた状態で

デザインするため、縦組みの本と横組みの本では左右正反対になる。

⑥装丁に要する書名・著者名等の文字原稿……カバー、表紙、扉、帯にそれぞれ掲載する文言を原稿（書類）にしてデザイナーに渡す。文字は装丁の重要な要素であり、一文字でも違うとデザインのやり直しになることが多いので注意が必要である。

⑦束の寸法・束見本……「束」とは背幅のことで、これがわからないと本の背に入れる書名や著者名、出版社名の「背文字」の大きさを決めることができない。束見本をつくって計る方法と、紙一枚の厚さとページ数から算出して背幅を想定する場合とがある。和田誠は先の本のなかで、束見本を手に取ったときの、本の大きさや厚さが手に伝わってくる感触が自分の装丁には大切で、実体を触ることで発想が生まれると語っている。

⑧納期……デザインのラフ案の提出日や完成データの入稿予定日、色校正の予定日などを伝える。

⑨装丁料……装丁料のほか、本文フォーマットなどのデザインを行なった場合のデザイン料や、写真や装画を使用する場合の撮影費や装画料などの目安を伝える。

上記のほか、装丁に使用できる写真やカバーに使ってほしい装画がある場合は、その画像を示したり、著者に関する情報として、これまでの著書などを書いたプロフィールを渡すなど、著者の意向や好みを伝えたりすることもある。編集者は原稿を何度も読み込んでいて、読者層もある程度予想できているため、こんな本にしたいという自分なりのイメージをもっている。つくろうとしている本のイメージに近い類似書などを示して、本のアピールポイントや装丁のイメージを伝えることもある。デザイナーは編集者から受け取った情報をもとに、ゲラに目をとおしたり、使用する写真やイラストなどの素材を考えたりするなかで、自分のイメージを徐々に具体化していく。そしてデザインのラフ案を作成し、編集者との検討・修正を経て撮影やイラストの作成にとりかかり、完成形に仕上げていくのである。

編集者の原稿内容の説明からは装丁のイメージが湧かないので、ゲラをしっかり読んで、作品の世界観を一度肉体化することが大事だと言うのは鈴木成一である。鈴木は祖父江慎との対談のなかで、自分の読み方で内容を実感したうえで、それをいかに生き生きとさせられるかを考えて、デザインの可能性をつかんでいくのが自分の装丁だと語っている[*46]。鈴木のように多くのデザイナーがゲラを読み込むのに対して、坂川栄治は、ゲラを読まないことを公言したデザイナーであった。読まない代わりに編集者との会話を重視して、編集者のなかにある本のイメージを引き出しながら、装丁の方向性を互いにつくりあげていくという独特の方法である。ゲラを読み込むことで強まる主観性から距離を置くことで、表現の幅を広げていこうとする考え方といえる。

坂川の著書『本の顔』には、岩城けいの『さようならオレンジ』（筑摩書房、2013 年）の装丁の打ち合わせで、坂川がノートに書いたメモとカバーのラフスケッチが掲載されている[*47]。わずか２ページだが、そこには判型や製本方式、スケジュールなどの取り決めやカバーに掲載する文字の要素、小説の内容、そして編集者とのやりとりから生み出された「翻訳小説っぽくみせたい」とか「風景　海　陸地　人や町はいらない」といったビジュアルイメージまでが、簡潔に記されている。スケッチには、浜辺に立って夕陽を眺める主人公サリマの後ろ姿を黒い影で描いた図が何点も描かれている。「表４まで絵柄まわす」という文字もみられ、オレンジ色に染まった海の水平線が裏表紙まで続くようにするという構想が、打ち合わせの段階で早くも固まっていたことが窺えるのである。

いずれの場合でも、内容の説明的なデザインに終始したり、自分の主観的な思い入れで表現を追求したりするのではなく、編集の意図や著者の作品世界という他者の視点を取り込むことで新たなデザインの魅力を掘り起こしていこうとしているのがわかる。それによって、著者や編集者が自分の想像力の枠内でぼんやりと描いていたイメージとはまた違った飛躍と広がりのある、いい意味での「裏切り」の形が生まれてくるといえるだろう。

◉ 装丁の力と表現のバリエーション

書店で本を探している際に、最初に目に飛び込んでくるのはカバーや表紙などの装丁の一部である。平台に積まれている場合はカバーや表紙のヒラ側や帯が見え、棚に並べられている場合は背の側が見えている。本をつくる側は、たくさんの本のなかから選んでもらうために、書名と著者名の背文字を引き立たせ、カバーや帯を「読みたい」という気持ちを抱かせるような主張をもった風貌に仕立てる。店頭では、読み手を惹きつける装丁の力が発揮される。一方、本を購入した読者は、表紙を開いて見返し、扉、目次、本文……というように順繰りにめくっていき、やがて言葉や絵や写真の織りなす作品の世界に深く入り込んでいく。黙読の静的な読書風景のなかにも、めくったり閉じたり、お茶を飲んだりといった数々の動作を伴う長い時間の流れがある。その間、幾度となく本が開かれ、カバーや見返しや本文に目をやり、本の重みや紙の厚み、手触り感や文字面の表情などを感じ取る。書棚に収められて背の並んだ姿には、読者の読書歴などの個性が自ずと現われる。本を選び、自分のものにした喜びや、自分流に本を配列した満足感が表われている。「てのひらにあればその人の、書棚にあればその部屋の、静かな点景であるような、そんな本の姿であればいい」＊48と、望月通陽が自分の装丁について述べているように、読者の暮らしにおいて装丁の力とは、読み手に寄り添い、その人の身体や生活の風景に馴染んでいく佇まいの美しさとして現われるのである。

では様々な場で魅力を発揮する装丁の表現には、どんな工夫がなさ

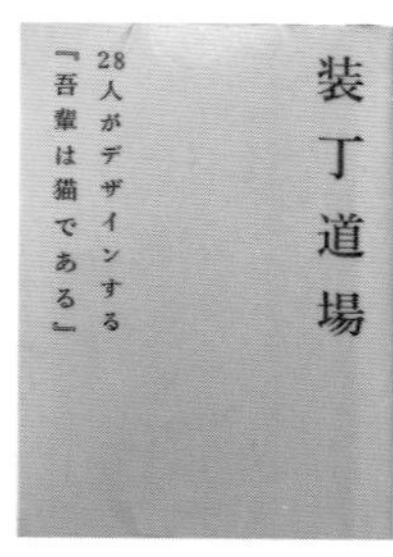

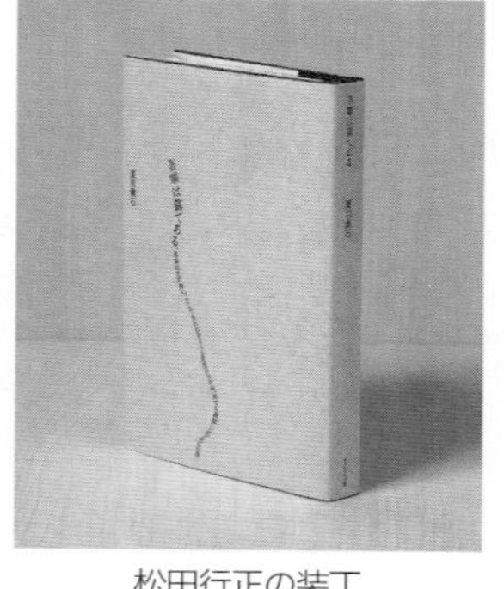

松田行正の装丁

針谷健二郎の装丁

図44　グラフィック社編『装丁道場　28人がデザインする「吾輩は猫である」』（グラフィック社、2010［平成22］年）より転載

れているのか。2010（平成22）年に出版された『装丁道場～28人がデザインする「吾輩は猫である」』*49（**図44**）をみてみよう。この本は、文字どおり28名のデザイナーが、定価1,400円相当の四六判・上製本という前提で各自一冊だけつくったブックデザインの紹介・解説本である。明治時代の小説を現代の読者にも楽しんでもらえるようなブックデザインにし直してもらうという趣旨の企画であり、そこには各自のコンセプトのもとに工夫を凝らした表現方法がみられる。

例えば松田行正の場合は、ナチュラルな風合いの生成りのカバーに、赤文字の書名がやや小さめに、一文字ずつ角度を変えたゆるやかな曲線で配置されている。そのすぐ下にも「名前はまだない」から始まる本文の出だし部分が、猫の足跡のように黒く長い尾を引いて下に伸びているが、これらの文字は歌川国芳の浮世絵『其まま地口猫飼好五十三疋』に描かれた猫の体のアウトラインに沿ってカーブしているという。文字はカバーの袖や裏にも及び、控えめで清楚な面立ちに、ユーモラスで有機的な動きを与えている。本を開くと藁の繊維の入った「新バフン紙」の黒い見返しが現われ、さらにめくると同じ紙のからし色の扉が続く。白、黒、茶は猫の毛色であり、猫の体を表徴するデザインがこの装丁の狙いであるとわかる。また奥定泰之の場合は、小説の１、２章と最終章にしばしば出てくる「ヴァイオリン」という言葉の力に着目した装丁を試みている。小説から抜粋したヴァイオリンの文章を斜め・横・逆さまなどに組み、空押しやUV厚盛りニス印刷を施すことで、白地のカバーに立体感のある質感や光沢を与えている。針谷健二郎の装丁は、中学生が気軽に手にとって読める「キャッチーでチープな“娯楽性”」がコンセプトである。カバーは何匹もの猫を抽象化したイラストで構成され、1960年代後半の鮮やかなサイケデリック・カラーが目を惹きつける。人間の日常生活を覗き込む猫の目がいたるところに潜んでいるという設定が刺激的である。赤紫の表紙と白地の扉は強い光沢感のある「ミラーコート」が使われ、黄色い見返しのざらっとしたラシャ紙の手触り感と好対照をなす。

このように、装丁は本の内容と読者に応じたコンセプトによって、カバーや表紙・見返し・扉・本文などが総合的にデザインされていること、そして、デザインの大きな構成要素として、文字や絵、写真や色彩などの素材があり、それらを効果的に引き立てるために用紙や印刷加工などが深く関わっていることがわかるだろう。「文字」を中心にデザインを組み立てていくといっても、文字の素材にはデジタルフォントや写植文字、金属活字もあれば、平野甲賀の装丁にみられるような手描き文字もある。「絵」をメインにするときでも、既存の絵画の画像が本のイメージにぴったりあうこともあれば、イラストレーターに依頼して、ほのぼのとした線画イラストや、存在感のある紙粘土の立体イラストをつくってもらうこともある。写真の場合は人物写真やブツ撮り写真[*50]、風景写真があり、これも写真素材を使う場合や新たに撮影する場合がある。デザインの構想は、こうした素材の吟味をとおして、しだいに具体化していく。

また装丁の打ち合わせの際に編集者から提示される製本様式は、印刷した紙の束に表紙をつけてどのように綴じつけるかという本の構造と機能性に関わる事柄であり、本をデザインするうえで重要な要件である。厚表紙の丈夫な上製本と薄い表紙のラフな並製本とでは、強度や保存性はもちろん、手にもったときの固さ、しなやかさや重みが違ってくる。表紙・カバーの面積の点でも、上製本では中身を保護する目的で表紙の天地・小口が中身よりも少しはみ出しているため、デザインするときは、並製本よりも寸法をやや広くとる必要がある。さらに上製本の「背の形式」では、丸みをつけてページをめくりやすくした「丸背」と四角い「角背」とでは背のみえ方が異なる。丸背は背とヒラの区切りがはっきりしないので、背の左右が広くみえ、フラットな角背の場合はかっちりとみえるのである。

以上のように、装丁は様々な要素や制約を関連づけて思考を繰り返しながらつくりあげていくため、同じ小説でも多彩なバリエーションが生じることになる。装丁は単に本が売れるように、店頭で目立つようにつくればよいのではない。中身をしっかりと包んで保護するようにつくり、本とともに過ごす時間のささやかな楽しさ、喜びを生み出していくのが装丁家の仕事であり、それは同時に仮想の読者に向かって本を編む編集者の仕事でもあるといえるのである。

註

＊1　整版本は木版で、活版本は活字組版で印刷された本のこと。

＊2　江戸中期以降、出版物の内容によって版元の分担が定まり、歴史書や儒書、仏書、和文古典などの本を出版・販売する版元の書店を「書物問屋（しょもつどいや）」、草双紙のような通俗娯楽的な読物を扱う版元を「草紙屋（そうしや）」や「絵草紙屋（えぞうしや）」、江戸では「地本問屋（じほんどいや）」と呼んだ。

＊3　1887（明治20）年に大橋佐平が創立。『太陽』『少年世界』『文芸倶楽部』『文章世界』などの大衆的な商業雑誌を多数創刊したほか、『日本文学全集』などの全書・叢書類や、多分野にわたる単行本を出版した。

＊4　文嬿珠『編集者の誕生と変遷』出版メディアパル、2016年、p.94

＊5　「大本」は美濃判紙1/2折で、天地約26cm～28cm×左右18cm～19cm、今のB5判程度。「中本」は大本の半分の大きさで、天地約18cm～19cm×左右12cm～13cm、今のB6判程度。「半紙本」は半紙判紙1/2折で、天地約22cm～24cm×左右15cm～16cm、今の菊判・A5判程度。「小本」は半紙本の半分の大きさで、天地約15cm～16cm×左右11cm～12cm、今の文庫本程度である。ほかに「大本四つ切り本」「大本三つ切り本」「横中本」「半紙四つ切り本」「半紙三つ切り本」「横小本」などがある。

＊6　金児宰『洋紙と用紙　紙の活用アドバイス』光陽出版社、1992年、pp.213-214。四六判の本の大きさは127mm×188mm程度である。

＊7　同上、pp.212-213。菊判の本の大きさは150mm×220mm程度である。

＊8　表紙全面に錦絵を用いたもの。

＊9　三田村鳶魚「明治年代合巻の外観」『明治文学回想集（上）』岩波書店、1998年、p.75

＊10　「合巻は毎丁の画面に書き込むのであるから、細い仮名でビッシリと嵌（は）めるようでないと恰好が取れない……傍行振仮名に一定しては、文字も行間も荒（ママ）くなり、その釣合から挿画が段々精彩を欠き、自然と疎雑になって行く」（同上、p.82）

＊11　号数活字は、号数によって大きさを規定した和文活字で、明治初年から昭和にかけて使われた。9種類の大きさがあり、初号が最も大きく、1号から8号まで数が増すにつれて小さくなる。5号活字はおよそ10.5ポイントで、6号活字は8ポイントに相当する。

＊12　2段組み：『絵本西遊記全伝』初編～2編、大蘇芳年画、清水市次郎版、1882～1883年。1段組み：口木山人、岳亭丘山訳『絵本西遊記全伝』初編～4編、大蘇芳年画、法木徳兵衛版、1883年

＊13　『一読三歎　当世書生気質』第1号～17号、晩青堂、1885～1886年。袋綴じ・結び綴じの和装本である。4号活字はおよそ13.75ポイントに相当。「字間4分アキ」とは、字間（字と字の間隔）を1文字の4分の1の長さにすること。明治時代の文芸書には4分アキ、または2分アキ（1文字の半分の間隔）の文字組みが比較的多くみられる。

＊14　坪内逍遥「作者余談」『明治文学名著全集 第1巻』付録6、東京堂、1926年

＊15　鈴木敏夫『出版　好不況下　興亡の一世紀』出版ニュース社、1970年、p.41、p.120／内務大臣官房文書課編『大日本帝國内務省統計報告 第27回』内務大臣官房文書

課、1913年、p.272。「出版図書類別」の「普通出版物」「翻訳」の合計値による。

＊16 与謝野鉄幹が結成した東京新詩社の機関誌『明星』（1900～1908年）は、藤島武二、一条成美らが表紙絵、挿画を担当。ミュシャ風のアール・ヌーヴォー様式で新時代の芸術を表現した。『みだれ髪』藤島武二装丁、東京新詩社、1901年／『夢の華』杉浦非水装丁、金尾文淵堂、1906年／『即興詩人』長原孝太郎装丁、春陽堂、1902年／『二十五絃』岡田三郎助装丁、春陽堂、1905年。

＊17 橋口五葉（1881～1921）は装丁家、画家、版画家、浮世絵研究家。夏目漱石（1867～1916）の『吾輩ハ猫デアル』『漾虚集』『鶉籠』『草合』『四篇』など代表作の装丁・挿画を多数担当した。ほかにも二葉亭四迷、泉鏡花、永井荷風などの作品の装丁を手がけた。1907（明治40）年、第1回文展で入選を果たし、画家としても注目される。1911（明治44）年には三越呉服店 による第1回広告画図案懸賞で『此美人』のポスターが第1等を受賞。大正期は浮世絵研究と新版画活動を展開したが、41歳で早世した。

＊18 『吾輩ハ猫デアル』は、1905（明治38）年1月に『ホトトギス』誌に掲載されて評判となり、以後1906（明治39）年8月まで断続的に同誌に連載された。大倉書店・服部書店より、1905年に第1話～第5話を1冊にまとめたものが出版され、1906年に中編（第6話～第9話）、1907年に下編（第10話～第11話）が発行された。

＊19 鈴木恵子「近代日本出版業確立期における大倉書店」『英学史研究』1986巻18号、1986年、pp. 101-113／喜多川歌麿画『虫類画譜　全』（翻刻・1892［明治25］年）、渡辺省亭画『花鳥画譜』（1903［明治36］年）／幸野楳嶺画『楳嶺菊百種 人』（1896年）の奥付後の自社広告には、20点近い画譜や模様集が掲載されている。

＊20 夏目金之助『定本 漱石全集 第22巻 書簡上』岩波書店、2019年、p.421

＊21 同上、p.422

＊22 同上、p.442

＊23 橋口五葉「思ひ出した事ども」『美術新報』第12巻第5号、畫報社、1913年3月、pp.196-198

＊24 折丁のなかや、折と折の間に石版画1葉を挟んで糊付けして綴じる「別丁貼り込み」方式を用いて、本文と絵の場面を離れさせないように工夫している。

＊25 表紙に題名などを記して貼る細長い紙片や布片のこと。

＊26 江藤淳『漱石とアーサー王伝説――『薤露行』の比較文学的研究』東京大学出版会、1975年、p.80

＊27 『マヴォ』復刻版（マヴォ出版部、長隆舎書店、日本近代文学館、1991［平成3］年）の3号で使用されている新聞の日付による。3号すべての冊子で同一日付の新聞が使われたのかどうかは不明。

＊28 萩原恭次郎『死刑宣告』長隆舎書店、1925（大正14）年。早稲田大学図書館「古典籍総合データベース」の検索で、画像が閲覧できる（函なし）。

＊29 恩地孝四郎『本の美術』誠文堂新光社、1952年、p.50

＊30 岡田龍夫「印刷術の立体的断面　装幀・リノカット・紙面構成其他」萩原恭次郎『死刑宣告』長隆舎書店、1925年、p.（3）。「インテル」とは活字を組む際に行間の余白に挟み込む金属製または木製の詰め物のこと。『マヴォ』や『死刑宣告』の罫線には、木製インテルが版木代わりに用いられている。

＊31　同上、同ページ
＊32　仮製本とは並製本ともいい、本の中身を柔らかい表紙でくるみ、中身と表紙を一緒に化粧断ちして仕上げた簡易な製本仕様のこと。『死刑宣告』の場合は、本文ページを糸で綴じ、表紙でくるんだあと、小口を化粧断ち（この本では天地のみを断裁して前小口をアンカットにしている）した「くるみ表紙」で、見返しの小口部分を糊付けして表紙に貼った「くるみ口糊」のスタイルである。仮製本に対して本製本（上製本）とは、中身を綴じて背を固め、化粧裁ちしたあと見返しを付けて表紙でくるんで結合させたもの。表紙が中身から少しはみ出す「チリ」をつける。
＊33　萩原恭次郎『死刑宣告』（再版）長隆舎書店、1925年。早稲田大学図書館「古典籍総合データベース」に画像データが収録されている。
＊34　同上、p.（2）。函の色は白地を赤に、文字と絵柄の色は赤から青に変え、表紙は黒の絵柄を明るい青に、青の丸い図形を黒に変更している。
＊35　萩原恭次郎『萩原恭次郎詩集　断片』渓文社、1931年。国立国会図書館デジタルコレクションの検索で、画像が閲覧できる。
＊36　神楽坂ブック倶楽部編「新発見資料　太宰治『斜陽』原稿」『「文豪とアルケミスト」文学全集』新潮社、2017年、pp.126-128。「斜陽」の原稿は、このほか521枚を日本近代文学館が所蔵している。
＊37　森啓「第1部　書き文字から印刷文字へ　解説編」『書き文字から印刷文字へ　活字書体の源流をたどる　女子美術大学講義録　書物を構成するもの②』女子美術大学、2008年、pp.48-51
＊38　「書体」とは一定のデザインに統一された文字の集まりのこと。広くは明朝体やゴシック体など、狭くはリュウミンやヒラギノなどを指す。字形は、個々の文字の形状を指す。
＊39　1/72inch。
＊40　国立国会図書館デジタルコレクションの検索で、野村宗十郎編『［東京築地活版製造所］活版見本』（東京築地活版製造所、明治36年）を閲覧できる。
＊41　鳥海修「『ヒラギノ』ファミリーのデザインコンセプト」『タイポグラフィ・タイプフェイスの現在　5人の書体設計家と3人のタイポグラファーの思い　女子美術大学講義録 書物を構成するもの』女子美術大学、2007年、p.63
＊42　「装丁」の漢字表記は「装幀」「装訂」「装釘」のように複数存在し、どれが適切かについても諸説あって定まっていない。「装幀」を選ぶ装丁家も多いが、本書ではその点にあまり踏み込まず、常用漢字表に準拠して「装丁」を用いる。
＊43　臼田捷治『装幀列伝――本を設計する仕事人たち』平凡社（平凡社新書）、2004年
＊44　同書、p.14
＊45　和田誠『装丁物語』中央公論社（中公文庫）、2020年
＊46　「ブックデザイン対談①祖父江慎×鈴木成一」『デザインのひきだし』28、グラフィック社、2016年、pp.30-31
＊47　坂川栄治・坂川事務所『本の顔　本をつくるときに装丁家が考えること』芸術新聞社、2013年、pp.24-25
＊48　特殊製紙・日本図書設計家協会企画・制作『BOOK DESIGN NOW 2003――出版・装丁・紙の今をみつめる』六耀社、2003年、p.144

＊49　グラフィック社編『装丁道場～28人がデザインする「吾輩は猫である」』グラフィック社、2010年
＊50　物撮り、すなわち小物、食品などの静物の撮影のこと。

参考文献（註に記したもの以外）

◉藤井隆『日本古典書誌学総説』和泉書院、1991年
◉高木元『江戸読本の研究――十九世紀小説様式攷』ぺりかん社、1995年
◉遠藤律子、宮崎紀郎「明治時代の書物の装幀　印刷および諸技術の発展との関わりから見た装幀の変遷（1）」『デザイン学研究』第53巻第5号、日本デザイン学会、2007年、pp.69-78
◉村山知義『演劇的自叙伝　第2部』東邦出版社、1974年
◉村山知義「私のアバンギャルド時代」『本の手帖』第3巻第3号、昭森社、1963年、pp.10-143
◉伊藤信吉「萩原恭次郎論　農的なものと都会的なもの」『本の手帖』第8巻第6号、昭森社、1968年、pp.112-123
◉五十殿利治「〈マヴォ〉覚書　MVをめぐって」『季刊 武蔵野美術』76号、武蔵野美術大学、1989年、pp.8-13
◉滝沢恭司「意識的構成主義からプロレタリアのグラフィックへ」『水声通信』第3号、水声社、2006年、pp.41-48
◉小宮山博史『明朝体活字 その起源と形成』グラフィック社、2020年
◉「特集：もっと文字を知る、文字を使う」『+DESIGNING』vol.07、毎日コミュニケーションズ、2007年
◉日本エディタースクール編『標準 編集必携　第2版』日本エディタースクール出版部、2002年
◉野村保惠『本づくりの常識・非常識　第2版』印刷学会出版部、2007年
◉正木香子『本を読む人のための書体入門』星海社（星海社新書）、2013年
◉正木香子『文字と楽園　精興社書体であじわう現代文学』本の雑誌社、2017年
◉臼田捷治『装幀時代』晶文社、1999年
◉臼田捷治『現代装幀』美学出版、2003年
◉臼田捷治『〈美しい本〉の文化誌　装幀百十年の系譜』Book&Design、2020年
◉大貫伸樹『装丁探索』平凡社、2003年
◉桂川潤『装丁、あれこれ』彩流社、2018年
◉小泉弘『デザイナーと装丁　デザイン製本①』印刷学会出版部、2005年
◉庄司淺水『定本庄司淺水著作集 書誌篇 第7巻』出版ニュース社、1982年
◉大学出版部協会編集部会編『本の作り方　大学出版部の編集技術』大学出版部協会、2012年
◉「特集：装幀のムーブメント」『シコウシテ』22号、白地社、1991年

コラム

斎藤昌三の装丁

『新富町多與里 少雨荘第八随筆集』

斎藤昌三（1887～1961）は大正・昭和期の書物研究家で、編集者や随筆家、装丁家としても名を馳せた人物である。なかでも酒袋や番傘の油紙、海苔、筍皮などを使った限定本の装丁は皆奇抜であり、自ら「ゲテ装本」と称するほどであった。例えば木暮理太郎の『山の憶ひ出』愛蔵版（100部限定、龍星閣、1938・39［昭和13・14］年）の装丁には、著者が二十年来着ていた黒絣と白絣が、上下巻各々の表紙に使われている。同様に淡島寒月の『梵雲庵雑話』（1,000部限定、書物展望社、1933［昭和8］年）では、著者の生まれた日本橋にちなみ、算盤（そろばん）縞模様の三尺帯（手拭い）を「秩（ちつ）」に用いたり、江戸趣味家の好みを反映させようと、斎藤の蒐集した合巻（草双紙）の絵袋を、表紙に貼り付けたりしている。

次に取り上げる斎藤の自装本『新富町多與里（だより） 少雨荘第八随筆集』もその一つである。戦後1950（昭和25）年に発行された菊判変型（210mm×160mm）の上製本で、表題どおり少雨荘（斎藤の号）8冊目の随筆集である。版元の芋小屋山房・森山太郎が自ら活字を拾って印刷したというように、手の込んだ造本には多くの手作業が含まれている。

本には斎藤が新富町に設立した書物展望社から発行された雑誌『書物展望』の編集後記の抜粋（目次では「新富町多與里」）と、新聞・雑誌に掲載された寄稿文や俳句が収録されている。編集後記には、昭和初期から戦後に至るまでの出版動向や手掛けた装丁のこと、友人・知人とのエピソードなどが簡潔に記されている。1941（昭和16）年の出版新体制や、戦中・戦後の用紙欠乏の様子なども伝わってくる。編集後記は、後世の人が当時の出来事や編集者の考え方を知るうえでの、貴重な記録資料になりえるのである。

本を見た瞬間に驚かされるのは、200字詰め原稿用紙が1枚、茶のダンボール外函の裏から表にかけて、背に巻きつくようにして斜めに貼り込ま

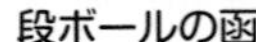
段ボールの函

紙型に覆われた表紙と嵌め込まれた表題

れていることである。黒インクの文字を読むと、この本の生原稿だとわかる。300部の限定本なので、校正後に300枚分の原稿を一枚ずつ手貼りしていったのだろう。

函から本を抜くと、牡丹色に刷られた築地川沿いの風景スケッチが顔を現わす。カバーの装画を担当したのは日本画家の牛田雞村（けいそん）である。川の向こうには聖路加国際病院の十字架を乗せた高い塔が見える。次いでカバーを外すと、薄茶色の固い表紙が現われる。表紙を覆っているのは紙型（しけい）である。紙型とは、印刷用の鉛版をつくるために、活字で組んだ原版に特殊な紙を押圧して形成する紙製の雌型のことである。活字の字面や詰め物の凸凹は原版と逆転し、引っ込んでいる部分が盛り上がる奇妙な景色をつくり出す。

さらに表紙の紙型には、カバーの背文字の印刷にも使用されている、題簽（だいせん）風の表題の亜鉛凸版（金属版）がそのまま嵌め込まれている。凹凸が紙型とは逆になる一方で、突起した「新富町多與里」の文字面は、活字そのままに左右反転して、普通に読むことができない。

表紙を開くと見返しの濃紺に染められた和紙が目をひく。やや厚めのざらつきのある手漉き和紙は、次に現われる活版刷りの本文用紙に引き継がれていく。ところどころに楮の皮や細長い繊維、印刷された文字の破片が

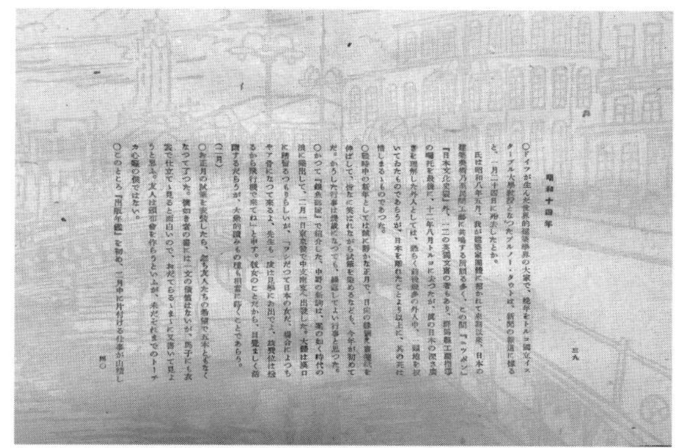
昭和十四年

三九

○ドイツが生んだ世界的建築學界の大家で、晩年をトルコ國立イスタンブル大學教授となつたブルノー・タウトは、新聞の報道に據ると、一月二十四日に永眠したとか。

氏は昭和八年五月、我が建築家團體に招かれて來朝以來、日本の建築美術乃至民間工藝に共鳴する所頗る多く、その間『ニッポン』『日本文化私觀』外、一二の美讃文章の著もあり、群馬縣工藝指導の囑託を最後に、十二年八月トルコに去つたが、眞の日本の深さ廣さを理解した外人としては、恐らく前後幾多の外人中、一頭地を拔いてゐたものであらうが、日本を離れたことより以上に、其の死は惜しまるゝものであつた。

○戰時中の新年としては誠に靜かな正月で、日向の縁側で[illegible]を伸ばして、皆に笑はれながら試筆を染めるなども、今年が初めてだ。かうした行事は[illegible]になつても、繼續してよい行事と思つた。

○かつて『[illegible]』で紹介した、中野の[illegible]は、[illegible]時代の波に乘出して、二月一日東京發で中支南京へ出發した。[illegible]は漢口に腰留るつもりらしいが、「アシだつて日本の女だ、場合によつちやア[illegible]になつて來るよ、先生も一度は見物にお出でよ、[illegible]位は[illegible]るから飛行機で來てね」と申す。彼女のことだから、目覺ましく活躍するだらうが、大衆的讀みもの種も相當に拾ふことであらう。

（二月）

○お正月の試筆を表裝したら、忽ち友人たちの希望で五本とも無くなつて了つた。[illegible]の書に一文の價値はないが、馬子にも衣裝で仕立てゝ見ると面白いので、おだてらるゝまゝに又書いて見ようと思ふ。友人は頒布會を作らうといふが、未だそれまでのトーチカ心臓の僕ではない。

○このところ『出版年鑑』を初め、二月中に片付ける仕事が山積し

四〇

木版画と活字の本文が刷られた見開きページ（裏白）

漉きこまれ、紙を光に透かしてみると簀（すのこ）のひご目や糸目も見える。

この本にみられる和装の要素は紙だけではない。なかでも珍しいのは「胡蝶装」という、中国・宋代の製本法が応用されていることである。日本では平安から鎌倉時代にかけて用いられ、「粘葉装（でっちょうそう）」とも呼ばれているこの製本法の特徴は、糸や紐を使わずに糊だけで仕上げる点にある。印刷もしくは筆写された紙を一枚ずつ谷折りにして4ページの折丁をつくり、山側（背側）の折り目に10mm程度の糊を引いて、折丁同士を接着させる。すると、ノド側が糊づけされた見開きと糊づけされていない見開きとが交互に現われることになり、後者では綴じでノドが隠れることなく、めいっぱい広げて読めるようになる（上図）。表紙は紙1枚で中身を包んだものと、前後に別々の表紙をつけて、背を裂（きれ）や別紙で包んだものとがある。この本では後者を採用して、背は剥き出しにみえるほどの、ごく薄い和紙で覆われている。そのため背は柔軟で背文字がつけられない反面、180度平らに見開くことができるのである。

ちなみに胡蝶装同様に背が柔軟で開きの良い製本法に、近年装丁によく使われるようになった「コデックス装」があるが、これには列帖装（れっちょうそう）（綴葉装（てつようそう））ともいう）という製本法が応用されている。日本では平安後期以降に使われた方法で、数枚の紙を重ねて二つ折りにした折を糸で一くくりにし、

それを数くくり重ねて表紙をつけ、かがって本に仕立てるものである。列帖装は糊を使わずに糸を使い、背を剥き出しにすることで開きのよい本になるのが特徴である。

胡蝶装を応用した斎藤の本は、袋綴じのように見開き真ん中で板木を分けたり、ノドに文字がかからないように余白を設けたりする必要がない。折本や巻子のようにひと連なりの画面として使えるのである。事実、本文の背景には、カバーに使われた風景画が板木に彫られて見開き全面に、しかも 188 ページすべてに菜の花色で刷られている。木版刷りのあとに活版で刷ったスミ１色の文章は、大胆に見開き中央へ配置されている。

再び版画の細部に目をやると、カバーでは裏面に配置されていた京橋区役所庁舎が、右手に大きく見える。手前の築地川にかかる三叉の橋は三吉橋で、中央付近に鈴蘭灯が空に伸びている。この絵は書物展望社のあった新富町３- ７付近から見えていた情景を描いたものである。斎藤が新富町に社を構えたのが 1931（昭和６）年。京橋区役所庁舎の竣工はその前年であり、震災復興橋の三吉橋（鋼鈑桁橋（こうはんけたばし））の架橋が２年前、A. レーモンドら設計の聖路加国際病院の竣工は２年後であった。いずれも関東大震災による壊滅的な被害からの復興を象徴する、近代都市にふさわしい堅牢な建造物である。一方で斎藤は、1933（昭和８）年７月の編集後記に、「新富町は雑誌の事務所としては、どうかと考えられたが、河岸沿いを選んだ甲斐があって、風通しは頗るよく、埃も来ないし、昨日今日は夕暮れ際から貸しボートも出て、築地河岸の風情が一入に深い」と書いた。昭和初期のモダンな建造物と、震災前の明治・大正の面影を残す風情のある堀割の姿が同居する情景が、戦後に描かれたこの絵にも受け継がれている。

この本の装丁・造本には、原稿用紙に文章を書き、活字の組版から紙型を起こし、複製亜鉛版で刷った紙を製本する洋装本と、木版摺りした和紙を二つ折りにして折同士を接合して仕立てる古来の和装本の、双方の製造プロセスが露出している。築地川沿いの風景スケッチのように、互いのイメージの断片が同居し、交錯するように仕組まれているのである。

第5章

「編集」を観察する

田村　裕・臼井新太郎・横井広海

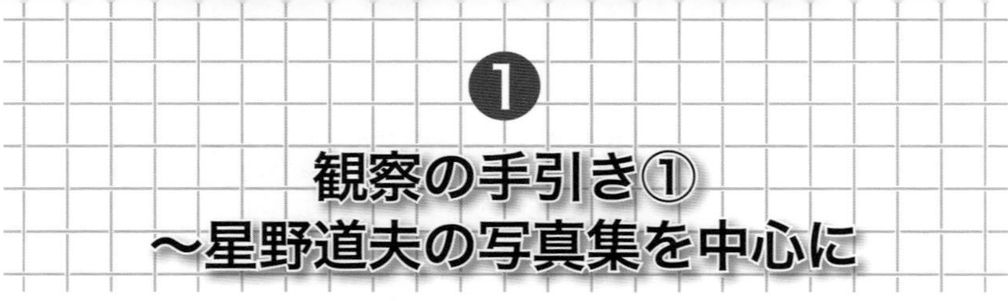

❶ 観察の手引き①～星野道夫の写真集を中心に

◉ 焦点を絞って仔細に眺め特徴を書き出す

この章では、写真や絵画・イラストレーションなどの視覚的な表現を多く取り入れた本を対象に、本のつくられ方、編集のされ方を観察し、そこに反映されている表現の特徴や工夫、ルールなどを読み取っていく観察の方法を紹介する。実践することで、本をさらに深く味わい、創作物の制作や研究に生かすなどの発想の手がかりにしてほしい。

「観察する」とひとことで言っても、本には様々な種類の書籍や雑誌があり、何からどのように手をつければよいのか迷うだろう。そこで、初めは自分の得意分野や興味に従って、目的をもって対象となる本を選ぶことから始めてみるといい。例えばデザインに興味があり、ブックデザインやエディトリアルデザインを勉強しているのなら、アート系の雑誌や書籍を対象に、装丁や表紙デザイン、使用フォントの種類や文字組みのパターン、レイアウトの特徴などを調べ、それを観察ノートなどに書き出してみてほしい。雑誌の場合は、記事の内容に応じて用紙の紙質や色を変えたり、カラーとモノクロにページを分けたりして、読者を惹きつけ誘導していることもあるだろう。

絵に興味があるのなら、特徴のある装丁の装画をよく見て、本の内容がどのように反映されているのかに注目したり、同じ小説の書籍と文庫本の装画を比較したりして、違いと共通点を探ってみるのもいいだろう。あるいは一人の作家の絵本を何冊か比較して、様々な描画材による表現のバリエーションや、場面による描きわけの様子を調べてみる方法もある。イラストの多い雑誌を探して、記事内のイラストを比較しながら、文章の内容や見出しとの関係性を考えてみるのも面白い。

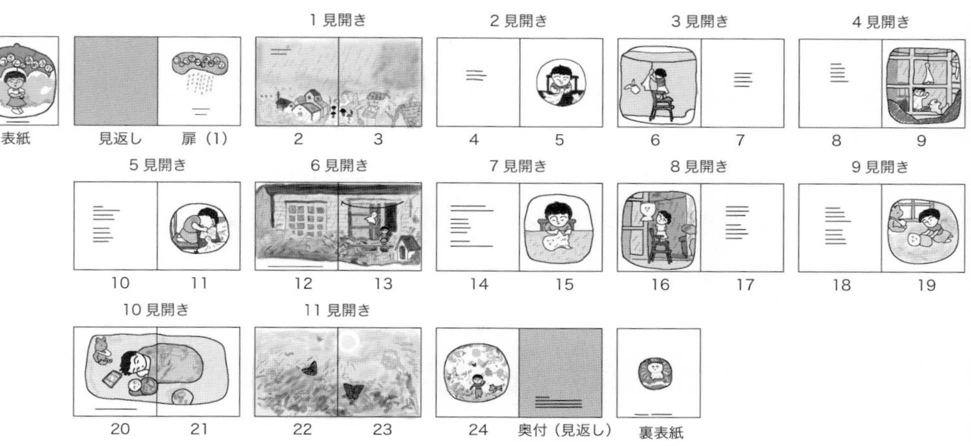

図 1　サムネイルの例。片山健『コッコさんとあめふり』福音館書店、1991（平成 3）年

編集に興味のある人や、雑誌や書籍そのものを研究したい人は、美術雑誌のバックナンバーを時系列に並べて、判型や造本などの形態的な特徴の変化や、ページ構成や展覧会の取り上げ方などを観察し、時代による編集方針や読者層の変遷と背景を探ることも可能だろう。あるいはある物故作家の画集を対象に、生前と死後での代表作品の取り上げ方や批評家の言説の違いを比較することもできるに違いない。

観察する本のサムネイル（ページを縮小した見本）をつくって、全体構成やページの流れを把握する方法もある。手始めに絵本や画集、写真集などのなかからなるべく薄い本を探して、小さな見開きページのコマを全ページ分つくってみよう。それぞれのコマにそのページを縮小したような図を描き込んでいくか、見開きページを写真に撮って、画像を縮小してコマに貼り込んでいく（**図 1** 参照）。それによって最初から最後まで、見開いた状態でのレイアウトの全体像が一目瞭然にわかるようになる。図と文章の配置やバランス、図版の縦と横の組み合わせなどが把握できるようになり、ひいては著者や編集者やデザイナーがどのようにこの本を編集したのかを読み取ることができるのである。

そのようにして観察結果を書き出した後に、整理して考えてみる。本の部分に注視しつつも、部分的な観察だけで終わるのではなく、そこで気づいたことをもとに、本全体の編集と関連づけて考えることも重要である。あるいは、著者や編集者やデザイナーが見落としていたり、企画のコンセプトを強調するためにあえて省いたり、問題にしなかった点は何かを考えてみると、その本や編集上の特徴が逆に浮かび上がるのである。

◉ 星野道夫の写真集を比較する

編集とは、ある方針のもとに素材となる情報を収集して取捨選択し、新たなかたちに編み上げることを指している。例えば写真集では、写真家が撮影したたくさんの写真を、あるテーマのもとに取捨選択し、厳選した写真を見開きページに組み合わせたり順番を考えたりしてページに配列する。著者や写真評論家などの文章や解説文があれば、その原稿をどの場所に何ページ分で掲載するか、全体のページ構成を組み立てながら配分していく。したがって、仮に同じ写真がＡの写真集とＢの写真集に双方掲載されたとしても、両者の企画・編集の目的・方針が違えば、写真の組み合わせや順番も変わり、それによって印象が違ってくる場合が少なくない。

ここでは北極圏の自然や野生動物の写真で知られる星野道夫（1952～1996）の写真集を例にとって、どのように編集が行なわれているのかを観察してみたい。星野の写真集には、『アニマ』（平凡社）や『週刊朝日』（朝日新聞社）などの様々な雑誌に掲載された写真が収録されている。自然史をテーマとして野生動物の行動や生態を紹介する前者の記事と、ニュース性の高い新聞社の巻末グラビアとしての後者の記事とでは、記事の役割や読者層が異なり、同じアラスカの風景や動物写真の写真ページでも、写真から伝わってくる印象は微妙に違ってくる。そして、それらの写真がさらに新たな企画の写真集に採用され、ほかの写真と交じり合い、編み変えられることで、新たな視点と意味が立

▲図２『GRIZZLY アラスカの王者』平凡社、1985（昭和 60）年

▲図３「第３回アニマ賞発表」『アニマ』No.160、1986（昭和 61）年５月 12 日、平凡社

ち上がってくる。本のテーマや読者層によって、ページ構成や写真の選択・組み合わせ、配列、効果的な見せ方などが変わってくるのである。

生前の代表作のなかから３冊、例をあげて編集の違いをみてみよう。星野の写真集第１作は、1985（昭和 60）年の『GRIZZLY アラスカの王者』（平凡社）である[＊1]（**図２**）。アラスカ大学に入学後、自然と人間の関わりをテーマに野生動物の調査旅行に出かけ、その後もずっとアラスカの大自然を撮り続けた７年の成果が、88 ページの上製本におさめられている。

この本の特徴は、制作に『アニマ』編集長の沢近十九一（さわちかとくいち）をはじめ雑誌編集部が携わっていて、『アニマ』や平凡社の動物写真集との共通性がみられることである。判型は雑誌『アニマ』とほぼ同じ A4 判変型の縦型[＊2]。写真構成とデザインは『アニマ』のアートディレクター・遠藤勁が担当している。星野はこの初の写真集によって、自然写真の登竜門といわれた「第３回アニマ賞」（1986 年）を受賞する（**図３**）。

内容は、強風吹き荒れる厳冬のアラスカ山脈に始まり、翌年冬のオーローラ写真まで、四季を通じたグリズリーの行動と生態の記録である。巻末の写真解説には、使用したカメラやレンズ、絞り値などの撮影データも記載されている。当時の読者対象としては、『アニマ』同様に自然環境や野生動物、動物写真などに関心の高い層を想定していた

図4 『ALASKA 極北・生命の地図』朝日新聞社、1990（平成2）年

と考えられる。

ページ構成では、グリズリーの1年間の行動が「Spring」「Summer」「From Autumn to Winter」の季節ごとに3つの章に分けて紹介されている。章の冒頭には1,000字程度の文章と写真1点が掲載され、その後に写真が続く。星野の写真は横位置が多い。自然のスケール感を伝えようとすると、自ずと見開きページに写真1点が大きく扱われ、さらに写真の四周に余白をつくらない「裁ち落とし」のページが多くなる。この写真集での主役は何といってもグリズリーであり、雄大な自然の光景である。そこには動物と人間の境を忘れさせるような親子の行動や、きょうだいで戯れる子熊の姿がみられるものの、人間自体は写し出されていない。この本は、生態系保全のメッセージ性をも含んだ動物の行動・生態観察をテーマとした本であり、写真や文章はその主旨に沿ってつくられているといえる。

次いで1990（平成2）年の『ALASKA 極北・生命の地図』（朝日新聞社）は、B4判92ページの横長の大型本である（**図4**）。この本の前年、星野は『週刊朝日』に1年間連載した『Alaska 風のような物語』と、写真展「Alaska 北緯63度」が高く評価されて、「第15回木村伊兵衛賞」を受賞している。この写真集は、受賞を記念して出版されたものである。写真構成は、2作目の写真集『MOOS ムース』（平凡社、1988年）以後、長く星野の写真集に携わることになるデザイナー・三村淳が担当している。この本は、書名に表わされているとおり、極北の水と光と大地に育まれた命の力と広がりが感じられるように編集されている。

写真ページの構成は、早春のアラスカ北極圏のカリブーの群れに始まり、夏の川場で魚を捕らえるグリズリーの親子や宙に舞うザトウクジラ、秋のムースの繁殖行動や冬のオーロラなど、季節の流れに沿って展開されている。大きな特徴は、写真がすべて横位置であり、かつ「四方裁ち落とし」であることだ。裁ち落としの写真で視覚的な広がりが生じ、B4サイズのダイナミックな写真がさらに大きく見えることで、自然のスケール感や被写体の迫力をいっそう感じられるようにつくられている。またほとんどのページが、「横長1ページに横位置写真1点」で構成されていて、先の『GRIZZLY アラスカの王者』のように、見開きページのノドの部分に写真がかかることによる見えにくさを回避している。

▲図5 『ALASKA 風のような物語』朝日新聞社、1991（平成3）年

写真ページには、キャプションもノンブルもなく、星野の文章と地図と写真解説からなるモノクロの文章ページは、まとめて巻末に掲載されている。文章を読むより先に写真を凝視し、アラスカの自然に圧倒される醍醐味を味わってもらうことに編集の狙いがあると考えられる。

1991（平成3）年の『ALASKA 風のような物語』（朝日新聞社、AD：三村淳）は、前者と同様、『週刊朝日』に1年連載した同名の記事を再編集した写真集である[*3]（**図5**）。208ページの本に収めるために、写真と文章を新たに選択し直し、雑誌では一緒に掲載されていた写真と文章も切り離して削除や移動、加筆修正などを行ない、再構成している。例えば『週刊朝日』（第94巻第20号、1989年）で「エスキモーになったボブ」の文章と抱き合わせになっている、サケを咥えたグリズリーの見開き写真（pp.6-7）は、写真集では「バブルネット・フィーディング」という文章の後方（pp.126-127）に掲載されている。

この本の構成上の特徴は、25本の文章が写真ページの随所に挟み込まれていることである。「ジムと息子たち」「クジラの民」「アルの結婚式」「シシュマレフ村」といった文章のタイトルを見るだけでも想像できるように、話の内容は、星野が訪れた土地での出会いや会話、撮影中の出来事などが中心である。もともと『週刊朝日』の記事は、1,000～1,500字程度の文章と、見開き写真1点に小さめの写真数点の「組写真」で構成されたフォトエッセイ風のつくりである。この記事で星野の文章に魅了された読者も多く、写真集ではそうした星野の愛読者が写真もエッセイも双方楽しめるように、読みながら見、見ながら読むように編集されているといえるだろう。

判型は『GRIZZLY アラスカの王者』と同じA4判変型の縦型。カラーの写真ページはほとんどが四方裁ち落としである。とりわけ導入部の観音開きで展開されているカリブーの群れの移動を俯瞰した写真は圧巻である。この写真集では、写真ページは自然や動物が主役で、文章ページは自然と生き物に囲まれて暮らす人々の営みや会話が主役なのである。

◉ 時代とともに変わる編集の切り口

時代が変わればその時代に合った考え方のもとに新たな編集の切り口が生まれる。生前の写真集と亡くなった1996（平成8）年以降の写真集を比較すると、写真の扱い方に様々なバリエーションが生まれているのがわかる。例えば、2006（平成18）年の『LOVE in Alaska 星のような物語』（小学館）は、星野が急逝してから10年の節目に、彼の業績を改めて見直し、さらに多くの人たちに伝えていこうというプロジェクトの一環として企画されたものである[*4]（図6）。

この写真集の特徴は、タイトルどおりアラスカの自然や動植物や、そこで生活する人々の「LOVE」が感じられるような写真を中心に構成されていることだ。小学館の解説によれば、これまでの星野の写真集にはなかった「穏やかで癒されることを目的」として「大きな風景写真を軸に、ゆっくりとした時間が味わえるよう」に編集されたという[*5]。

本の表情は明るく柔和である。柔らかいカバーの並製本で、写真集では比較的小さめの正方形に近い横長の本である[*6]。カバーには、銀世界を連想させる白地の空間に、虹色に光るホログラム箔押しの大きな英字と、瑠璃色の和文のタイトルがデザインされている。その下で、正面のカメラに向かって微笑むエスキモー（イヌイット）の子どもたちが印象的である。ピンク色の帯には「いのちを見つめた『愛』を贈ります。」と、キャッチコピーが書かれている。出版前年の 2005（平成 17）年は「自然の叡智」をテーマとした「愛・地球博」が愛知県で開催された年である。児童殺人事件や少年犯罪などの事件が多発したこともあって、「今年の漢字」にも「愛」が選ばれている。愛という言葉を素直に受け入れやすい社会状況にあったといえる。

▲図6 『LOVE in Alaska 星のような物語』小学館、2006（平成 18）年

事実、この写真集に写し出されている野生動物と人間の家族や、季節を彩る植物の姿からは、厳しい自然のなかで育まれた愛が際立って伝わってくる。一方で、「LOVE」以外のイメージやメッセージは、この写真集では後退することになる。例えば、カバーに使われた子どもたちの写真は、『ALASKA 極北・生命の地図』に掲載されている写真（p.63）と同じで、ベーリング海沿岸の村の子どもたちが、氷原で遊ぶ姿を撮影したものである。巻末の写真説明には、この村が、伝統的なクジラ漁を行なっていることや、写真の子どもたちは白人の母とエスキモーの父をもつきょうだいであり、話す言葉は英語であることも書かれている。星野が当時伝えたかった「エスキモー語が急速に消えつつある」という状況は、『LOVE in Alaska 星のような物語』では伝わらないのである。

◀図7 『ALASKA 極北・生命の地図』朝日新聞社、1990（平成2）年

◀図8 『LOVE in Alaska 星のような物語』小学館、2006（平成18）年

同様に、自然の闘いの生々しい場面を連想させる写真は避けられている。重要なのは険しさではなく温かさであり、生き物たちの絆である。46ページのホッキョクギツネの子ども2匹が野原でじゃれている写真は、『ALASKA 極北・生命の地図』掲載（p.38）の同じ写真では、写真解説によって2匹が母ギツネを巣穴近くで待っているところであり、また、ホッキョクギツネがレミングや鳥類やアザラシの死肉を食べ、鳥の卵荒らしであることが伝えられている。対抗ページには、ヒナが孵化しそうな卵を守るコクガンの写真が掲載されている。『ALASKA 極北・生命の地図』の本では、狩りから帰る母を待つ子と、生まれてくる子を天敵から守ろうとする母の姿が、対峙するように編集されている（図7）。一方の『LOVE in Alaska 星のような物語』では、ホッキョクギツネの対抗ページに、背中に子を乗せたカラフトライチョウの親子の写真を配置したことで（p.47）、ここではきょうだいと親子間の愛情に、読者の目が注がれるのである（図8）。

◉ 写真の構成・レイアウトを観察する

今まで取り上げてきた4冊を使って、もう少し写真の見せ方を観察してみよう。『LOVE in Alaska 星のような物語』のレイアウトがほかの3冊と大きく異なる点は、写真の四周に広めの余白をとるデザインを基本としていて、四方裁ち落としの写真がないことである。写真の左右を裁ち落としにしているページは散見されるが、天地には必ず余白を設けている。それによって写真の力は本の枠外にまで広がらず、読者の視線は白い額縁のなかの絵画を見定めるかのように、写真の中心に向かって注がれることになる。全ページ裁ち落としの『ALASKA 極北・生命の地図』のような被写体の力強さや空間の広がりを感じさせるよりも、家族の写真アルバムのように、写真のなかの出来事を静かに眺めてほしいという編集の意図がそこに現われている。

また、4冊のうちで縦位置写真が最も多く使われているのは、『GRIZZLY アラスカの王者』、次いで『ALASKA 風のような物語』である。前述のとおり星野の写真は横位置が圧倒的に多く、その傾向は4冊に共通しているが、それでも前者では52点中20点を縦長にレイアウトしている。例えば、左ページにグリズリーがサケを捕らえようとしているシーンを田の字状に4枚配置し、右ページにサケを咥えた瞬間の写真を大きく掲載している（pp.32-33、**図9**）。また別のページでは、草むらのなかで授乳中の母グマの縦位置写真を左ページに、その後で寛いでいる親子グマの写真を右ページに配置している（pp.46-47）。後者の『ALASKA 風のような物語』では、ピンクサーモンを加えたブラックベアーと細長い葉を咥えたカンジキウサギの、ほぼ同じ構図の写真が左右ページに並んでいる（pp.42-43、**図10**）。このように、これらの写真集では、時間の連続性や同じ仕草の被写体を対比的に表わす際に、縦位置写真を効果的に使っているのがわかる。

写真集を編集する際に重要なのは、被写体を表現している写真の構

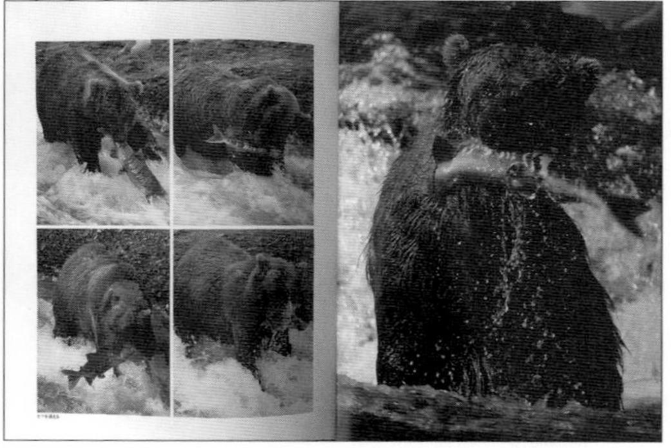

▲図9 『GRIZZLY アラスカの王者』平凡社、1985（昭和60）年

図やアングル、光や色などの諸要素を考慮した変化のあるページ構成である。右向きの被写体や垂直に伸びる構図やロングショット（「引き」ともいう）やアップ（「寄り」ともいう）の写真ばかりを延々と並べても、どれも同じように見えて飽きてしまうからだ。

例えば『ALASKA 極北・生命の地図』の導入部は、北極海の沿岸を２頭のホッキョクグマが白い息を吐きながら走っているミドルショットの写真から始まる。次の見開きでは、カリブーの群れが移動していくさまを、山からロングショットで俯瞰した写真と、水平アングルでとらえた写真が並んでいる。左ページの雪原のグレーと右ページの白夜のオレンジ色の光が対照的である。次をめくると、今度は明るい日差しのなかで、冬眠から目覚めたブラックベアー（左ページ）とグリズリー（右ページ）の親子が現われる。左ページは水平アングルのミドルショット、右ページはハイアングルのロングショットである。次を開くと突然アップの写真が目に飛び込んでくる。低い姿勢で手前のホッキョクジリスを狙っているグリズリーと、左傾する斜面で雪をガリガリとかきわけるようにして何かを探っているドールシープの側面である（図11）。さらに次の見開きでは、再びロングショットの写真に切り

▲図10 『ALASKA 風のような物語』朝日新聞社、1991（平成3）年

▲図 11　『ALASKA 極北・生命の地図』朝日新聞社、1990（平成 2）年

▲図 12　『ALASKA 極北・生命の地図』朝日新聞社、1990（平成 2）年

変わる。残雪の山の斜面を背景に歩く一頭のカリブー（左ページ）が水平アングルで、春を迎えた北極海がハイアングルで写し出されている（**図 12**）。このように写真集をじっくり見ていくと、星野が長い時間をかけて目にした出来事を凝縮して読者が擬似体験できるように、様々な見え方を工夫して構成されていることに気づくだろう。そして、ほかの写真集とも比較しながら、企画テーマと編集やデザインの密接な関わりを読み解いていくうちに、自ずと作品世界の特徴や写真表現の豊かさを発見して、より深く作品を味わうことができるようになるのである。

（田村　裕）

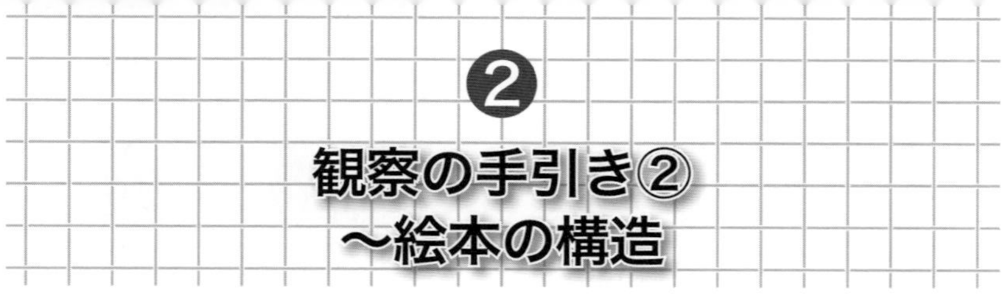

❷ 観察の手引き② 〜絵本の構造

◉ 読者年齢に合わせた絵本共通の工夫と特徴

この節では、絵本を例にとってどのような本づくりがなされているのかを観察していく。書店や図書館で絵本の棚を見ていると、様々な種類があることに気づくだろう。物語絵本や民話絵本、科学絵本や写真絵本、また文字のない絵本や仕掛け絵本など、いろいろな内容とスタイルがある。絵もアクリル絵具や透明水彩、パステルなどで描いたものや、切り絵や版画、デジタル制作によるものなどがあり、それぞれ違った表情をもつ。また、読者対象も子ども向けや大人向けがあり、子ども向けの場合はさらに対象年齢でつくり方が変わってくる。

では子ども向けの絵本、とりわけ対象年齢が３〜４歳の幼児から小学低学年頃の絵本には、どういう工夫がみられるのだろうか。手にとってすぐに気づくのは、丈夫で機能的につくられていることだろう。柔らかい表紙の並製本もあるが、多くは固く厚い表紙に守られた上製本である。本文の紙も厚めで、幼児用には厚い紙を貼り合わせてつくった「ボードブック」（合紙製本）もある。カバーや表紙は、表面がPP加工*7でコーティングされている。また、汚れたり破れたりしてカバーが外されてもいいように、カバーと表紙は同一のデザインである。絵を楽しむには、画集や写真集と同様、本の中央のノド部分までよく見えて、手を離してもすぐに閉じない開きのよさも大事である。絵本では、無線綴じより開きが良く、少ないページ数でも抜けたりしない糸かがり綴じや中ミシン綴じが多く使われている*8。

本の内容をわかりやすく、楽しく伝える工夫もみられる。カバーや表紙、裏表紙の絵は、主人公を大きく扱ったりするなど、内容と連

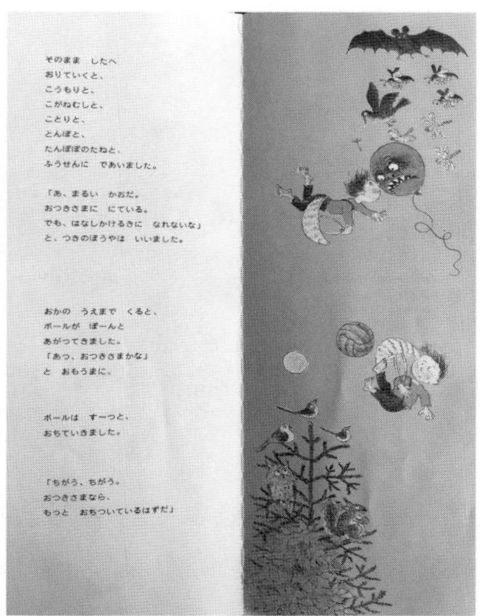

図13　文・絵：イブ・スパング・オルセン、訳：山内清子『つきのぼうや』福音館書店、1975（昭和50）年

動した絵を掲載している。「見返し」[*9]は表紙と本の中身を接合する役割をもつが、そこに絵や模様を入れて、ワクワク感を高めている本も多い。あるいは「扉」のページから物語を開始している本もある。また、本文が40～50ページ程度までの上製本の背は、厚みが1cm前後のフラットな角背で、その細長い空間に書名や著者名などの文字や主人公の絵などが、くっきりと目立つようにデザインされている。

またページ数が少ない絵本では、目次の必要がない。絵のじゃまになるノンブルも目立たせず小さく扱ったり、ないものもある。用紙は絵が美しく映えるように、白く平滑で、発色を良くするコート紙やアート紙が多く使われている。さらに絵本では、本のかたちや大きさが多様であることも特徴である。読み聞かせに便利な大型絵本やもち運びに良い小型絵本、そして絵の内容や物語の展開に応じて、縦長や横長、正方形の絵本がある。

例えば極端に縦長の絵本の例としては、縦340mm×横127mmの『つきのぼうや』（文・絵：イブ・スパング・オルセン、訳：山内清子、福音館書店、1975［昭和50］年）がある（**図13**）。この本は、主人公の「つきのぼうや」が、お月さまから地上の池に映った月を連れてきてほしいと頼まれ、天上から下って池に飛びこみ、池底で小さな鏡を見つけて帰っていくという物語である。様々な人や動物やモノに出会いながら落下していくその時間と距離感を、9見開きの連続ページによって表現している。

🅐図14　A・トルストイ再話、訳：内田莉莎子訳、絵：佐藤忠良『おおきなかぶ』福音館書店、1966（昭和41）年

一方、横長の絵本で有名な絵本には、福音館書店のロシア民話絵本『おおきなかぶ』がある（**図14**、A・トルストイ再話、訳：内田莉莎子、絵：佐藤忠良、1966［昭和41］年）。この本では、右ページの端に少しだけ顔を覗かせている巨大なカブを、左手にいるおじいさんたちが「うんとこしょ　どっこいしょ」の掛け声とともに、引き抜こうとするシーンが繰り返される。左側に並んで綱引きのように引っ張る力と、右端でテコでも動かぬと言わんばかりの重いカブの、力のこもった動きが、横長の見開きページで、効果的に表現されているのである。

◉ 物語展開に応じた絵と言葉の働き

物語展開に応じた絵と言葉の働きについて、ここでも読者年齢層が３～４歳の幼児から小学低学年頃の絵本を対象に説明していく。物語の絵本では、映画やテレビドラマのように主人公や脇役がおり、登場人物（人間とは限らない）それぞれの役柄に応じたキャラクター（性格）設定がなされている。それによって登場人物は生き生きと動き出し、作者が伝えようとしているテーマの下に、無駄のない物語展開が生まれる。物語展開の基本としてよく言われるのは「起承転結」である。物語の始まりから出来事が起こり、しばらくして今までとは異なる新たな出来事が起きて山場を迎え、やがて決着がついていく。このわかりやすい構成が子どもの絵本には重要である。実際には「起承転結」

以外の展開もあり、またはっきりしないものもあるが、このパターンを念頭において物語の各場面を見ていくと、全体構成が把握しやすくなる。

物語展開で注意したいもう一つの点は、「繰り返し構造」である。先程の『おおきなかぶ』でも、一人では抜けなくなったおじいさんがおばあさんを呼び、おばあさんが孫を呼び、孫が犬を呼び……と、次々と助っ人が加わって「うんとこしょ　どっこいしょ」を繰り返す。この掛け声を伴ったテンポの良い繰り返しのリズムが、子どもを引きつけるのである。

絵と言葉の働きを知るうえでの観察ポイントは、まず、絵と文章の関係に注目することだ。文章で語られていないことを絵はどう描き、絵で語りきれないことを文章ではどう書いているかに注意してみると、それぞれの役割がみえてくる。読者年齢層が小学低学年向けの絵本の場合、文章はひらがな主体で、短く、わかりやすい言葉が使われる。聞き取りやすさやテンポも重視されるので、自分で声を出して読んでみるといいだろう。

絵で見ておきたいのは、配置の仕方や背景などの描き方である。配置の点では、絵を１ページまたは見開きに１点大きく配置しているものや、複数配置しているもの、絵を矩形や円形などの枠内に配置するもの、それらを組み合わせているものなど、いくつかのパターンがある。また、絵の背景を全部描く方法や、『ぐりとぐら』のシリーズ[*10]のように、登場人物の出来事に視線が向くよう、物語の状況設定に必要な部分しか背景を描かない方法もある。配置や描き方の違いによってどんな効果が生まれているのか、注意してみていくと、その絵本の特徴が浮かび上がってくる。

次に絵の働きの観察ポイントとして重要なのは、描き手のポジションや絵の構図、アングルなどの描き方である。前節で、写真集を編集する際の重要な要素として構図やアングルや色などの話をしたが、これらは絵本においても同様である。まずポジションはカメラを構える位置と同じく、描き手の仮想の立ち位置に相当する。固定したカメラのように、ポジションを一定に保った状態で情景が描かれる絵本には、バージニア・リー・バートンの『ちいさいおうち』[*11]などがある。

アングルは、カメラのハイアングルや水平アングル、ローアングルのように、描く対象をとらえる画家の視線の高さである。上から見下ろすと地面が広く見えるため、全体を眺めるときに都合が良い。逆にローアングルで下から人物などを見上げると、相手が大きく見える。

写真・映像撮影の手法であるアップ、ミドル、ロングの各ショットも、それらを組み合わせながら効果的に使われる。このほかにも、絵の構図や「動」と「静」の表現など、絵の特徴に注意して物語の内容と関連づけてみると、制作者の意図が想像できるようになる。

◉ 絵本の物語展開

次に、３冊の絵本を例に、物語のテーマや構成と、絵や文字などの表現との結びつきをみてみよう。

『へちまのへーたろー』(図15、文：二宮由紀子、絵：スドウピウ、教育画劇、2011［平成23］年[*12]) は、「へーたろー」というへちまが、へちま棚の下でぶらぶらしているとき、近づいてきた少女に、きゅうりと間違えられたことから始まる物語である。傷ついたへーたろーは自分がへちまであることを理解してもらうおうと、たくさん食べて太ってみせるが、次に会ったときも「太ったきゅうり」としてしかみてくれない (図16)。それならばと、肌をつるつるにしたり、勉強して人間の言葉を話せるようになったりと努力を重ねるが (図17)、結果はいつも同じ。それればかりか、かえって相手を怖がらせてしまう。しょげかえって諦めかけたとき、ふと、間違えられるのは、自分とそっくりのきゅうりが近くにいるせいなのではと、探して会うことを思い立

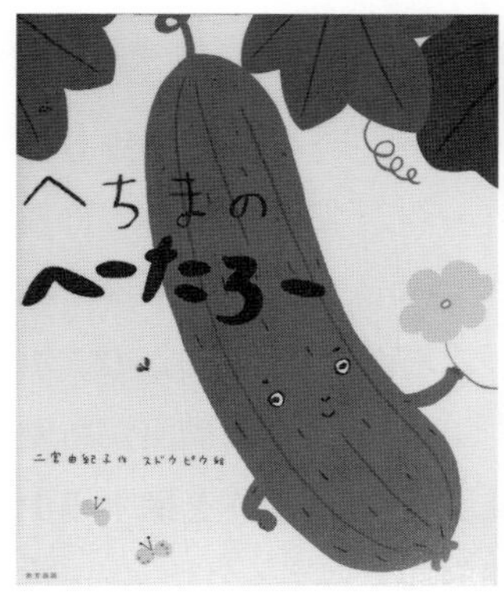

▲図 15　文：二宮由紀子、絵：スドウピウ『へちまのへーたろー』教育画劇、2011（平成 23）年

▲図 16　太ってもきゅうりに間違われる場面

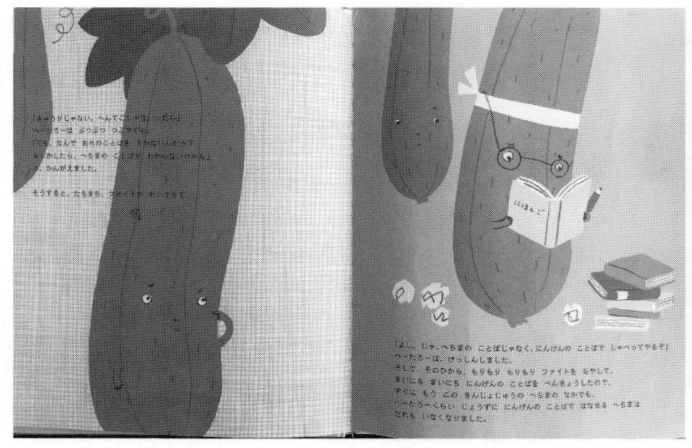

▲図 17　人間の言葉を話せるよう勉強する場面

つ——。

ここでの物語展開には、次のような起承転結がみられる。へーたろーと子どもの最初の会話を「起」とすると、間違えられないように趣向を凝らして変身する過程や、それでも誤解される残念な結果は「承」であり、最後に発想を変えてきゅうりを探し回るまでが「転」、対面してお互い似ていることを認め合うまでが「結」となる。この絵本からは、他者と間違われないように変身すればするほど「へちま」ではなくなってしまうことのおかしさや、他者との違いを人に認めてもらうことの難しさ、互いに似ていることを認め合うことの大切さなどが伝わってくる。そして、そのようなテーマ性と最も深く関わっている場面が、山場となる「転」とその前後の出来事なのである。

また、「承」の部分にみられる繰り返し構造は、次のＡ～Ｅの５つの場面で構成されている。Ａ「へーたろーを見た子どもがきゅうりと間違えてお母さんに向かって叫ぶ場面」→B「へーたろーがお母さんに子どもの誤解を解くように主張する場面」→C「期待に反して母親が子どもに同調する場面」→D「間違われないように変身のアイデアを練る場面」→E「ファイトを燃やして頑張る場面」。そしてこの5場面のパターンが4回繰り返された後に、くじけそうになる場面が新たに登場し、これが物語の「転」を引き起こして、きゅうりを探す場面と、ついに対面して互いを認め合う「結」の場面を迎える。

この繰り返しは、場面を構成する文章や絵や色彩や、構図、アングルなどにも反映される。例えば、場面Aは主にへちまと草の「緑」と地面の「黄」で構成されている。子どもの半袖ワンピースも黄色だが、これはA～Dのパターンが繰り返されるごとに、赤や緑や橙の服に変わる。また、Aの場面での画家の目線は子供の目の高さと同じでやや低い。場面BとCは同一構図で、へちま棚のへーたろーと同じ目の高さから、地面をやや見下ろすかたちで描いている。へちまと花の「緑」や「黄」に、夏らしい空の「青」が加わっている。アイデアを練る場面Dはへーたろーのアップで、「緑」のへちまの背面一帯には、蔓を絡ませる「グレー」のネットが描かれている。ファイトを燃やしてチャレンジする場面Eは、「緑」のへちまの背景に、「ピンク」の色が敷かれている。このように、繰り返し構造の5つの場面は、それぞれ緑、黄、青、グレー、ピンクの5色を印象的に用いて一つのパターンを形成しているのである。

次の『キャベツくん』(文・絵:長新太、文研出版、1980［昭和55］年*[13])は、文章が縦組みの右綴じの本である(図18)。先程の横組みの絵本では、左から右に物語が流れていくが、この本では逆方向に進む。登場キャラクターはキャベツくんとブタヤマさんである。キャベツくんと道でばったり出会ったブタヤマさんは、キャベツくんに「おなかがすいてフラフラなんだ」と告げる。そしていきなり「キャベツ、おま

図18　文・絵：長新太『キャベツくん』文研出版、1980（昭和55）年

図19　ブタヤマさんがキャベツになった場面

えをたべる！」と言ってつかまえるのだが、キャベツ君は「ぼくをたべると、キャベツになるよ！」と反撃に出る。その直後、ブタヤマさんは空を見上げて「ブキャ！」と叫んで驚く。緑の鼻の、キャベツになった自分の姿が浮んでいるからだ（図19）。ならば「ヘビが　きみをたべたらどうなるんだ？」と聞く。するとまた「こうなる！」と答える。空には３個のキャベツが団子のように並んだ蛇が浮かんでいる。どうしてもキャベツくんを食べたいブタヤマさんと、食べた後の姿を空に出現させて驚かすキャベツくんとの応酬が続いていく――。

緊張感のあるやりとりのなかでの驚きと笑いの末に、ほのぼのとした友情で終わる物語である。この絵本では、「起」「承」転」の驚きの繰り返しで構成されているようにも感じられるが、全体を通してみると、両者の出会いの「起」の次に展開される互いの掛け合いは、先の絵本での繰り返し構造と同様、「承」に相当すると考えられる。「転」は、最後に一番大きいクジラのキャベツを出現させた場面から、次のページの「こんなおおきな　キャベツをたべたら、おなかが　いっぱいになって　いいだろうなあ」という言葉に、キャベツくんが同情する場面までである。そして可哀想になって、キャベツくんがブタヤマさんをレストランに連れていく最後の場面で「結」を迎える。

絵に注目すると、全ページにわたって、見開きに１点、大きく描かれていることと、画面の3/4近くを空のスペースに当てている点が大きな特徴である。これは変身した姿を空に大きく描くためと、縦組みの文章を配置するスペースに活用するためだろう。

画家のポジションは、読者と同じく両者の手前にいて、遠くから眺めているような描き方をしている。そしてページをめくるたびに、山々や木々や湖などの風景が、少しずつ左方向に動いていることから、2人が道を歩く速度に合わせて移動しているかのように描いていることがわかる。この絵本では、めくる行為によって場所の移動や時間の経過が表現されている。

色彩は、現実の色とは異なり、画面の多くを占める空や地面は、黄色に塗られている。主人公のブタヤマさんは青のシャツに灰色がかった青のズボン、キャベツくんは顔が緑で青のオーバーオール姿である。山は緑で木々や池は青または緑。このように、黄・青・緑の明るく鮮やかな色彩によって、不思議な世界がつくり出されているのである。

▲図20　文：きむら ゆういち、絵：はた こうしろう『ゆらゆらばしのうえで』福音館書店、2003（平成15）年

最後に『ゆらゆらばしのうえで』（文：きむら ゆういち、絵：はた こうしろう、福音館書店、2003［平成15］年）をみてみよう（図20）。この本は、逃げるウサギと追いかけるキツネが、今にも倒れそうな一本橋の上で動けなくなり、長い恐怖を味わった末に、難局を切り抜ける物語である。物語の起承転結や繰り返し構造は次のようになる。

渓谷にかけられた丸太の一本橋。大雨が何日も降り続いた翌日、橋に向かってウサギとキツネが走ってくる。ウサギの後にキツネが飛び乗った瞬間、橋を支えていた土手の石が崩れ落ちる（「起」）。キツネはウサ

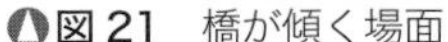
図21　橋が傾く場面

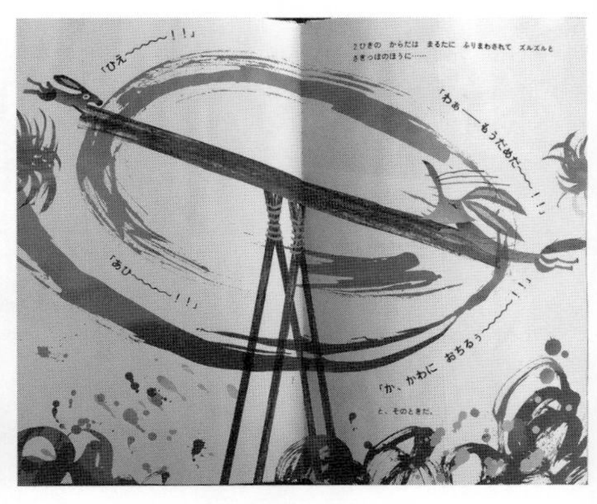

図22　橋桁が回転する場面

ギを追い詰めたものの、橋を支える橋脚が真ん中だけになったことで、シーソーのように橋が傾くことになる。２匹は釣り合いの取れる場所に移動するが、夕方にはカラスの大群が止まってまた揺れ始める（「承」と「繰り返し構造」）。静かになった夜、身動きのとれない２匹はしだいに心を通わせていく。そして食う・食われる関係でも、今は互いの重さがないと生きのびることができないとわかった瞬間、山から吹き降ろす風で橋が回転し、危機を迎える（「転」の連続）。だが２匹は力を合わせて落下を免れ、橋向こうに渡ることに成功。あたりはすっかり明るくなって、キツネはまたウサギを追いかけるのだが（「結」）――。

この本の判型はA4判よりも横幅が短く、縦幅の長い変型サイズ（縦305mm×横190mm）である。縦を長くすることで、橋の手前のポジションから橋を見上げるように描いたときの、橋脚の高さや不安定さ、川の水しぶきの激しさなどを強調している。また、見開きにすると正方形に近くなり、それによって橋が回転する姿や橋桁の傾きが表現しやすくなる。橋を中心にしたときの画家のポジションはあまり変わらないが、場面に合わせて視線の高さやアップやロングなどの距離感を変えているのがわかる。

ウサギの後にキツネが飛び乗り、橋がぐらついてバランスがとれなくなる場面は、その前の場面よりも橋の下部を大幅にカットして、２匹と近い距離でとらえている。また、文字と文字組みに注意してみる

▲図23　２匹が心を通わせていく場面

と、左右に揺れる橋の傾きに応じて文字も不安定に傾けている。「ドンッ」や「ギギギギギー」「グラッ」「ドボーン」といった擬音語や擬態語は、色付きの大きな描き文字で目立たせている（図21）。さらに橋桁が回転する場面では、周囲に配置した文字も回るようにレイアウトしている（図22）。

この絵本では、かろうじてバランスを保っている「静」と、危険にさらされている「動」の場面の繰り返しが特徴である。「動」の激しさは「静」の場面によって強調され、印象づけられる。例えばカラスが一斉に飛び立つ場面と、橋が回転し始める場面の「動」の間に挟み込まれた、月明かりの下での会話の場面は、遠景描写から突然アップに変わり、しかもほかのページにはないコマ割りの構成で、個々の会話が展開されている（図23）。そしてこの「静」の場面での、ともに生きようとする会話こそが、テーマと結びついた山場＝「転」を築いているのである。

このように、絵本を観察していると、物語の内容・展開にしたがって、ページ構成や文章内容、色彩や文字の配置や判型、製本様式など、様々な要素が互いに関連づけられて表現されていることに気づくだろう。それこそが、広い意味での「編集行為」である。こうした絵本の構成は、ある企画の下に絵本作家が骨組みとなるラフや、絵コンテをつくり、編集者とのやりとりを経て決定される。絵のなかに配置される文章もまた、変更・修正が加えられて内容が練り上げられていく。絵本は写真集同様に、絵本作家や編集者や印刷所などとの共同作業によって成り立つ創作物なのである。

（田村　裕）

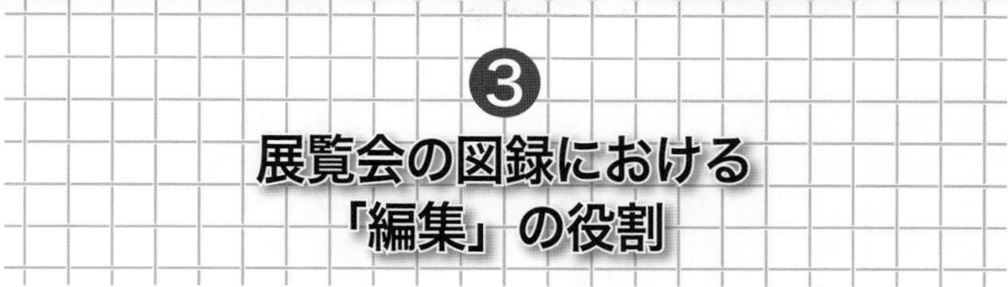

❸ 展覧会の図録における「編集」の役割

次に、美術館が展覧会の開催時に発行する「図録」を例に、その編集の役割について考察してみよう。ここでは目黒区美術館の降旗千賀子学芸員*[14]が手がけた一連の図録を見ていくことにする。一般的な展覧会の図録の多くは、展示内容に沿ってその写真図版を羅列するいわゆる「カタログ（catalog）」の体裁をとるものが多いが、編集という観点から図録を詳細に分析してみると、日頃無意識に見ている展覧会の展示意図や構成、背景にある作家の思想などがわかってくることが多い。

◉「色の博物誌」展（1992年～2004年）

目黒区美術館は東京都目黒区にある区立美術館で、1987（昭和62）年に開館した。比較的小規模だが、生活のなかの美やデザイン、また、作品の成り立ちと素材・技法に目を向ける特徴的な展示で知られている。特に、展示と体験活動を融合させる試みとしてワークショップを重視しており、オリジナルの教材「画材と素材の引き出し博物館」を制作し、様々な企画で活用している点なども注目に値する。

「色の博物誌」展は、美術と人の関わりを“色材文化”からとらえたシリーズ展で、1992（平成4）年の「青」に始まり、「赤」(1994［平成6］年)、「白と黒」(1998［平成10］年)、「緑」(2001［平成13］年)、「黄」(2004［平成16］年）という6つの基本色をテーマに企画された。例えば「青」展は、ラピスラズリやコバルトといった古来の素材と、東西の美術作品を同列に展示し、「赤」展では考古資料や民族資料における赤い色の用いられ方を振り返りつつ、日本画・洋画・彫刻などの近代

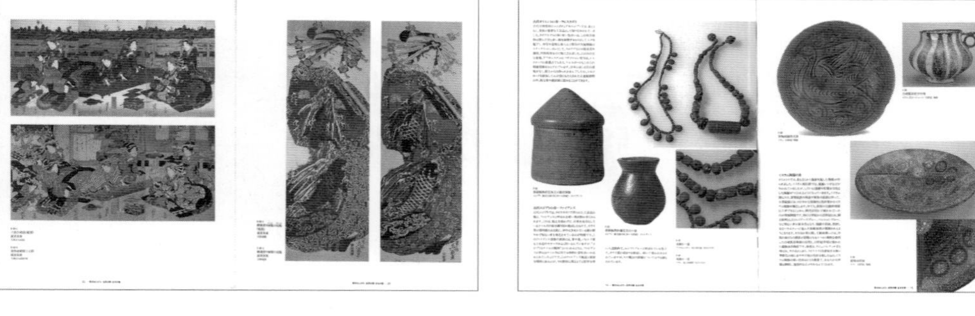

❶❷❸図24 『色の博物誌・青——永遠なる魅力』本文、目黒区美術館、1992（平成4）年。図24～29のブックデザインは大石一義。図28の図録の頃から、PC（Mac）を使用してデザインが行なわれている。印刷所は猪瀬印刷株式会社

日本美術を眺める構成をとった。また「黄」展は、硫黄や花粉といった「大地と空」から生み出される黄色、中国皇帝のシンボルカラーであった黄色、鉱物や植物、動物を素材とする黄色という３本柱を掲げた構造を有する展示であった。

「色材」という縦軸をキープしつつ、展示物＝横軸はジャンルレスなため、結果的に図録にも多様な図版が収録され、作品を見る際の奥行きが増す印象を受ける。展示の特徴が、図録の編集的な特徴としても機能しているといえよう。縦280mm×横225mmというやや大判な判型のため、ビジュアルブックとしての魅力もあるが、例えば「青」展の図録は「青い石」から始まるテキストを物語的に展開するため、「１ページに図版１点」という図録のセオリーを崩し、文字と写真が混在したスタイルの誌面が印象に残る（**図24**）。テキストを「読ませる」ことを重視した「攻めた」レイアウトといえる。

それぞれの表紙は一部が型抜きされ、その穴の部分から１ページ目が見えるデザインとなっており、面白い（**図25～29**）。紙の上から

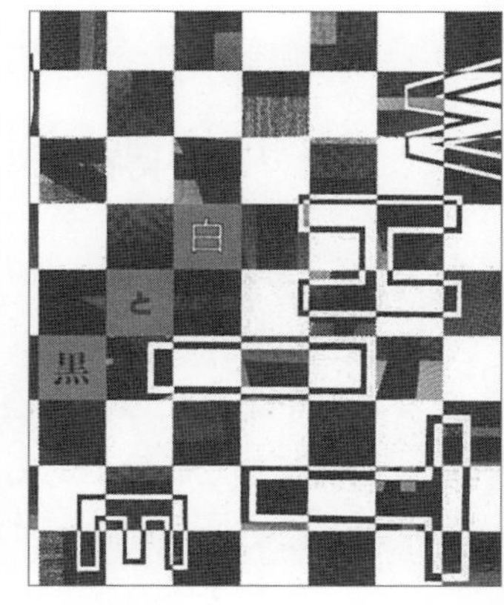

▶図 25 『色の博物誌・青──永遠なる魅力』表紙、目黒区美術館、1992（平成４）年

▲図 26 『色の博物誌・赤──神秘の謎解き』表紙、目黒区美術館、1994（平成６）年

◀図 27 『色の博物誌・白と黒──静かな光の余韻』表紙、目黒区美術館、1998（平成 10）年

◀図 28 『色の博物誌・緑──豊潤な影』表紙、目黒区美術館、2001（平成 13）年

▶図 29 『色の博物誌・黄──地の力 & 空（くう）の光』表紙、目黒区美術館、2004（平成 16）年

PP 加工[*15]が施され、穴の部分は透明なビニールがかかった状態となる。いわゆるソフトカバーと呼ばれる並製本であるが、このひと工夫が効いている。「青」展の表紙（**図 25**）を見ると、青系の様々な色のカラーチップ[*16]がランダムに敷き詰められている。シンプルながら美しく、存在感があるデザインだ。また、本文用紙を使い分けている点も、読者の印象に残る。例えば「黄」展は、図版部分には印刷再現性の高いコート紙を用い、テキスト部分には手触り感があり、目にも鮮やかな黄色い特殊紙を用いている。また「赤」展の図録のテキストページ部分に、わずかに赤みがかった本文用紙を用いている点などは、心憎いこだわりである[*17]。

◉「色の博物誌――江戸の色材を視る・読む」展（2016年）

「色の博物誌」展の総仕上げとして開催された展示。江戸時代の豊穣な色材をテーマに「国絵図（くにえず）」と「浮世絵」を作例として取り上げ、顔料や染料などの「絵具」の材質によって異なる使用法や発色差を比較検証した展示である。領域横断的な展示内容を１冊の図録に落とし込むために、細かな工夫が凝らされている。

図録本文はⅠ～Ⅴの５章立てで構成されている。Ⅰの「国絵図」とⅡの「浮世絵」の章では作品のアップ＋部分とともに、小口側に科学分析よって解明された色材が事細かに紹介されているユニークな本文フォーマットが見てとれる（図30、31）。それぞれの章末には４、５人の識者による論考が２段組みで挿入されていて、図版ページとメリハリのある構成がとられている。Ⅲの「色材」とⅣの「画材」の章は写真の美しさが際立ち、雑誌的なデザインが目をひく（図32、33）。一転、Ⅴの「画法書」の章は、江戸時代の著名な画法書が影印*[18]で収録されており（一部新組み）、さながら研究書の装いだ（図34）。

また、本書は、カラーページの基本となる白いマットコート紙のほかに、黄緑、水色、ピンク、鼠色の４色の色上質紙が主にテキストページに使用されている。冒頭から黄緑（１～16ページ）、白（17～56ページ）、水色（57～80ページ）、白（81～120ページ）、ピンク（121～136ページ）といった具合だ。書物は折丁（第２章を参照）が構造の基本になるため、複数の本文用紙を使用する場合は、色に合わせて台割を設計する必要がある。したがって、依頼原稿の文字量や図版サイズなどを細かく調整しなくてはならず、その分手間がかかる。後述する秋岡展の図録にもあてはまるが、この台割の設計がきわめて重要になる。

また、面白い点として、前述した紙色に加え、グリーン、紫、オレンジ、黄色、グレーの５色の“色帯”を印刷で小口側に配している点

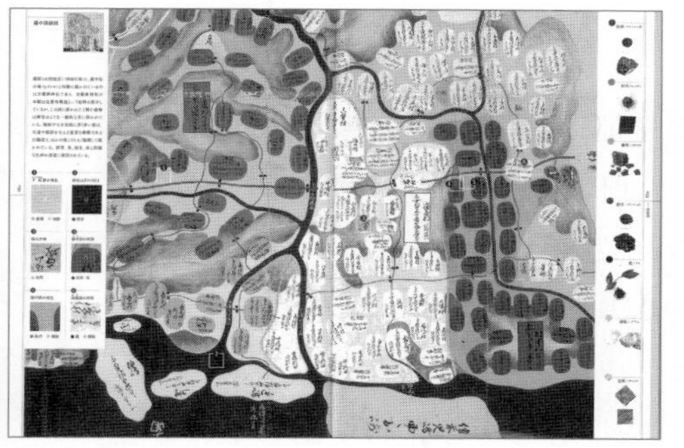

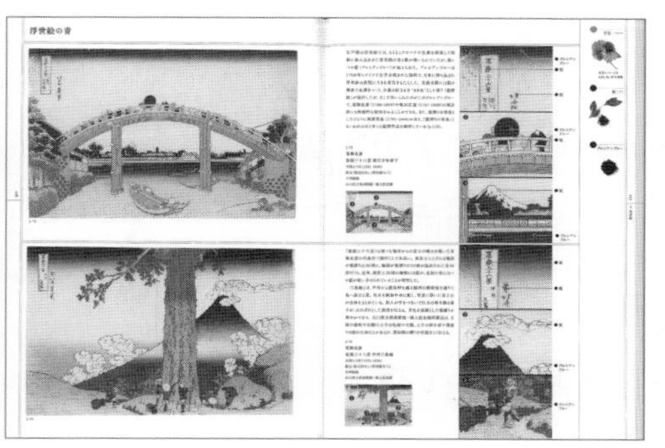

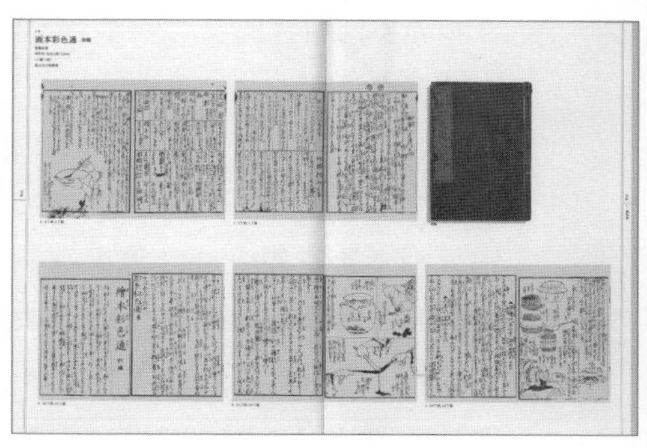

図30～35、図38～47のブックデザインは中野豪雄率いる中野デザイン事務所の手による。印刷は株式会社山田写真製版所

▲上 図30 ▲中 図31 ▲下 図32 ◢上 図33 ◢下 図34『色の博物誌――江戸の色材を視る・読む』本文、目黒区美術館、1992（平成4）年。図31では葛飾北斎の浮世絵に用いられている「藍」と、化学合成された「ベロ藍（プルシアンブルー）」のそれぞれの使用箇所を拡大図版で丁寧に解説している。展示会場では時間的制限や混み具合なども観覧を左右するが、図録は自宅でじっくりと見ることが可能で、展示での体験を補強すると同時に、資料的価値ももつ

▼図35　同書・表紙

があげられる。小口を曲げてみると綺麗に色の縞模様が浮かび上がる工夫は、一般書などでも行なわれる処理である。

一方、表紙（図35）はカラフルな本文とは対照的に、シックなデザインで目をひく。国絵図と浮世絵をグリッドの濃淡で図像化してシルバーの特色インキで刷り、タイトルはノド側のセンターに小さいサイズで5色印刷し、さらに文字部分を空押しして存在感を出している。きわめて同時代的なデザインといえ、良い意味での内容とのバランスの妙を感じる。

一般的な美術館の展示とは様相を異にする「色の博物誌――江戸の色材を視る・読む」展であるが、ビジュアルコミュニケーションの考え方や手法を問い続けてきた企画者の狙いは明快である*19。そんな特徴的な展示全体を紙の上で再構成し、多くの論考やデータで内容を補強し、さらにそれを持ち運びできる「書物」という形に落とし込む「図録」に与えられた役割は大きい。

◉「DOMA 秋岡芳夫――モノへの思想と関係のデザイン」展（2011年）

本展は童画家、工業デザイナー、生活デザイナー、木工家、大学教授など、多彩な顔を持つ秋岡芳夫（1920～1987）の初の大規模な展覧会として話題になった。展示のプランニングと並行して図録の編集作業は進められたが、秋岡の活動は多岐に及び、その編集方針は二転三転した。

このときにヒントになったのは“Eames design: The Work of the Office of Charles and Ray Eames”（図36、37）というイームズ夫妻（チャールズ・イームズ&レイ・イームズ）の作品集だったと企画者の降旗氏は語る。家具や建築作品、フィルムからグラフィックに至る幅広いプロジェクトを掲載したイームズ夫妻の本に習い、秋岡展の図録もクロノロジカル（年代順）を基本とし、同時並行的に様々な活動が記

◀図 36　John Neuhart., Marilyn Neuhart., Ray Eames “Eames Design: The Work of the Office of Charles and Ray Eames” 表紙, Wilhelm Ernst & Sohn Verlag fur Architektur und technische Wissenschaften,1989

▲図 37　同書・本文

◀図 38　『DOMA 秋岡芳夫――モノへの思想と関係のデザイン』表紙、目黒区美術館、2011（平成 23）年

▲図 39　同書・表紙。表紙の両袖を開いた状態。ワイドに広がり迫力がある

◀図 40　同書・本文テキストページ

▲図 41　同書・本文索引年譜

録される構造的な内容となった。実際のモノの展示から図録編集まで、全体を同時に見渡し、考えることなくしては生まれなかった図録だといえよう。

一般的に図録は、展示ポスターやフライヤー、チケットなどと統一されたデザインがなされることが多い。ビジュアルの核となる今回の表紙装丁にはポスターなどにも用いられた“黄色”をキーカラーとして設定し、秋岡の様々な仕事をカラフルに配置する象徴的かつグラフィカルなデザインが用いられた。表1に苗字「秋岡」、表4に名前「芳夫」をレイアウトした表紙のデザインも斬新で（図38）、袖を内側に折り込んだ「雁垂れ（がんだれ）」（小口折り）の並製本（図39）も表2、表3のモノクロ写真と相まって、メリハリが感じられる。

巻頭から24ページまで、および巻末の149～220ページはテキストページで、写真ページとは異なる「淡クリームラフ書籍用紙」（北越コーポレーション）が用いられている。目に優しいクリーム色の書籍用紙は、文章を読むには最適で、巻頭3名、巻末7名の執筆者による論考も読み応えがある（図40）。

本文のカラーページ部分は冒頭に折り込みの「索引年譜」が付く（図41）。これによって秋岡の活動の全貌が俯瞰でき、きわめて利便性が高い。本文ページのフォーマットも、ページ天側（上部）に「西暦／和暦／（その年の秋岡の）年齢」、および該当ページで紹介されるメイン項目以外の補足的事項や著作などが紹介・解説されるという多層的な構造で、読み手への配慮が行き届いている*[20]。一部時代が前後している箇所もあるが、これも結果的に秋岡の多様な活動がスムーズな流れで紹介され、読み手の読みやすさにつながっているといえよう。本文用紙には「b7トラネクスト」（日本製紙）という印刷再現性の高い微塗工紙が使われていて、これもツルツルしたコート紙とは異なる手触り感が、図版の持つ魅力を伝える助けになっている（図42）。

また、略年譜に6ページ、主要文献に10ページ、出品目録に12

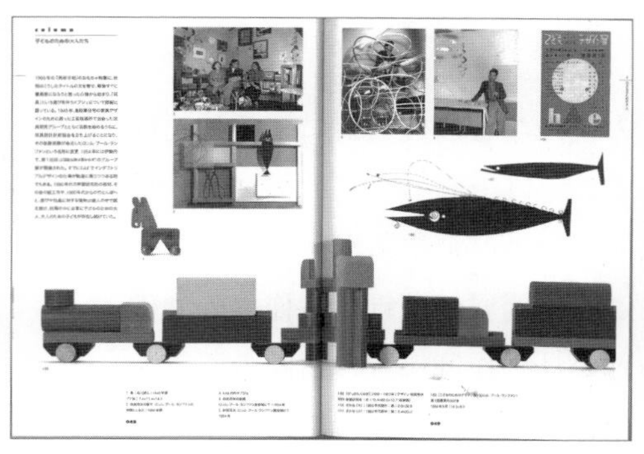

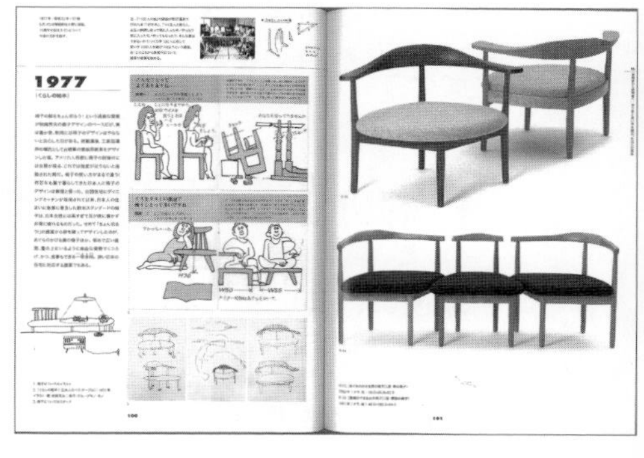

🅐🅑上の５点 図42　同書・本文

ページが費やされているが、これら基礎的なデータの完成度も図録における重要な要素である。展示物に関する情報は、図版ページと作品リスト、さらに展示のキャプションなど、同じ情報を複数箇所で共有する必要があるが、進行はそれぞれ別のため、その確認作業は複雑になる。途中段階で作品の追加なども生じるため作品番号にもズレが生じやすく、特にテキストの言い回しの統一などは複数人による校正作業が必須となる。

冒頭の謝辞には130名を超える人々、および企業名がクレジットされていることからもわかるように、この秋岡展の図録は、作家の型破りな個性を一冊の本として集約するという制作関係者の奮闘の記録といえるかもしれない。図録の編集作業によって、作家の位置付けが再確認され、秋岡芳夫の「アタマの中」が追体験できるような構成となっている。

◉「村野藤吾の建築――模型が語る豊穣な世界」展（2015年）

最後に、ここまで見てきた図録とは若干傾向が異なる図録を2冊紹介しておきたい。

一つは建築家・村野藤吾（1891～1984）の建築の「模型」を展示した展覧会の図録である。本書は京都工芸繊維大学、出版社の青幻社と目黒区美術館の共同編集の形が取られている。図録は必然的に80点以上の模型の写真と図面が中心となり、実際の建築物から受ける印象とは違った、ある種独特な光景が写真から漂う。

見開きの左ページに建築模型の写真、右ページに図面と解説をレイアウトした端正な誌面は、前付けの8ページのカラー写真以外は、モノクロで印刷されている（図43）。写真ページの背景はスミアミ（グレー）の地が敷かれていて、表紙の模型群の写真と合わせ、統一感が感じられる。表紙のローマ字には艶消しシルバーの箔押しが加工されている点も印象的だ（図44）。

また、渋谷文泉閣による「クータ・バインディング」*[21]と呼ばれる製本は、開いたページをほぼ平行に保つことができる構造のため、机上でじっくりと手を離して見ることができる。B5判のコンパクトなサイズも「読むための図録」にふさわしい。本書を手にした人は、時に

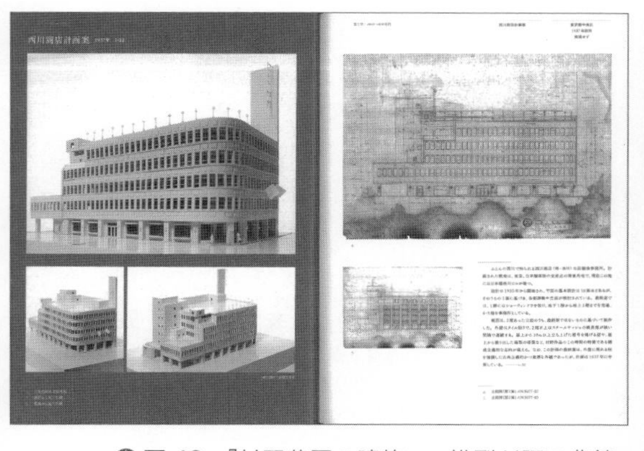

図43 『村野藤吾の建築——模型が語る豊饒な世界』本文、目黒区美術館、2015（平成27）年

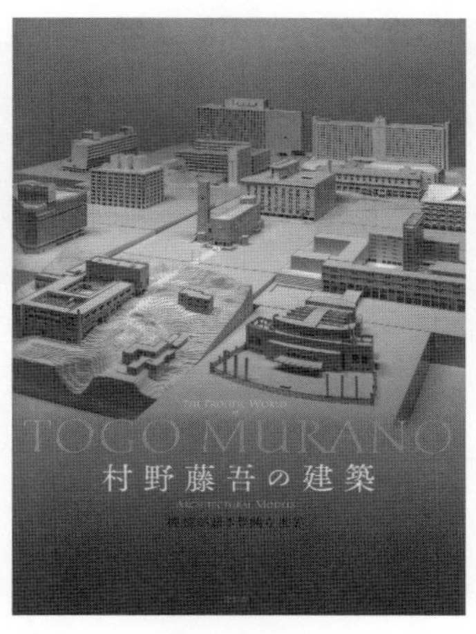

図44 同書・表紙

ルーペを片手に模型や図面の細部に見入ってしまうことであろう。

◉「村上友晴——ひかり、降りそそぐ」展（2018年）

ペインティングナイフを用いた制作や、紙の表面に鉛筆やニードルで痕跡を残す繊細な仕事で独自の世界を貫く村上友晴（1938～）展の図録は、その静謐な世界観がそのまま紙に定着したような、静かな一冊となっている。まさに「〈編集を感じさせない〉編集」のなせる技といえよう。

年代順に代表作が掲載された過去の村上展の図録とは異なり、黒・赤・白という作品の「色」ごとにまとめられた構成が新しく、目をひく*22。また、当初は色ごとに章扉を立てて、そこに解説文を入れる予定だったそうだが、最終的には黒・赤・白の裁ち落とされた作品のみを扉として、文章は巻末にまとめる、という方向性で統一された。

判型は縦240 mm×横240mmの正方形だ。作品は原則見開き右ページに掲載されるが、四方の余白がかなり広めに取られている。さらに、対向の左ページにはその作品を接写した部分が断ち落としで配置され、リズム感のあるレイアウトとなっている（図45）。連作に関

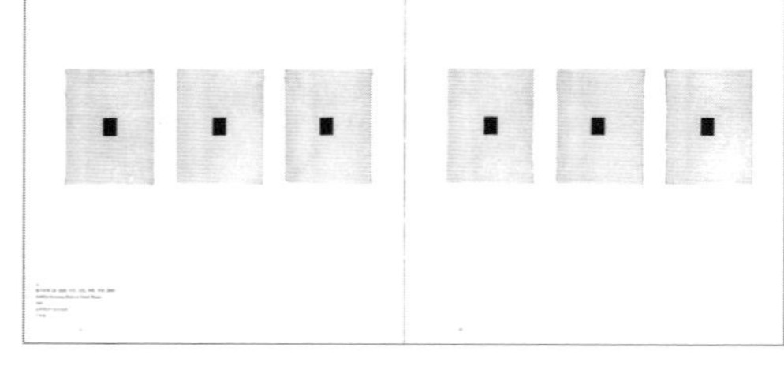

図45 図46 『村上友晴――ひかり、降りそそぐ』本文、目黒区美術館、2018（平成30）年。裁ち落としされた作品のアップと、広がりが感じられる余白を活かしたレイアウトは、展示空間の空気感までもが再現されているようだ

図47 同書・表紙。シルバーの箔押し文字が印象的だ

しても展示空間を誌面で再現したかのような、余白を活かしたレイアウトが印象的で、かなり大胆である（図46）。「十字架の道」（2001［平成13］年）という14点の連作は、観音開きの4ページ分を使って並べて掲載されている。ページ上の1点の作品サイズは約縦70 mm×横45mmと小さいが、この閉じられた観音開きのページを開く動作を含めて、作品の精神世界にふさわしい造本的工夫がなされているといえよう。

また、繊細な表現の作品ゆえに、作品の複写（撮影）作業時のライティングやセッティングなども試行錯誤し、5回にも及ぶ色校正*[23]を経て、最終的には関係者皆が納得できる印刷物として仕上がった。

キャプションなどのテキスト関係は、作品の邪魔にならないよう極小の明朝体が用いられている。細かい点だが、見開きで開いた際にノドに見える白い「かがり糸」が美しく存在を主張している点も、紙の本の魅力の一つである。表紙タイトルにも極小の箔押しが用いられ（図47）、本全体のビジュアル表現は終始一貫「控えめ」に徹している。説明的ではないタイトル“illuminated”にふさわしい存在感が、まるで展示を見ているように心に響く。そこには、揺るぎない「編集の力」

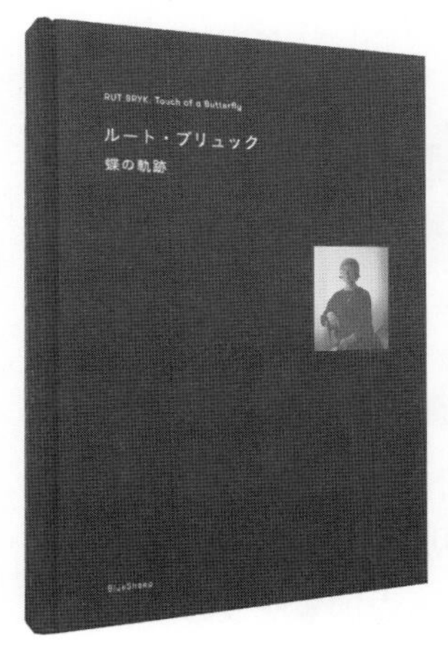

◀図 48　『ルート・ブリュック　蝶の軌跡』表紙、ブルーシープ、2019（平成 31）年。東京ステーションギャラリーなど 4 カ所で開催された「ルート・ブリュック　蝶の軌跡」展の図録表紙。A4 判、角背上製。グリーンのクロス装＋タイトルに金の箔押しを施し、作家のポートレートの小片を空押しで凹ませた上に貼った表紙が印象的な、瀟洒な造本である。見返し裏の巻頭に A5 判 12 ページの作家のフォトブックが貼り込まれている。本文の作品ページにもしなやかな微塗工紙が用いられ、わずかに作品に影を付けるなど、編集上のこだわりが感じられる

が感じられるのである。

以上、目黒区美術館における展覧会の図録を、主に編集上の仕掛けを分析しながら見てきた。基本的に書店では売られない「一期一会」の存在が図録であり、発行部数も一般的にそう多くない*[24]。編集に熱が入り過ぎて展覧会のスタートに完成が間に合わない、という事態もしばしば発生するが、資料的価値や制作スタッフの労力などを考えると、多くの図録は画集などの一般書籍と比較して価格的にも安価で、独自の立ち位置にあるメディアとして引き続き注目する必要があるだろう。

昨今、アートの世界では、デジタルアーカイブなど作品の画像データの活用が進む。紙の図録は一見オールドメディアに感じるが、作品を見ることに加え、作家の新たな一面の発見や、作品の生み出された背景など知識的側面のフォローなど、編集的な工夫によって作品を多面的に「知る」ことができる点が大きな魅力である。保管スペースや劣化など保存に関する問題も紙の本であるがゆえに存在するが、それらを上回る多くの可能性を秘めている。図録は今後もデジタルメディアとは別次元で大きな存在感を示すと思われる*[25]。

（臼井新太郎）

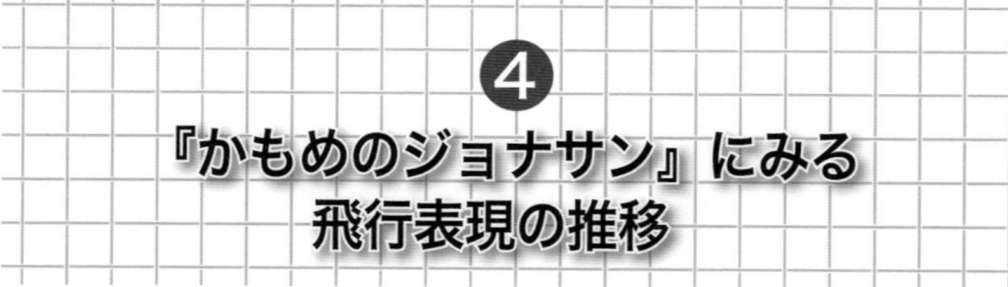

◉ 初版から40年後に刊行された「完全版」

絵本や挿絵の多い児童書の翻訳本で、海外版と日本語版を照らし合わせてみると、同じ内容なのにずいぶんと違った印象を受けることがある。例えば色調の違いである。レオ・レオニのデビュー作“Little Blue and Little Yellow”（1959［昭和34］年、ニューヨーク）*26を、1987年発行のHodder & Stoughton版（ロンドン）や2009（平成21）年のAlfred A. Knopf版（ニューヨーク）、そして日本語訳の至光社版（2014［平成26］年）『あおくんときいろちゃん』とで見比べてみると、紙や印刷の違いから、色合いがだいぶ異なっているのがわかる。同じオフセット印刷でも、Hodder & Stoughton版では、青、黄、緑、茶、赤の５色が、４色の網点のかけ合わせではなく、各々「特色」１色で表現されている。特色にしたのは、網点のかけ合わせによる色むらや色の転びを避けたからだろう。これに対してAlfred A. Knopf版ではすべての色がかけ合わせであり、また日本の至光社版では青、赤、黄と緑が特色で、それ以外はかけ合わせになっている。印刷方法の違いが色の違いとしてストレートに現われているのである。このように我々は、翻訳本に対して、言語以外は原書と同じものを見ているとつい思いがちだが、実際には、それぞれの時代や国々の制作側の事情や編集の意図などによって、違った個性を与えられた本を見ていることのほうが、はるかに多いのである。

ベストセラー小説として有名な『かもめのジョナサン』（原題“Jonathan Livingston Seagull : a story”）もまた、その一例である。この本は、超スピードで自由に飛び回ることを夢見て限界に挑戦し続けるジョナサンが、群れから追放されながらも新たな仲間と師を得て瞬間移動の秘訣を身に付け、やがて自らも飛行教官となって飛ぶことの意味や他者を愛することの大切さを悟っていく物語である。

著者は元米空軍・戦闘機パイロットであったリチャード・バック*[27]。物語に挿入されたたくさんのカモメの飛行写真は、航空写真家ラッセル・マンソン*[28]の撮影による。この本は1970（昭和45）年にアメリカのマクミラン・カンパニー（Macmillan Company、現マクミラン・パブリッシング）から発行されて、西海岸のヒッピー達によって口コミで広がっていき、1972（昭和47）年の6月にはニューヨーク・タイムズのベストセラーリストのトップに躍り出て、38週連続1位を保ち続けたという記録をもつ。今までに世界で4千万部以上売れたといわれ、日本でも1974（昭和49）年に新潮社から五木寛之訳で出版されて、120万部のベストセラーとなった。

さらにその40年後には、3章仕立てだった物語に、著者がこれまで封印していたPart 4を加えて、「The Complete Edition（完全版）」として発行したことで、再び注目を集めた。完全版は、米国では2014（平成26）年2月に「電子書籍」の形でAmazonから発売され、日本では同年6月に紙の書籍で『かもめのジョナサン【完成版】』と題して出版された。訳者と出版社は、前と同じ五木寛之と新潮社である。

◉ 原書・初版本と1972年の海外版

では、1970年に発行されて2年後にベストセラーになったとき、この本はどんな姿をしていたのか。実際に確かめてみると、サイズは天地220 mm ×左右160 mmと、日本の菊判の「とんぼの本」（新潮社）や「ふくろうの本」（河出書房新社）のシリーズとほぼ同じ大きさである。新潮社版の四六判や文庫本でしか読んだことのなかった人には、想像しがたいほどに大きな、正方形に近い本である（図49）。デザイ

▲図 49　Richard Bach, Russell Munson (photographer). "Jonathan Livingston Seagull : a story" Macmillan Company, 1970

▶▲図 50　同書

ナーのジョーン・ストリャール*29による装丁は、カバー（ジャケット）付きの上製本である。紺色のカバーをはずすと、厚手の板紙をコバルトブルーの布クロスで包んだ本表紙が現われ、斜めに傾けると、無地のクロスに空箔押しされた、カモメの飛ぶ姿がうっすらと浮かび上がる。背文字は白の箔押し。中身は94ページと薄いが、写真のインキののりを考慮して平滑で少し厚みのある塗工紙が使われている。糸かがり綴じの製本で、印刷方式はオフセットである。本文ページは四周の余白をたっぷりとったオプティマ書体の文字組みで、裁ち落としの写真をいっそう大きく際立たせている。

読み手の視線の動きを妨げないように、文章のくぎりのよいところでページを改めて写真を配置するなど、物語と写真を違和感なく一体化させて構成しているのが、編集上の大きな特徴である。明らかに絵本や挿絵入りの童話や画集の体裁にならってつくられているこの本は、当初は、子どもも大人も楽しめる写真物語のようなイメージで制作されたことを示している。思えば、版元のマクミラン・カンパニーは、『不思議の国のアリス』を出版した英国の同名出版社をルーツとし、1919（大正8）年には米国で世界初の児童書部門を設置した老舗出

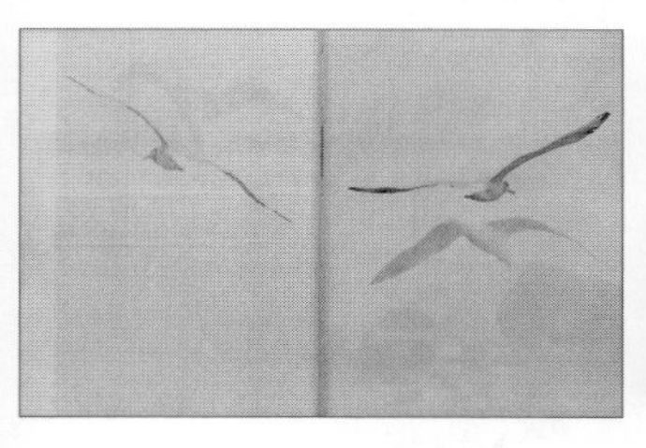

8ページ1折をトレーシングペーパーに印刷。下の写真が透けて見える

版社であった。

この本の編集で最も目を引く工夫は、ジョナサンの師となるチャンが瞬間移動する飛行場面の1折8ページ分を、**図50**のようにトレーシングペーパーに印刷したことだ。下の写真が透けて見えるために、チャンの羽ばたきが連続して動いているように見えるという仕掛けである。トレーシングペーパーに印刷した本では、ブルーノ・ムナーリの、霧や空間の奥行きを表現した絵本『闇の夜に』*[30]や『きりのなかのサーカス』*[31]があるが、ジョナサンの本では組み写真による飛行表現に使ったのである。このアイデアが、デザイナーによるものなのか、それとも編集者のエレノア・フリーデ*[32]によるのかは不明だが、この工夫によって、ジョナサンの夢の実現につながる場面を、読者に印象づけようというのが制作者側の狙いだったと考えられる。

『かもめのジョナサン』がベストセラーとなった1972（昭和47）年には、原書とほぼ同じデザインの英国Turnstone Press版（ロンドン）やスペイン語訳のEditorial Pomaire版*[33]（バルセロナ）が発行され（**図51**）、翌年にはフランス語訳のFlammarion版（パリ）が出版されている。Flammarion版は未見だが、前2者を見てみると、トレーシングペーパーへの印刷も変わりなく踏襲されている。原書と異なっている点でやや目立つのは、カバーや本表紙の地色が薄かったり（Turnstone Press版）、濃かったり（Editorial Pomaire版）と、それぞれの個性を発揮していることだろう。また、原書の本表紙が布クロスに空白押しと白箔押しなのに対し、英国Turnstone Press版ではビニールクロ

図 51　左：英国 Turnstone Press 版（ロンドン、1972［昭和 47］年）、右：スペイン語訳 Editorial Pomaire 版（バルセロナ、1972［昭和 47］年）

スに背文字のみ銀の箔押しで、表紙の空箔押しは省略されている*[34]。Editorial Pomaire 版もまた、紙クロスに背文字が銀の箔押しである。表紙の空箔押しは、地が紙のせいもあってカモメの形が露骨に現われすぎて、原書よりもややチープになった感は否めない。

◉ 1973～74 年の飛行表現を比較する

ベストセラーになって以後、原書よりも小さな判型の本が各国で出版された。1973（昭和 48）年には米国の Avon Books が、日本の新書

同一写真

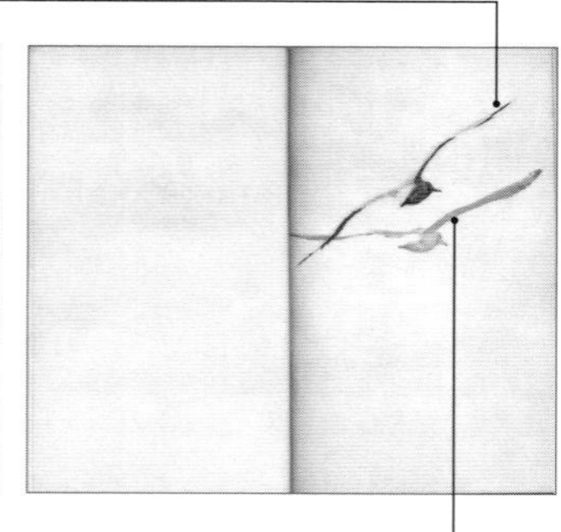

図 52　Avon Books 版（ニューヨーク、1973［昭和 48］年、ペーパーバック）

版のような縦長の本を、また同年の英国ではPan Booksが原書の正方形に近い比率のまま小さくした本を発行した。その際に編集者の頭を悩ませたのは、トレーシングペーパーを使った表現の扱いについてであろう。原書とは違う判型の場合や、翻訳書のように文章量が元の英文と異なってくる場合は、同じ折丁の束(たば)にならず、瞬間移動のページに合わせて、トレーシングペーパーの1折を挟み込むことができない。近い場所に挿入したとしても、本文の該当ページと位置がずれるので、意図が伝わらなくなってしまうのだ。したがって、これらの本では、トレーシングペーパー方式をやめて、それに代わる工夫を考え出した。

Avon Books版では、下の写真が透けてグレーに見えるという特性を利用して、写真に網かけすることにした。**図52**に示したように、6見開き（12ページ）にわたり、右ページだけにカモメ（老師チャン）の飛ぶ姿を配し、チャンが羽根をはばたかせて左から右方向の岩陰に向かって瞬間移動していく様子を、連続写真のように表現した。カモメが2羽いるのではない。下の1羽は半透明の淡いグレーの画像で表わされて、次のページを開いた時に上の不透明のカモメに転じるのだ。2枚同じ写真を使って、カモメの移動の連続性を表わしたわけである。

一方のPan Books版では、Avon Booksが工夫してみせた一連の写真を移動することで解決を試みた。チャンが水際から飛び立つ直前の

同一写真　　同一写真

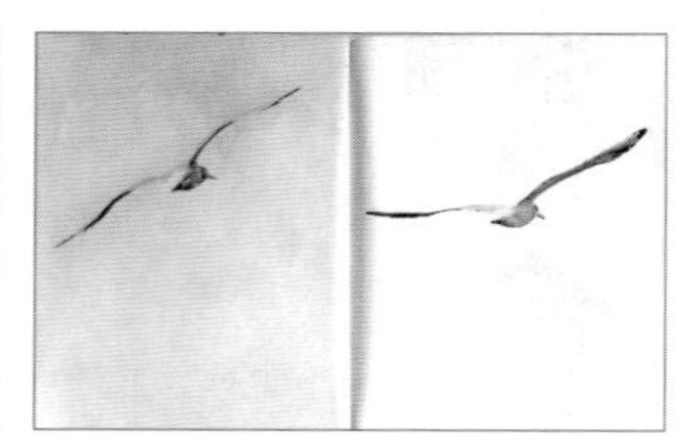

図53 Pan Books 版（ロンドン、1973［昭和48］年、ペーパーバック）

写真1点と、移動したあとの、チャンとジョナサンが岩陰に並んでいる写真1点の計2点だけを見開きで配して、残り4点の写真を別のページに移動させたのである（**図53**）。瞬間移動は目に見えない早さである、という理屈だろうか。カットした写真はどこへ行ったかと探していくと、数見開き前の「Part Two」の章扉のすぐあとに移されていた。だがその移動は、チャンが登場する前に時間を引き戻すことにつながる。4点の写真は、移動した場所ではもはやチャンの飛ぶ姿とは認識できなくなり、ジョナサンの優雅な飛行にしか見えなくなっている。文章には何ら変更を加えずとも、位置移動によって、場面とキャラクターの転換が行なわれたのである。

では1974（昭和49）年に出版された日本語訳の新潮社版ではどうだったのか。この本ではまず、米国のAvon Books版に少し近い、四六判縦長の変型サイズが採用された。瞬間移動の表現も、Avon Books版をモデルとした網かけ方式である。両者が異なるのは、瞬間移動の写真を片ページにではなく、**図54**のように見開きの両ページにレイアウトしたことだ。Avon Books版では、原書のトレーシングペーパー方式の見せ方を受け継ぎ、右ページに視点を固定して、パラ

図54 『かもめのジョナサン』新潮社、1974（昭和49）年。2羽のカモメが飛んでいるように見える

パラ漫画風に動きを見せていたのだが、新潮社版では原書にとらわれずに、読み手の視線を水平方向に移動させることにしたのだろう。

また新潮社版の最も大きな特徴は、欧文の横組みレイアウトを採用せず、日本人にとって馴染みやすく読みやすい縦組み右開きの本に仕立てたことだ。これにより読み手の視線は、横組みの本とは真逆の、右から左方向に流れていくことになった。ただ、その結果、編集者は、本をめくって読んでいく視線の方向にカモメの向きを合わせるという、作為的な処置を行なわざるをえなくなった。原書では、横組み左開きの本に合わせて左から右方向へ飛ぶ写真が多く採用されているのだが、その方向を逆転させなくてはならない。その手立てとして、写真の製版時に左右を反転させる逆版方式が採用された。新潮社版ではpp.38-39の見開きページ1カ所を除いて、ほかの写真はすべて逆版なのである。

このやり方は、編集の現場を知らない多くの読者には意外なことに思われるだろうが、絵本や挿絵の多い洋書を縦組みの本に仕立てる際にしばしば行なわれている。例えば洋書の絵本の表表紙と裏表紙の全面に、一枚の横長の絵が敷かれていた場合、縦組みの日本語版でそのまま使ってしまうと、裏にあった絵の部分が表にきてしまうので、逆版にして極力自然に見せようという場合などである。むろん、こうし

図55 『かもめのジョナサン【完成版】』新潮社 、2014（平成26）年

た行為は、やむをえない場合の手立てであって、推奨されるようなものではない。

また、新潮社版では、文章の合間に、写真ページが割り込んでくるために、「見る」よりも「読む」ことを優先したい読者にとっては、写真の挿入自体が邪魔に感じることもあるだろう。読んでいる途中で写真に目をやったとしても、物語の場面と写真の情景が微妙にずれている場合があり、なかなか一体感が生まれにくいのである。

その点、横組みの欧米版では、原書に習って文章の流れを写真がさえぎらないように、写真の前のページで、区切りのよいところで文章を終わらせるようにレイアウトが工夫されている。例えばジョナサンが、高速急降下の練習中にいつもコントロールを失って海に激突するというシーンでは、Avon Books版でもPan Books版でも、原書とまったく同じ「ハイスピードの時にコントロールを失う」という文章のすぐ後に、飛行と落下の写真が展開されている。今読んでいる物語のシーンが、次にくる写真によって視覚的に補われるために、物語世界がリアルにイメージできるのである。この欧米版の、写真と物語を一致させる方法は、19世紀後半にルイス・キャロルが『不思議の国のアリス』において、文章と挿絵の場面の一致を厳しく求めたことに象徴されるように、読んで見て理解する小学低学年の児童書スタイルと似ている。この点においても、欧米においては、この本が子どもも大人も楽しめる写真物語を目指してつくられていたことを示しているように思われる。

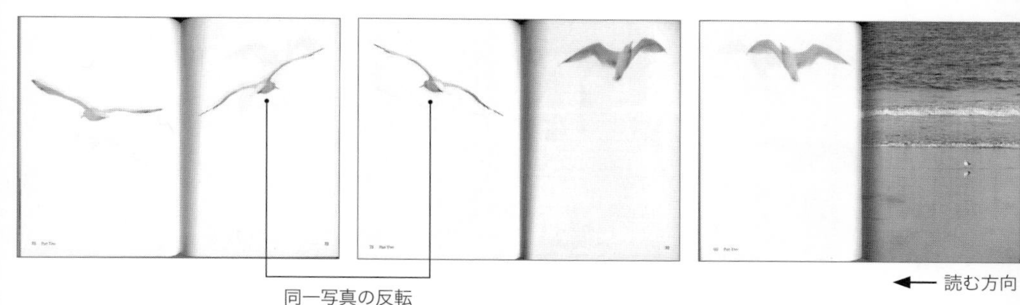

◉「完全版」での新たなる変化

今度は、印刷本より前にKindle版で先行販売された「完全版（The Complete Edition）」の電子書籍（Scribner：Simon & Schusterグループ発行、ニューヨーク）を見てみる。Kindle版の場合、２段組みにするなど、表示の仕方を読み手が変えられ、写真の見え方も冊子版とは異なる。だが、基本的には単ページ表示であり、読みやすい反面、見開きの写真構成が多いこの本を、あえて１ページずつ見ることになって、紙の本のような左右の構図の調和や拮抗する力はうまく伝わらない。特に瞬間移動の場面は、どういう理由からなのか、元の画像に逆版画像を加えて一連の動きを表わしたため、体を左に傾けて羽ばたくチャンの姿が、次の画面では右に傾き、また次には左に傾きというのを８カット連続で反復することになり、瞬間移動のようなスピード感は得にくいのである。

続いて出版された紙の本の日本語訳「完成版」（新潮社版・上製本）や米国Scribner版のペーパーバック（2014［平成26］年10月、ニューヨーク）＊[35]では、これも電子書籍同様に反転画像が使われているが、元の画像と反転画像を見開きで配置することなく、ページをめくった場所に配置しているので自然に見られる。ただ、互いにそっぽを向いて羽ばたいているので、これまでの本のように、岩陰の方向に一直線に向かって瞬間移動するというよりも、異空間を自在に遊泳している印象を受ける（図55）。

SO THIS IS HEAVEN, HE THOUGHT, AND HE HAD TO SMILE at himself. It was hardly respectful to analyse heaven in the very moment that one flies up to enter it.

As he came from Earth now, above the clouds and in close formation with the two brilliant gulls, he saw that his own body was growing as bright as theirs. True, the same young Jonathan Seagull was there that had always lived behind his golden eyes, but the outer form had changed.

It felt like a seagull body, but already it flew far better than his old one had ever flown. Why, with half the effort, he thought, I'll get twice the speed, twice the performance of my best days on earth!

His feathers glowed brilliant white now, and his wings were smooth and perfect as sheets of polished silver. He began, delightedly, to learn about them, to press power into these new wings.

At two hundred fifty miles per hour he felt that he was nearing his level-flight maximum speed. At two hundred seventy-three he thought that he was flying as fast as he could fly, and he was ever so faintly disappointed. There was a limit

45

◀図 56　HarperCollins Publishers 版（ロンドン、2005［平成 17］年）

電子書籍にせよ紙の本にせよ完成版に共通して特徴的なのは、写真をかなり明るく調整したことと、Part4 での超スピードを表現する流し撮りが加わったことだろう。前者の傾向はすでに 2005（平成 17）年の英国 HarperCollins Publishers 版（ロンドン、**図 56**）にみられ、そこでは例えばカモメの飛行姿の背景に敷かれていた薄い網かけを取り払って、真っ白の異空間を羽ばたいているかのように見せたり、暗い雲や空を明るく表現したりしていた。DTP 時代になって、レタッチが簡便になったことと関連しているように思われるが、完全版ではいっそう明るさを増している。

そのため、1970（昭和 45）年の原書ではあまり目立たなかったさざ波を浮かび上がらせ、流し撮りのカットでも、真っ白な背景によって超越したスピード度感を際立たせている。一方では、原書のような、雲の間から差し込む光や飛行姿のシルエットは見られなくなってしまったのだが、もはや現代においては、トレーシングペーパーやパラパラ漫画風の時代の表現をひきずることはないのである。明るく軽快に羽ばたいていく姿にこそ、編集者やデザイナーの関心が向けられているかのように見える。おそらく今後また多くの「かもめのジョナサン」が生まれることだろうが、当面はこの完成版をモデルにしたバリエーションが展開されていくに違いない。

こうして、40 年間の変化を読み取っていくと、同じ本でも写真の配置・トリミングや、紙や印刷表現の方法を違えることで、別の印象を与える本を生み出してきたことがよくわかる。時代が変わり、編集者が変わり、表現の仕方が変わると、良くも悪くもまたそれが一つのモデルとなって新しくなっていく。様々な国の、様々な時代に新たに編集し直されていくなかで、本は生き物のように生まれ変わっていくのである。

（田村　裕）

註

＊1　新装版が平凡社ライブラリーから発行されている。

＊2　本文ページの大きさは縦280mm×横210mm、A4判よりも天地が少し短い。

＊3　1998年に文庫版、2010年に新装版がいずれも小学館から発行されている。

＊4　発行日前月の8月2日には星野道夫展「星のような物語」が松屋銀座店でスタートし、その後、大丸梅田店や横浜高島屋など、全国11箇所で開催。また展覧会と同時期に、『Alaska 星のような物語』の各種DVDがポニーキャニオンから発売された。

＊5　小学館ホームページ（https://www.shogakukan.co.jp/books/09680582　最終閲覧日：2021年7月23日）

＊6　判型は縦200mm×横226mm、菊12判（菊判全紙から片面12ページ分の紙が取れる大きさのこと、菊判半裁の紙で1折が12ページになる）。

＊7　PPはPoly-Propyleneの略。紙の表面をフィルムでコーティングして保護する表面加工のこと。

＊8　「無線綴じ」は、折丁の背の部分を削ったり、切り込みを入れたりして、接着剤を使って綴じる方法。「糸かがり綴じ」は、折丁の背を一折ずつ糸でかがって綴じる方法。「ミシン綴じ」は糸ミシン機を使って綴じる方法で、絵本では折丁を開いて重ね合わせ、見開き中央をミシン糸で綴じる「中ミシン綴じ」が多く使われる。

＊9　表紙と中身とのつながりを強くするために、表紙の内側に貼る紙のこと。

＊10　中川李枝子（作）・山脇百合子（絵）の姉妹による絵本シリーズ。『ぐりとぐら』（1967年）『ぐりとぐらのおきゃくさま』（1967年）『ぐりとぐらのえんそく』（1983年）。いずれも福音館書店）などがある。

＊11　原題『The Little House』。バージニア・リー・バートンの代表作（1942年発行。翌年コールデコット賞を受賞）で、岩波書店発行の邦訳『ちいさいおうち』（訳：石井桃子）は1954年に初版発行。改訂版は岩波書店から1981年に発行。

＊12　第17回日本絵本賞受賞作

＊13　第4回絵本にっぽん大賞受賞作

＊14　現在は美術館を退職し、フリーランスキュレーター（&4+do）。

＊15　ポリプロピレン（PP）加工。本の表紙やカバーの表面をコーティングするラミネート加工のこと。光沢のあるグロスPPと非光沢ツヤ消しのマットPPがあり、デザインに応じて使い分けられる。

＊16　インキの色基準となる紙片。DICやTOYO、PANTONEなど各メーカーの「色見本帳」から切り取って使用する。

＊17　書籍の本文用紙は「クリーム色」ないしは「白」が基本となることが多いが、「黄味が強い」「赤味が強い」など、微妙な色差を持つ用紙が多数存在する。

＊18　底本を写真撮影し、その原版を印刷した「複製」のこと。古い時代の文字は読みにくいものが多いが、新たに文字を組み直す際の誤植や書き換えが生じないため、研究用資料としては重宝される。

＊19　担当学芸員の降旗氏の出身大学の学部が、美学・美術史系ではなく、美術大学の工芸専攻ということも関係していると思われる（降旗氏には2020年8月12日に取材）。

＊20 この部分もイームズ夫妻の作品集を参考にしている。また諸々のビジュアル処理などは、学芸員と担当デザイナーとの打ち合わせの結果生み出されることが多く、今回は勝井三雄氏のデザイン事務所出身で、構造的なビジュアル処理を得意とするデザイナーの中野豪雄氏に負う部分も大きかったという。さらに目黒区美術館に関しては、原則、（入札などではなく）担当学芸員がデザイナーを指定することが多いとされるが、これも図録のクオリティを左右する重要事項である。

＊21 本の背の部分に筒状の紙＝クータを貼り、本を開くと背表紙と本体の間に空洞ができるので、手を離しても本の開いたページが閉じない製本方法。料理レシピ本や取扱説明書など、広く書籍一般に使用されている。株式会社渋谷文泉閣の特許。

＊22 担当の降旗氏が英国ロイヤル・カレッジ・オブ・アート（RCA）のカラーレファレンスライブラリーという図書館で見つけた「表紙に“christ”と書かれた以外に文字はなく、赤、白、黒、金の色面のみで構成された小さい本」の存在を思い出したことが、この企画に影響しているそうである。

＊23 写真や図版の色味や階調などを実際の用紙で確認するための「試し刷り」。初校、再校、三校……と、理想のイメージに近付くまで複数回の色校正を出稿するが、その分費用もかかる。

＊24 目黒区美術館の場合は、初版部数 1,500 ～ 2,000 部程度が多い。

＊25 今回は編集的視点に焦点をあてて見てきたが、展示内容や作家によってはアーティストブックとしての価値を求めたり、造本的な工夫を追求したりと、図録の目指す方向性は多岐に及んでいる。展覧会の企画や美術館の運営などで活動するブルーシープが手がける一連の図録は、目黒区美術館の図録と好対照である（**図 48**）。

＊26 An Astor book, Ivan Obolensky Inc.

＊27 Richard Bach

＊28 Russell Munson

＊29 Joan Stoliar

＊30 Bruno Munari. “nella notte buia：in the darkness of the night” Milano：Giuseppe Muggiani, 1956.
日本語版：藤本和子訳『闇の夜に』河出書房新社、2005 年

＊31 Bruno Munari. “The Circus in the Mist” New York：The World Publishing Company, 1969.／同年イタリア語版：Putnam Pub Group
日本語版：八木田宜子訳『きりのなかのサーカス』好学社、1981 年

＊32 Eleanor Friede

＊33 “Juan Salvador Gaviota：un relato”

＊34 カバーの裏は一面、出版広告に使われている。

＊35 Scribner：Simon & Schuster グループ発行。

参考文献（註に記したもの以外）

「星野道夫　風を友に一人アラスカを歩く」『アニマ』No.132、平凡社、1984 年、p.48
「第 3 回アニマ賞発表」『アニマ』No.160、平凡社、1986 年 5 月 12 日、pp.70-77
「連載 32 ALASKA 風のような物語」『週刊朝日』第 94 巻第 36 号、1989 年、pp.148-150

コラム

拡散する「編集」

電子書籍の特性と読む行為の変容

横井広海

電子書籍とは

「ブログは電子書籍と思いますか？」

2020（令和 2）年 1 月、本テキストの打ち合わせの席上、共著者のひとりが唐突にこう切り出した。

「いや、ブログは電子書籍ではないのでは」と咄嗟に返答しようとした次の瞬間、「んっ、ちょっと待てよ？」との思いが脳裏をよぎり、つい口ごもってしまった。考えてみれば、メルマガとか Web マガジンなんて言葉もすっかり定着しているが、あのような形態のメディアもはたして「マガジン＝雑誌」と呼べるのだろうか。そもそも「電子書籍」の定義とはなんなのだろう。

私事で恐縮だが、かれこれ 15 年ほどブログに携わり、備忘録のごとき駄文や写真を発信し続けている。私自身が体験したり見聞きしたネタを、どのようなタイトルを掲げ、どのような話の流れにし、どのような写真を載せ、どのようなタグを付ければ、パソコンやスマホの先にいる顔さえ知らぬ読者の興味を惹き、画面をスクロールして最後まで読み通してくれるのか、毎度そんなことを気にしながらブログをアップしている。

これまで特段意識したことはなかったが、冒頭の問いかけをきっかけに、自分のブログへの関わり方を振り返ったところ、送り手と受け手を文章や写真がつなぐ構図自体は、紙の書籍における構図とさほど変わらないことに気づいた。これは私が編集者であるからではなく、改めて他のブログを見渡しても、多くの場合、何がしかの意図をもって構成された内容が不特定の読者に向けて発信されている。この「何がしかの意図」こそ、端的に表現すれば、編集行為そのものといってもよいのではないだろうか。

そこで、まずは電子書籍の一般的な定義を簡単にまとめ、次に電子書籍の特性と読む行為の変容について、編集的視点も交えながら考えてみたいと思う。

日本における電子書籍の黎明期である1990年代前後に注目されたのは、辞書や辞典の電子化であった。これらの書籍は性質上、多くのページ数が必要となるため、文字のサイズや紙質を工夫したとしても、分厚く重いといった宿命を常に背負っていた。しかし、膨大な量の情報を電子データベースとしてCD-ROMにまとめ、専用電子端末で閲覧することにより、従来の物理的なハンディキャップを軽減したのである。また、紙媒体にはない検索機能を備えることで利便性が向上するなど、電子媒体と親和性のあるジャンルだった点も見過ごせない。

それから30年ほどの歳月が経過したが、インターネット環境の充実や端末の普及、辞書や辞典にとどまらない多彩な出版ジャンルや異業種の参入などが重なり、今や電子書籍を取り巻く環境は成熟期を迎えつつある。この間、使い勝手の劇的な変化もさることながら、その一方で、「たとえ多くの蔵書を抱えても電子書籍であれば本棚からあふれることはない」との思いは、物理的な負担からの解放に着目した黎明期から今に至るまで変わらない。

次いで、一般的な意味合いでの電子書籍の現状について概観してみよう。通常、読者は電子書籍販売サイト（電子書籍ストア）にアクセスし、希望の電子書籍を購入する。購入したデータはクラウドや端末に保存され、画面を通して電子書籍を閲覧することになる。閲覧には、電子書籍の専用端末（電子書籍専用リーダー）あるいはタブレット、スマートフォン、パソコンなどが対応している*[1]。電子書籍の表示方法は大きく分けてリフロー型とフィックス型がある。

リフロー型では、端末画面に表示された文字の拡大縮小や行間の変更、書体の変更を利用者自身が選択できる。変更内容に合わせ、画面上に表示される文字数が自動的に調整されるため、見た目のレイアウトも流動的に修正される点が特徴的である。また文字自体がテキストデータであることから、マーキングや検索機能にも柔軟に対応しやすい。文芸書やビジネス書など、レイアウトよりも書かれている内容や情報が重視されるジャンルに向いている。

フィックス型では、リフロー型とは対照的にレイアウトは維持されたままで、変更できない。端末画面の一部を拡大すれば、文字や画像を大きくすることは可能だが、レイアウト自体は変わらないので、拡大すればするほど、画面からはみ出す部分が増えることになる。元のレイアウトが崩れないので、コミック*[2]や絵本、レイアウトに重きを置いた書籍、雑誌など、見た目が重視されるジャンル向きである。

また、紙媒体にはない電子書籍ならではの特性としてあげられるのが、高精細画像のアート鑑賞アプリの登場である。電子書籍であれば、例えば絵画の一部を拡大することで、従来は難しかった繊細な筆づかいや細部の配色などが手に取るように確認できるようになった。またすでに完成されたかたちで手にする印刷物とは異なり、画面の輝度やコントラスト、ガンマ調整などを任意にカスタマイズできる機能も備えているが、端末のディスプレイの発色や性能により色合いが異なるという一面もある点は押さえておきたい*[3]。

読む行為の変容

書籍であれ雑誌であれ、端末の画面上に表示できる情報量には当然制約があるので、読み進めるには読者自身がページを送る必要がある。端末ごとに操作方法は異なるが、ページめくり機能を使う場合もあれば、タップ、スワイプ、スクロールといったスマートフォンやパソコンで慣れ親しんでいる操作で行なうこともある。

紙の書籍や雑誌であれば、基本的に見開きの２ページを視野におさめ、横方向にページをめくっていくのが当たり前の行為なので、電子書籍であっても、端末を横長に構えて見開き表示とし、ページめくり機能で横方向に送っていくのが、紙媒体派にとっては比較的違和感が少ないかもしれない。

一方、縦長の画面に単ページ表記を選択し、横組文字を縦方向にスクロールするなりスワイプするとなると、端末でネット記事を閲覧しているのとほとんど変わらない。冒頭で触れたブログでは、文字は横組で縦方向への移動となり、ページの概念すらないのが当たり前だが、メルマガ、Webマガジンでは縦方向だけでなく、横移動を採り入れてページの概念を意識させ、あえて雑誌や冊子体の使い心地を残していることもある。

いずれも「読む」という行為においては変わらないのだが、編集の仕掛けや工夫を、対象ジャンルの違いも踏まえながら、読者に対していかに伝えるかが大きく変わってくるだろう。

ここで本テキストの主題である「書物観察」で触れたキーワードを思いつくままに列記してみる。

折丁　台　台割
カバー　帯　表紙　背　判型　綴じ　見返し　装丁
フォーマットデザイン　用紙　書体　文字組み
本扉　章扉　版面　余白　柱　ノンブル
印刷　色数　CMYK　クロス　箔押し　製本

改めて見返してみると、電子書籍とは無関係、あるいは関係性がきわめて希薄なキーワードが並んでいることに気づく。

本テキストを通じて「紙の書籍」を観察してきた立場としては、ついつい紙での経験や体験を「電子書籍」にも追い求めがちな傾向がある点は否めないが、はたして「紙の書籍」と「電子書籍」との違いを論じることに、どれほどの意味があるのだろうか。

たしかに紙の書籍や紙の雑誌がベースとなり、電子媒体の書籍や雑誌が誕生している側面もあるため、コンテンツ自体は同一との考え方もあろうが、その一方で、「電子書籍」という言葉に必要以上に惑わされているのではないか、との思いも拭いきれない。「電子書籍」を「紙の書籍」の延長と捉えて論じるのではなく、「電子書籍」をデジタルコンテンツの一形態として捉えれば、「紙の書籍」での決まりごとやページのめくり方などにいちいち拘泥する必要はなかろう。これまでみてきた違いは、視覚や触覚への訴求方法の違いに加え、電子書籍ならではの特性や読む行為の変容にすぎないのではないだろうか。

ブログは電子書籍か

ここで冒頭の「ブログは電子書籍か？」という問いかけに立ち戻るとしよう。その際、編集行為としての「何がしかの意図」の存在に触れた。この「何がしかの意図」を相手に伝えるために、どのように工夫を施し、いかに的確に表現するか、そこで紡がれるのが編集行為による見えない糸であると思う。

書籍と雑誌では見えない糸の紡ぎ方が異なり、文芸書と写真集とでも見えない糸の紡ぎ方が異なるように、紙の書籍と電子書籍とでは、見えない糸の紡ぎ方が違って当然である。事実、電子書籍専門の出版社や編集者も生まれていると聞く。グラフィックデザイナーとWebデザイナーの守備範囲の違いも、同様ではないだろうか。

糸の紡ぎ方が異なれば、受け継がれる編集技術ばかりではなく、切り捨てられる編集技術もあって当然であろう。これまで考えられてきた〔編集〕

や〔デザイン〕のフレームが拡がりをみせ、〔書籍〕のフレーム自体が変容しているのはたしかだろう。異なる点にばかり着目するのではなく、新しいメディアにおける編集行為の変容に目を向けるべきと考える。

そのうえで「ブログは電子書籍か？」との問いを改めて自分に投げかけてみた。今の答えはこうだ。

「○○書籍とか△△マガジンなんてネーミングを付けるからかえってややこしくなる。たしかに従来の編集の断片のような一端は見え隠れしているが、結局のところ似て非なるものにすぎないのではないだろうか。いっそのことデジタル時代にふさわしい新しいメディアとして斬新な呼称を伴って立ち上がってもらったほうが、よほどスッキリする。ただし、それが現在の自分には思いつかない」。

読む行為の変容を受けて、この先、電子媒体ならではの編集技術がどのように紡がれ、いかに蓄積されていくのか。今しばらくは、その推移を静かに見守っていきたい。

註

＊1　フォーマットの違いやアプリについては、ここでは触れないこととする。

＊2　電子書籍は抵抗の少ない若年層に広く受け入れられ、なかでもコミックのニーズは他のジャンルを大きくしのいでいるとされる。

＊3　印刷物はCMYK、ディスプレイはRGBの濃淡で色合いを調整する点も、それぞれのメディアの違いとして心得ておくべきである。なお、インターネットを通じてアクセスできる電子博物館やデジタルアーカイブサービスでも、同様に高精細画像を拡大して鑑賞できる。

参照サイト

日本電子出版協会　https://www.jepa.or.jp/

著者紹介（執筆順）

田村 裕（たむら・ゆたか）

1953年生まれ。武蔵野美術大学大学院造形研究科デザイン専攻基礎デザインコース修了。総合企画プロデュース会社、出版社、企画編集事務所で長く出版編集に携わる。武蔵野美術大学短期大学部生活デザイン学科非常勤講師（1991年〜）、同大学通信教育課程非常勤講師（2002年〜）を経て、2010年より教授。専攻は編集・出版文化研究、考現学研究。著書に『デザインリサーチ』（共著、2002年）、『教養としての編集』（共著、2009年、いずれも武蔵野美術大学出版局）。装丁に『古代日本と神仙思想』（藤田友治編著、2002年）、『大国政治の悲劇』（ジョン・J・ミアシャイマー著、2007年、いずれも五月書房）ほか多数。

横井広海（よこい・ひろみ）

1964年生まれ。東京都立大学人文学部卒業。映像制作会社勤務を経て、キネマ旬報社入社。映画雑誌編集に携わったのち、フリーランスの書籍編集者として独立。以後、一般書、学術書、年史、旅行書、絵本などの企画立案から校正まで、編集実務全般を手がける。主な作品に、竹中直人『少々おむづかりのご様子』（1994年）、同『月夜の蟹』（2000年、いずれも角川書店）、同『おぢさんの小さな旅？』（2006年、講談社）、『温泉・宿ガイド北海道』（2001年、山と溪谷社）、木村汎『プーチンのエネルギー戦略』（2008年、北星堂書店）、アロイス・イラーセク『チェコの伝説と歴史』（2011年、北海道大学出版会）、吉野文雄『映画館偏愛記文』（2015年、ブックボウル）ほか。

臼井新太郎（うすい・しんたろう）

1971年生まれ。武蔵野美術大学大学院造形研究科デザイン専攻修了。同大学通信教育課程で非常勤講師（2002年〜）。出版社勤務を経て臼井新太郎装釘室主宰。編集、文筆も行なうブックデザイナー。一般社団法人日本図書設計家協会理事（2019年〜）。「実践装画塾」講師（2011〜17年）。共著に『デザインリサーチ』（2002年、武蔵野美術大学出版局）、分担執筆に『DOMA 秋岡芳夫』（2011年、目黒区美術館）、『東京府のマボロシ』（2014年、社会評論社）ほか。装丁は吉本隆明・森山公夫『異形の心的現象』（2003年、批評社）、D・A・ノーマン『誰のためのデザイン？』（2015年、新曜社）、『看護白書』（2015年〜、日本看護協会出版会）、『明治・大正・昭和・平成 芸能文化史事典』（2019年、東京堂出版）など1,000冊を超える。

編集をひもとく
　　　　——書物観察の手引き

2021年11月30日　初版第1刷発行

編者　田村 裕
著者　田村 裕　横井広海　臼井新太郎

発行者　白賀洋平
発行所　武蔵野美術大学出版局
〒180-8566
東京都武蔵野市吉祥寺東町3-3-7
電話　0422-23-0810（営業）
0422-22-8580（編集）

印刷・製本　株式会社精興社

ISBN978-4-86463-131-0　C3000　Printed in Japan